司法学研究丛书

主编：崔永东

本书出版受到上海市教委重大创新计划项目
"司法学基础理论研究与学科体系构建"资助

司法改革战略与对策研究

SIFA GAIGE ZHANLÜE YU
DUICE YANJIU

崔永东 等 ／ 著

人民出版社

目　录

引言:法治战略与司法改革战略

战略是一种宏观设计和整体思路,其实施的措施和方法是"战术",中间是"战策",即将战略转化为对策。如果说现代法治战略是有关法治发展的整体思路和宏观设计,那么其核心则是人道主义或谓"人道法治";其战策则是"保权"(保护公民的权利)和"限权"(限制公权力)的统一;而战术则是为实现战略和战策而设计的各种措施、制度和方法。简言之,三者之间的关系是:战略的具体化是战策,战策的具体化是战术。对法律从业人员来说,特别是掌握立法、司法和执法权力的人,应当有战略思维,如此才能站得更高、看得更远,才能落实得更加到位。

在司法改革领域,战略就是有关司法改革的顶层设计和宏观思路,战术则是司法改革战略的实践化、具体化。在"战略"与"战术"之间,则是"战策"——司法改革战略转化后的对策,如保权、限权、放权等。司法改革的战略无疑以人道主义为价值依归,强调重视人的尊严、肯定人的价值、尊重人的自由。在此意义上,司法改革战略可称之为"人道司法"战略。为了实现这一基本战略,在战策上需要坚持保权(保护人权)、限权(限制公权力)和放权(将司法权放归于一线办案人员)的策略,并在具体战术上强调权责统一、便民利民、强化监督等。从2014年到现在进行的新一轮的司法改革,实际上就是围绕人道司法战略和保权、限权、放权的战策推出的一些具体化的战术,包括去行政化、去地方化、落实司法责任制以及综合配套改革等。所有这些具体措施都是为了司法改革战略的实现,同时也是为了司法改革战策的实现。

第一章　司法改革的战略与对策

一、法治战略的设计

法治战略是有关法治发展模式的一种宏观设计和整体思路,它是法治框架的"形而上"部分,属于法治的"理想"状态;法治战略落实到法治实践中,就意味着其从"理想"状态转化为"现实"状态,实践中的法治战略是法治框架中的"形而下"部分。

"法治战略是对法治发展模式的一种顶层设计和宏观思路,现代法治战略的设计是以保护人民权利为核心来展开的。民事诉讼法治战略的核心同样是保护人民权利(私权)。作为一种保障民法实施的程序法,民事诉讼法自然应当贯彻'私权至上'的基本理念。所谓私权至上也被称为'权利本位',它来源于古罗马时期的'市民法'。……既然作为实体法的民法是以权利为本位的,那么作为保障民法实施的民事诉讼法当然也应当以保护私权为首要任务。从宏观上看,民事诉讼法治战略的设计也必须以权利为本位,贯彻私权至上的原则,否则就与民事诉讼法治的基本精神背道而驰了,同时也远离了民法的真义。这里的'权利'包含多种,但尤以平等权、自治权为要。"[1]

"法治战略是有关法治发展的宏观思路、整体谋划,是体现主流法律价值观的顶层设计,是国家治理体系和治理能力的核心内容及重心体现。……新时代的法治战略是坚持依法治国、依法执政、依法行政共同推进,坚持法治国

---

[1]　崔永东主编:《中国法治战略研究年度报告》,人民法院出版社 2019 年版,第 119 页。

家、法治政府、法治社会一体建设,实现科学立法、严格执法、公正司法、全民守法。……既然法治战略是体现一定法律价值观的宏观思路和整体谋划,那么,行政诉讼法治战略则是指关于行政诉讼法治的宏观思路和整体谋划,它是对我国当前主流价值观的展示和体现。具体说来,我国当前的行政诉讼法治就体现了'保权'(保护公民权利)和'限权'(限制行政权力)的价值取向,而限权的目的也是保权。限权的第一目标是建立'有限政府',即通过法治手段限制政府权力,将权力关进制度的笼子里,此即'法治政府'之义;保权旨在通过法律手段保护公民权利,它体现了人道主义的价值取向。限权是保权的前提,没有限权就没有保权,因为不受制约的政府权力才有可能构成对公民权利的最大侵犯。因此可以说,我国的行政诉讼法治战略是基于人道主义价值观而设计的,以保权和限权为支撑原则的诉讼法律体系及司法实践。"①

这里虽然只是涉及民事诉讼、行政诉讼法治战略问题,但是从整个现代法治战略的角度看,保护人权无疑是其核心,它是人道主义价值观的体现。因此,无论是实体法还是程序法,其法治战略的设计都应当以保护人权为核心来展开,否则即违反现代法治的基本精神和根本价值。

如作为实体法的刑法,虽然其以打击犯罪为重要任务之一,但现代刑法战略的设计也是以保护人权为核心的。如著名刑法学家陈兴良指出:"刑法的人道性,立足于人性。而人性的基本要求乃是人类出于良知而在其行为中表现出的善良与仁爱的态度与做法,即把任何一个人都作为人来看待。因此,刑法的人道性的最基本,也是最根本的要求可以归结为如下命题:犯罪人也是人。作为人,犯罪人也有其人格的尊严,对于犯罪人的任何非人对待都是不人道或者反人道的。……刑法的人道性,在更广泛的意义,也是更重要的意义上还表现在对公民个人自由的尊重,使无辜者不受刑事追究。"②

而经济法中"保护弱者"的原则,同样体现了人道主义价值观。正如著名经济法学家顾功耘所说:"不少经济法教科书还提出了'保护弱者'原则,笔者认为这一原则也是符合建立和谐社会精神的。弱者在任何经济活动交往中,都是处于劣势地位。一项等价交换双方自愿的交易,依民法或商法判断也许

①　崔永东主编:《中国法治战略研究年度报告》,人民法院出版社 2019 年版,第 136—137 页。
②　陈兴良:《刑法哲学》,中国政法大学出版社 1997 年版,第 10 页。

完全公平,但用经济法判断,强弱双方力量对比悬殊,其结果有时未必公平,这项交易则可能被改变甚或被推翻。因为经济法要考虑社会的评价,弥补对弱者造成的事实上的不公平,以真正实现公平和社会正义。保护弱者是实现公正的一种途径,这一原则不应与经济公正原则并列,应从属于经济公正原则。"①

鉴于上述,可知在我国当代法治体系下,无论是程序法还是实体法,均贯彻了保护人权、以人为本的价值理念,都体现了鲜明的人道主义精神。人道主义虽然是"舶来品",但在基本精神上与中国悠久的"仁道"(仁者爱人之道)传统也深深契合,在尊重人、关心人、爱护人,特别是重视人的生命价值等方面,颇有相通之处。笔者曾提出,西方近代以来法治的核心在于"保权"即保护公民权利,为了保护公民权利才又强调"限权"即限制公权力。② 因此可以说,西方近代以来的法治战略,是以保护人权为核心来设计的,无论是宪法还是其下面的各部门法,无论是实体法还是程序法,无不体现了人道主义的基本精神,这一精神又转化成了具体的法律原则和法律规范。

"形而上者谓之道,形而下者谓之器。"法治战略实际上是一种"形而上"的东西,属于"法治之道",它代表了一种法治理想和法治精神,它的现实化或实践化是需要"形而下"的东西来支撑的,此类形而下的东西就是立法、司法、执法、守法及法律监督等,即所谓"法治之器",它们的任务就是将宏观的法治战略转化为具体的法治实践,从而实现法治理想的现实化。

广义的法治战略又是一种治理战略,是以国家治理(国法之治)战略与社会治理(活法之治)战略为两翼的。换言之,既有国家治理层面的法治战略,又有社会治理层面的法治战略;前者体现的是国家治理的水平,后者体现的是社会治理的水平。从此意义上说,国家治理体系和治理能力、社会治理体系和治理能力的现代化实际上就是法治战略的现代化。如果仅从司法的角度看,国家治理的核心在于国家司法,社会治理的核心在于社会司法。因为司法是从法治战略到法治实践的关键环节,是法治从理想状态到现实状态的重要纽带。

---

① 顾功耘:《经济改革时代的法治呼唤》,法律出版社 2016 年版,第 137 页。
② 参见崔永东:《中西法律文化比较》,北京大学出版社 1994 年版,第 2 页。

国家司法体现的是国家意志、国家权力,社会司法体现的是社会意志、社会权力。两者的关系并非完全对立,而是相反相成的,或者说是互相支撑的。国家司法是国家的司法机关依照国家制定法来解决纠纷的活动,社会司法是社会组织根据社会规则来化解纠纷的活动。后者不仅在基层社会中发挥着重要的整合秩序的作用,还能在很大程度上降低国家司法的成本,减少国家司法资源的消耗,同时还可以在一定程度上为国家司法所吸收,如调解等解纷方式即被国家司法所吸收,成为国家司法的有机组成部分(如司法调解等),补强了国家司法的解纷功能。

法治战略的设计也离不开道德的支撑,原因在于法律与道德之间数千年间难解难分的"迷局"。根据现代的法学原理,法律在不断重复道德的叙事,道德也在不断地向法律的腹地进军。尽管道德与法律之间存在着诸多不同,但要撇清两者之间的联系则是"难于上青天"。笔者曾经提出,法律是低层次的道德,道德是高层次的法律;前一"道德"是一种底线道德,代表的是一种道德义务;后一"道德"是一种顶级道德,代表的是一种道德理想。[①] 现代法治战略的设计,需要涵摄以上两个层次的道德。这里的道德,逻辑上也包括"人道"在内。

拙文曾提出,法治战略有广、狭二义,广义的法治战略包括国家治理战略和社会治理战略两个方面,狭义的法治战略则仅仅是对法治发展模式或者是法律与道德关系模式的一种宏观设计。根据我国官方文件的表述,国家治理战略是将法治、德治和自治结合起来且以法治为主,社会治理战略则将自治、法治和德治结合起来且以自治为主。无论是国家治理战略还是社会治理战略,无论是广义的法治战略还是狭义的法治战略,在设计和谋划时都凸显了德性(人道性)支撑的作用,都体现了深厚的道德底蕴。

站在古今结合的维度看,从中国古代的"德主刑辅"到西方法治国家的"法主德辅",再到现代中国的"德法共治、法律主导",这些治理战略都彰显了一种明显的道德精神和人道精神,深刻反映了一种德性导向,体现了一种德性价值。在现代中国,法治战略的设计是围绕"一体、两翼、四面"来展开的,"一体"即整体的法治战略或广义的法治战略,"两翼"即国家治理战略与社会治

---

① 参见崔永东:《道德与中西法治》,人民出版社 2002 年版,第 5 页。

理战略,"四面"指以法律为规范,以司法和执法为手段,以道德为支撑,以科技为辅助。所谓"以法律为规范"是指立法,即设计立法战略;所谓"以司法和执法为手段"是指设计司法战略和执法战略。除了法治战略设计外,还有法治战略实施,后者指具体层面或实践层面的立法、司法、执法、法律监督、法律解释和法律教育等,这就是法治战略的实践化、具体化和现实化。

21世纪以来,国家在设计治理战略或法治战略时,都强调了道德支撑的作用。2000年6月,江泽民在中央思想政治工作会议上的讲话中指出:"法治以其权威性和强制手段规范社会成员的行为,德治以其说服力和劝导力提高社会成员的思想认识和道德觉悟。道德规范与法律规范应该相互结合,统一发挥作用。"①又指出:"要坚持不懈地加强社会主义法制建设,依法治国;同时也要坚持不懈地加强社会主义道德建设,以德治国。对一个国家的治理来说,法治和德治,从来都是相辅相成、相互促进的。"②可见,坚持道德与法律、德治与法治相结合,坚持德法共治在当时已经成为我党治国理政的基本方略。

2016年12月,习近平总书记在主持中共十八届中央政治局第三十七次集体学习时指出:"法律是准绳,任何时候都必须遵循;道德是基石,任何时候都不可忽视。在新的历史条件下,我们要把依法治国基本方略、依法执政基本方式落实好,把法治中国建设好,必须坚持依法治国和以德治国相结合,使法治和德治在国家治理中相互补充、相互促进、相得益彰,推进国家治理体系和治理能力现代化。""法律是成文的道德,道德是内心的法律。法律和道德都具有规范社会行为、调节社会关系、维护社会秩序的作用,在国家治理中都有其地位和功能。法安天下,德润人心。法律有效实施有赖于道德支持,道德践行也离不开法律约束。法治和德治不可分离、不可偏废,国家治理需要法律和道德协同发力。"③

这是对法律与道德、法治与德治之间关系的清晰说明和明确定位,它提出了道德在国家治理战略中的基石作用,并且将德治与法治的结合当成是国家治理战略的基本内容,强调法律的有效实施有赖于道德的支持,道德的践行也离不开法律的约束。实际上,国家治理战略是广义法治战略的重要组成部分,

---

① 《江泽民文选》第三卷,人民出版社2006年版,第91页。
② 《江泽民文选》第三卷,人民出版社2006年版,第200页。
③ 《习近平谈治国理政》第二卷,外文出版社2017年版,第133页。

它体现了一种坚持德法共治、突出道德支撑作用的战略思维,彰显了法治战略设计的道德(人道)精神和道德(人道)底蕴。

2014年10月,中共十八届四中全会通过的《中共中央关于全面推进依法治国若干重大问题的决定》指出:"国家和社会治理需要法律和道德共同发挥作用。必须坚持一手抓法治、一手抓德治,大力弘扬社会主义核心价值观,弘扬中华传统美德,培育社会公德、职业道德、家庭美德、个人品德,既重视发挥法律的规范作用,又重视发挥道德的教化作用,以法治体现道德理念、强化法律对道德建设的促进作用,以道德滋养法治精神、强化道德对法治文化的支撑作用,实现法律和道德相辅相成、法治和德治相得益彰。"[1]

这是以中央文件的形式阐述了我党的治理战略,这一战略包括国家治理战略和社会治理战略两个方面,两个战略的结合正是一种广义的法治战略。无论是国家治理战略还是社会治理战略,都"需要法律和道德共同发挥作用",因为法律可以促进道德建设,道德可以滋养法治精神。特别需要注意的是,文件还明确提出了"强化道德对法治文化的支撑作用",揭示了道德对法治的支撑地位,从而凸显了法治的道德底蕴。

中国共产党在新时代形成的关于治理战略和治理模式的共识,继承了源远流长的中华文化传统,同时又与时俱进地加以创新,提出了"法律为主导,道德为支撑"的法治战略,从而为我国的法治战略赋予了深厚的道德底蕴。这里要强调一点,新时代法治战略的道德底蕴与人道精神是密切关联的。

学者指出:"在秩序层面上,法律为主导,道德为支撑。从宏观上来看,道德规范作为一种非正式制度约束,可以促成人治或法治的治国模式的实现,但是其自身不能作为单独的或者主导的国家治理方式而起作用。从这层意义上看,我们强调的'依法治国与以德治国相结合'是在坚持'依法治国,建设社会主义法治国家'的治国基本方略下,探索法治与德治的关系。所以,一方面,我们必须清醒地认识到,社会主义市场经济带来的是社会主体及其利益追求的多元化、复杂化,而道德规范的不确定性、弹性和自律性导致其难以单独适应治理国家的要求。法律则以其确定性、普遍性、他律性、强制性,可以成为治

---

[1]　《中共中央关于全面推进依法治国若干重大问题的决定》,人民出版社2014年版,第7页。

理国家的依据。另一方面,法律秩序的建立和实施又绝对离不开伦理精神和道德秩序的支撑和基础性作用。因为法律是外在的、有限的,具有滞后性、非自觉性等特点,这就决定了法律并不能直接造就人们自觉服从规则的品格,而仅靠法律迫使人们服从规则的高昂成本也是任何社会所不能承担的。道德是内在的、自律的、全面的,具有预示性、主动性的特点,这就决定了道德能够培育人们自觉履行义务的理念和服从规则的品质,这是法律得以遵守和执行的基础性支撑条件。"[1]

之所以引用这段论述,就是感觉此论很清晰地表达出了我国以法律为主导、以道德为支撑的法治战略的基本内涵和价值取向,揭示了服从法律与服从道德之间的内在关系,突出了道德对法律和法治的基础支撑作用,强化了法律和法治的主导性,凸显了新时代法治战略的道德底蕴。

其实,我国现代法治战略的完整表述应当是以国法为主导、以人权为核心、以道德为支撑、以科技为辅助,并以国家治理和社会治理为两翼的治理模式。

如前所述,社会治理战略是广义法治战略的一个重要组成部分。习近平总书记在会见全国社会治安综合治理表彰大会代表时指出:"要坚定不移走中国特色社会主义社会治理之路,善于把党的领导和我国社会主义制度优势转化为社会治理优势,着力推进社会治理系统化、科学化、智能化、法治化,不断完善中国特色社会主义社会治理体系,确保人民安居乐业、社会安定有序、国家长治久安。"[2]2017 年,习近平总书记在党的十九大报告中指出:"加强农村基层基础工作,健全自治、法治、德治相结合的乡村治理体系。"[3]

自治、法治(国法之治)、德治相结合是我国当前社会治理战略的基本特色和主要内容,它与国家治理战略一样,同样强调道德的支撑作用,同样体现了深厚的道德底蕴。广受瞩目的"枫桥经验",是新中国在社会治理领域的一面旗帜,它在继承中华优秀传统文化的基础上又加以创新,创造出了自治主导、法治引领、德治支撑的基层社会治理模式,突出了道德的支撑性作用,赋予

①　朱力宇:《依法治国论》,中国人民大学出版社 2004 年版,第 375 页。

②　《习近平谈治国理政》第二卷,外文出版社 2017 年版,第 384 页。

③　习近平:《决胜全面建成小康社会　夺取新时代中国特色社会主义伟大胜利——在中国共产党第十九次全国代表大会上的报告》,人民出版社 2017 年版,第 32 页。

了该模式以深厚的道德底蕴。特别是其中的多元解纷模式更是继承了中国传统"和为贵"的道德理念、"仁道"学说以及调解制度,并加以丰富和发展,成功化解了当地的大部分社会纠纷,以至于"小事不出村,大事不出镇,矛盾不上交",对基层社会的和谐稳定发挥了重要作用。

中央决策层也充分认识到了多元化纠纷解决机制在社会治理中的重要作用,并向全党全社会提出了如下要求:"健全社会矛盾纠纷预防化解机制,完善调解、仲裁、行政裁决、行政复议、诉讼等有机衔接、相互协调的多元化纠纷解决机制。加强行业性、专业性人民调解组织建设,完善人民调解、行政调解、司法调解联动工作体系。完善仲裁制度,提高仲裁公信力。健全行政裁决制度,强化行政机关解决同行政管理活动密切相关的民事纠纷功能。"①矛盾纠纷的多元化解机制,是我国社会治理的重要内容和基本特色,它体现了对个人选择与意思自治的尊重,彰显了一种德性情怀和人道精神。

总之,站在广义法治战略的高度审视国家治理与社会治理的模式路径,不难发现法治(国法之治)、德治和自治之间的紧密联系与高度依赖性,无论是法治主导的国家治理模式,还是自治主导的社会治理模式,都是以道德、人道为纽带实现了法治、德治与自治的互联互通,都凸显了道德和人道的支撑作用,从而使法治战略在整体上体现了深厚的道德底蕴。此种治理战略是继承传统又加以创新的产物,是"中国智慧"的结晶,是中国软实力的体现,在社会主义新时代有着顽强的生命力。它将为实现国家与社会治理体系和治理能力的现代化发挥不可低估的作用,并将为中华民族的伟大复兴提供强大的助推力。

二、司法改革的战略与对策

笔者认为:"司法改革战略是司法改革的一种宏观思路、整体框架或顶层设计,是司法改革实践的'指路明灯'和'风向标',对司法改革方案的落实至

---

①　《中共中央关于全面推进依法治国若干重大问题的决定》,人民出版社2014年版,第29页。

关重要。"①除了有司法改革战略外,还有司法改革的方法和步骤:"在改革战略及顶层设计出台后,将其转化为实践需要改革的方法来配套。如上一轮司法改革采取了问题导向、试点先行及凝聚共识等方法,成功地助推了改革的进程。……司法改革的步骤也就是具体方案或措施,各步骤之间应该有一种内在的逻辑关联。如上一轮司法改革是以落实司法责任制为核心的,起点是队伍建设,因为队伍建设是改革的基础,队伍建设的主要内容是建立人员分类管理制度,实行员额制。实行员额制后,通过'去行政化''去地方化'的措施来放权于员额内法官。有权者必受监督,法官的审判权也要受到监督制约,故须构建完善的监督制度;有权必有责,法官有了审判权当然要承担相应的责任,即需要落实司法责任制。"②可见,上述司法改革的方法和步骤属于司法对策的范畴,是司法改革战略的实践化。

根据上文对法治战略的表述,可以说司法改革战略是法治战略的一个重要组成部分,是将法治战略落实到司法实践中去的重要环节。法治战略与司法改革战略在基本精神和价值取向上是一致的。法治战略是一种广义的治理战略,以人道和德性为价值支撑,以国家治理与社会治理为两翼,以法治、德治和自治的融合统一为治理模式。那么,司法改革战略也是如此,强调以人道主义为价值取向,以国家治理(国家司法)和社会治理(社会司法)并重为努力方向。司法改革对策是将司法改革战略落实到司法实践中去的方式方法、制度措施等,是司法改革战略的"形而下"部分,或谓司法改革战略的"战术"部分。从近期我国司法改革的整体情况看,在司法对策方面基本上采取了"放权"(还权)—"限权"—"保权"的模式,在具体措施上包括"让审理者裁判,由裁判者负责"、去地方化和去行政化、落实司法责任制、强化监督制约、推进以审判为中心的诉讼制度改革等。

笔者总结了上一轮司法改革的基本对策,指出该轮司法改革以去行政化、去地方化为抓手,推进相关改革,取得了可圈可点的成绩。其实,"地方化"也是"行政化"的另一种表现形式,因为没有司法机关的行政化,地方党政势力

---

① 崔永东:《法学智库、警务智库应当为司法改革提供理论支撑》,载《社会科学文摘》2019年第4期。

② 崔永东:《法学智库、警务智库应当为司法改革提供理论支撑》,载《社会科学文摘》2019年第4期。

就不能将司法机关当成政府机构的一个部门(下属)来看待,因而也就难以干预司法,司法的独立性也会得到保障。去行政化意味着"放权"或"还权",使用后一个概念可能更准确。因为依法独立办案的决定权本来在法官、检察官手中,只是因为不适当的行政管理体制而被弱化或剥夺了,故需要将办案决定权归还于一线办案人员。

从法院系统来看,"行政化"的诸多表现以下述几种最为典型:一是案件审批制度,二是请示汇报制度,三是审委会制度。案件审批制度在一定程度上赋予了院、庭长以案件决定权,而一线办案人员的案件决定权受到剥夺;请示汇报制度在一定程度上赋予了上级法院以案件决定权,并导致二审程序的虚置;审委会制度导致审委会过多参与具体案件的审理,也体现了一定的行政化色彩(尽管该制度被严格限制后仍有一定合理性)。经过"去行政化"改革后,案件审批制度、请示汇报制度被废除,审委会制度则被改造,即淡化了其决定具体案件的功能,而强化了其总结审判经验、进行类案指导的功能。事实上,各地法院把上审委会讨论的案件控制在不足千分之五以内。

另外,庭审程序的虚置也反映了司法权运行机制中的"行政化"因素的存在。因此,当前以审判为中心的诉讼制度改革的关键在于实现庭审实质化。在这方面,学界与实务界形成了如下共识:庭审不是走过场,不能搞"先定后审",要将推进庭审实质化与改革庭审方式结合起来,要落实证人出庭作证制度,提高当庭宣判率,切实发挥庭审在查明事实、认定证据、确定罪责方面的关键作用,真正贯彻直接言辞原则、司法中立原则和辩论原则,充分发挥举证、质证、认证各环节的作用,使庭审成为确认罪、责、刑的关键环节。充分发挥审判对侦查、起诉等诉讼活动的引导、辐射作用,使审判成为整个刑事诉讼程序的核心,侦查、起诉阶段只是为审判进行准备的刑事审判前程序。由此可见,以审判权为中心的诉讼制度改革的核心在于庭审实质化,使事实查明在法庭,证据认定在法庭,公正裁判在法庭,这是符合司法规律的,体现了一种"非行政化"特色的审判权力运行机制,与当前司法改革的价值取向相契合。

上一轮司法改革以队伍建设为基础,队伍建设的目标是培育一支司法精英队伍,其关键在于实行司法人员的分类管理,亦即员额制。通过严格的程序,确保入额法官、检察官是真正的精英,然后"放权"于主审法官、主任检察官。有权必有责,放权之后司法责任制必然跟进,这样才能有效制约司法权。

然后,再实行司法职业保障制。司法职业保障制的核心在于非因法定事由、非经法定程序,不得对司法人员追责;其关键在于保障司法人员的司法豁免权、延迟退休权、不可任意撤换权等。因此,员额制、责任制和保障制成了本轮司法改革加强司法队伍建设的三大制度,其旨在实现司法队伍的专业化、精英化。①

人道化是本轮司法改革的价值取向,"让人民群众在每一个司法案件中都感受到公平正义"是对这一价值取向的准确表达。在此价值观的推动下,司法机关在平反冤假错案方面多有建树,使长久受损的正义得以恢复,人道司法的光辉重新映照人间。上海市法院系统通过推行以审判为中心的诉讼制度改革来强化人权保障,又通过推进认罪认罚从宽制度改革,让法律的宽容精神得以体现,从而有助于保障人权。另外,坚持司法为民的原则也体现了司法的人道化趋向。《上海法院司法体制改革探索与研究》一书指出:"上海法院始终坚持司法为民根本宗旨,积极回应人民群众关切和期盼,解决好人民群众最关心最直接最现实的利益问题,各项工作受到人民群众的肯定和认同,司法公信力不断提高。"②来自检察系统的声音表明,以审判为中心的诉讼制度改革是防止冤假错案发生的重要举措。吉林省人民检察院推出的《司法改革正当时》一书指出:"过去我国刑事司法制度构建是以侦查为中心,这一构建往往强调的是快速突破案件,极易导致先抓人后取证、限期破案、超期羁押、刑讯逼供、司法机关有分工没制约等问题的大量出现,无法从根本上杜绝冤假错案的发生。……推进以审判为中心的诉讼制度改革,完善检察机关行使监督权的法律制度,加强对刑事诉讼等的法律监督。"③

司法改革应该有两个维度,一是国家司法层面的改革,一是社会司法层面的改革,后者可为前者提供有力的支撑。"国家司法"是指国家司法适用国家制定法以解决纠纷的活动,因此具有严格的程序性和法定性;"社会司法"是指社会组织或个人运用社会规则以化解纠纷的活动,具有形式灵活、契合社会风俗习惯的特点,如大家熟知的"多元化纠纷解决机制"及所谓"枫桥经验"等

---

① 参见崔永东:《本轮司法改革的经验总结、问题分析与未来展望》,载《上海政法学院学报》2019 年第 4 期。

② 上海市高级人民法院编印:《上海法院司法体制改革探索与实践》,第 71 页。

③ 吉林省人民检察院:《司法改革正当时》,吉林人民出版社 2015 年版,第 15 页。

都是该司法模式的反映。

笔者认为:"社会司法的存在,打破了国家对司法的垄断,弥补了国家权力在调整基层社会秩序方面的缺陷。社会司法体现的是一种社会意志、社会权力和社会利益,而国家司法体现的是一种国家意志、国家权力和国家利益。社会司法实质上是社会对司法问题的一种回应,这一回应的结果是社会组织突破了国家对司法的垄断。面对社会司法的挑战,国家司法也作出了回应,这一回应的结果便是国家司法权力的部分社会化。"①"社会司法强调根据社会规则或民间规则进行'司法活动',这种司法活动是指以社会制裁力为后盾的调解、仲裁之类的行为。"②

以往我国历次司法改革基本属于国家司法层面的改革,很少涉及社会司法层面的改革,因此没有发挥出社会司法对国家司法的支撑作用。社会司法机制的完善,不仅可以大大节约国家司法资源,而且会降低一线司法人员的工作强度及人身危险性,同时还对国家司法层面的改革有较大的促进作用。

笔者提出了构建社会司法制度体系的建议:"社会司法制度的重建需要建立起自由理性、宽容妥协、沟通理解以及合作信任的机制,发挥多元社会力量的作用,形成司法机关、政府部门与社会组织的协商对话机制,要确立并完善诉调对接机制,要完善社会组织的自我管理机制,形成一个以平衡国家权力与社会权力为价值取向,以对话、协商、合作为运行模式,以国家、社会、公民之间的互动互惠为行为准则的社会司法制度体系,从而促成社会治理能力的提升与社会治理体系的完善。"③

上海市法院系统在改革过程中对社会司法机制是比较重视的,其秉承中共十八届四中全会提出的"健全社会矛盾纠纷预防化解机制"之精神,出台了相关的制度措施。"完善矛盾纠纷多元化解机制,充分发挥司法能动性,将司法职能向社会领域延伸,对于化解社会矛盾、维护和谐稳定、保障群众合法权益、促进社会公平正义具有重要意义。"④

2015 年 8 月,上海市高级人民法院推出了《关于深入推进多元化纠纷解

① 崔永东:《社会司法的理论反思与制度重建》,载《学术月刊》2017 年第 6 期。
② 崔永东:《社会司法:理念阐释与制度进路》,载《新华文摘》2016 年第 9 期。
③ 崔永东:《社会司法的理论反思与制度重建》,载《学术月刊》2017 年第 6 期。
④ 上海市高级人民法院编印:《上海法院司法体制改革探索与实践》,第 55 页。

决机制改革的意见》,要求全市法院成立诉调对接中心,引导当事人通过诉讼外方式自主解决纠纷。2017 年,上海市高院、上海海事法院被最高人民法院确定为在线调解平台建设试点法院。2017 年,上海市基金、证券和期货业纠纷联合人民调解委员会成立,上海市高院与中国证监会上海监管局共同签署《关于建立证券、基金、期货业纠纷诉调对接工作机制的合作备忘录》,这是一项推进金融纠纷案件多元化解决机制的重要举措。2017 年,上海市法院系统有七成以上的案件进入诉前程序,其中三分之一的案件在诉前得到化解,这一诉前分流措施不仅节约了诉讼成本,减轻了当事人讼累,而且缓解了案多人少的矛盾,使法官能腾出手来集中精力办好大案要案。

简言之,司法改革战略是法治战略的一个重要组成部分,它以人道和德性为价值支撑,以国家司法与社会司法并重为努力方向,以提高司法公信力为基本目标,其通向司法实践的路径就是司法对策的确立。如果说司法改革战略属于法治的"形而上"部分,那么司法改革对策则是法治的"形而下"部分,但后者是前者得以实现的关键条件之一。

第二章　司法改革战略与对策的
顶层设计及展开

一、司法改革战略的顶层设计

司法改革的战略与对策的顶层设计是中国现代法治建设中极为重要的一环,也是全党、全国各族人民共同关注的焦点问题。在我国社会主义法律体系形成后,大家关注的焦点从立法转向司法。2015 年,习近平总书记在《深化司法体制改革》一文中指出:"深化司法体制改革,建设公正高效权威的社会主义司法制度,是推进国家治理体系和治理能力现代化的重要举措。公正司法事关人民切身利益,事关社会公平正义,事关全面推进依法治国。要坚持司法体制改革的正确政治方向,坚持以提高司法公信力为根本尺度,坚持符合国情和遵循司法规律相结合,坚持问题导向、勇于攻坚克难,坚定信心,凝聚共识,锐意进取,破解难题,坚定不移深化司法体制改革,不断促进社会公平正义。"①这一高屋建瓴的论述,为司法改革提供了顶层设计和战略构想,并指明了前进的方向。

该文指出,"司法体制改革必须为了人民、依靠人民、造福人民。司法体制改革成效如何,说一千道一万,要由人民来评判,归根到底要看司法公信力是不是提高了。司法是维护社会公平正义的最后一道防线。公正是司法的灵魂和生命。……要紧紧牵住司法责任制这个'牛鼻子',凡是进入法官、检察

---

① 《习近平谈治国理政》第二卷,外文出版社 2017 年版,第 130 页。

官员额的,要在司法一线办案,对案件质量终身负责。法官、检察官要有审案判案的权力,也要加强对他们的监督制约,把对司法权的法律监督、社会监督、舆论监督等落实到位"①。应该说,公平正义、保障人权、加强监督以及落实司法责任制,是当前我国司法改革战略与对策的主要内容。

2014 年,习近平总书记在对中共十八届四中全会公报所作的说明中指出:"如果司法这道防线缺乏公信力,社会公正就会受到普遍质疑,社会和谐稳定就难以保障。……公正是法治的生命线;司法公正对社会公正具有重要引领作用,司法不公对社会公正具有致命破坏作用。当前,司法领域存在的主要问题是,司法不公、司法公信力不高问题十分突出,一些司法人员作风不正、办案不廉,办金钱案、关系案、人情案,'吃了原告吃被告',等等。司法不公的深层次原因在于司法体制不完善、司法职权配置和权力运行机制不科学、人权司法保障制度不健全。"②

以上论述有几点需要注意:一是司法公信力的缺失问题;二是司法公信力与司法公正之间的密切关系;三是司法公正对社会公正具有重要引领作用;四是当前我国司法领域存在司法不公、司法不廉、司法公信力不高的问题十分突出;五是司法不公的深层原因在于司法体制不完善、司法职权配置不科学、司法权力运行机制不科学、人权司法保障制度不健全。因此,司法体制改革势在必行。

上述言论描述了司法体制改革的背景,深刻揭示了司法体制改革的必要性和紧迫性。这说明,党中央高瞻远瞩,站在时代的高度,以法治变革的全局视野,从宏观上开始谋划司法体制的整体改革。这次改革涉及司法职权的配置、司法权力的运行和公民权利的司法保障等深层次问题,着重解决司法不公、司法公信力不强的问题。

"为确保依法独立公正行使审判权和检察权,全会决定规定,建立领导干部干预司法活动、插手具体案件处理的记录、通报和责任追究制度;健全行政机关依法出庭应诉、支持法院受理行政案件、尊重并执行法院生效裁判的制度;建立健全司法人员履行法定职责保护机制;等等。为优化司法职权配置,

---

① 《习近平谈治国理政》第二卷,外文出版社 2017 年版,第 131 页。
② 《中共中央关于全面推进依法治国若干重大问题的决定》,人民出版社 2014 年版,第 55 页。

全会决定提出,推动实行审判权和执行权相分离的体制改革试点;统一刑罚执行体制;探索实行法院、检察院司法行政事务管理权和审判权、检察权相分离;变立案审查制为立案登记制;等等。为保障人民群众参与司法,全会决定提出,完善人民陪审员制度,扩大参审范围;推进审判公开、检务公开、警务公开、狱务公开;建立生效法律文书统一上网和公开查询制度;等等。全会决定还就加强人权司法保障和加强对司法活动的监督提出了重要改革措施。"①

二、司法改革战略的展开

2014 年,中共十八届四中全会通过的《关于全面推进依法治国若干重大问题的决定》是当前乃至今后指导我国法治建设和司法改革的纲领性文件,集中体现了党中央关于司法改革的基本思想、顶层设计和价值观念。该决定设专章"保证公正司法,提高司法公信力",系统论述了当前司法改革的重点、难点和相关措施。

第一,完善确保依法独立公正行使审判权和检察权的制度。"任何党政机关和领导干部都不得让司法机关做违反法定职责、有碍司法公正的事情,任何司法机关都不得执行党政机关和领导干部违法干预司法活动的要求。对干预司法机关办案的,给予党纪政纪处分;造成冤假错案或者其他严重后果的,依法追究刑事责任。"②

第二,优化司法职权配置。要求"健全公安机关、检察机关、审判机关、司法行政机关各司其职,侦查权、检察权、审判权、执行权相互配合、相互制约的体制机制。完善司法体制,推动实行审判权和执行权相分离的体制改革试点。完善刑罚执行制度,统一刑罚执行体制。改革司法机关人财物管理体制,探索实行法院、检察院司法行政事务管理权和审判权、检察权相分离。"③

①　《中共中央关于全面推进依法治国若干重大问题的决定》,人民出版社 2014 年版,第56 页。

②　《中共中央关于全面推进依法治国若干重大问题的决定》,人民出版社 2014 年版,第20—21 页。

③　《中共中央关于全面推进依法治国若干重大问题的决定》,人民出版社 2014 年版,第21 页。

第三,推进严格司法。要求"坚持以事实为根据、以法律为准绳,健全事实认定符合客观真相、办案结果符合实体公正、办案过程符合程序公正的法律制度。加强和规范司法解释和案例指导,统一法律适用标准。推进以审判为中心的诉讼制度改革,确保侦查、审查起诉的案件事实证据经得起法律的检验。全面贯彻证据裁判规则,严格依法收集、固定、保存、审查、运用证据,完善证人、鉴定人出庭制度,保证庭审在查明事实、认定证据、保护诉权、公正裁判中发挥决定性作用。明确各类司法人员工作职责、工作流程、工作标准,实行办案质量终身负责制和错案责任倒查问责制,确保案件处理经得起法律和历史检验。"①

第四,保障人民群众参与司法。要求"坚持人民司法为人民,依靠人民推进公正司法,通过公正司法维护人民权益。在司法调解、司法听证、涉诉信访等司法活动中保障人民群众参与。完善人民陪审员制度,保障公民陪审权利,扩大参审范围,完善随机抽选方式,提高人民陪审制度公信度。逐步实行人民陪审员不再审理法律适用问题,只参与审理事实认定问题。"②

第五,加强人权司法保障。要求"强化诉讼过程中当事人和其他诉讼参与人的知情权、陈述权、辩护辩论权、申请权、申诉权的制度保障。健全落实罪行法定、疑罪从无、非法证据排除等法律原则的法律制度。完善对限制人身自由司法措施和侦查手段的司法监督,加强对刑讯逼供和非法取证的源头预防,健全冤假错案有效防范、及时纠正机制。"③

第六,加强对司法活动的监督。要求"完善检察机关行使监督权的法律制度,加强对刑事诉讼、民事诉讼、行政诉讼的法律监督。完善人民监督员制度,重点监督检察机关查办职务犯罪的立案、羁押、扣押冻结财物、起诉等环节的执法活动。"④

---

① 《中共中央关于全面推进依法治国若干重大问题的决定》,人民出版社 2014 年版,第 23 页。

② 《中共中央关于全面推进依法治国若干重大问题的决定》,人民出版社 2014 年版,第 23—24 页。

③ 《中共中央关于全面推进依法治国若干重大问题的决定》,人民出版社 2014 年版,第 24 页。

④ 《中共中央关于全面推进依法治国若干重大问题的决定》,人民出版社 2014 年版,第 25 页。

以上文件发布后,新一轮司法改革在全国范围内拉开了大幕。从中央决策到司法改革的实践,从顶层设计到具体制度,基本上是顺着两条主线来展开的。这两条主线即:强化对公民权利的保障;加强对司法活动的监督。围绕两条主线展开的所有改革举措,其最终目的是实现司法公正、提高司法公信力。这就是司法改革的内在逻辑。

关于保护人权这一条主线。"司法体制改革必须为了人民、依靠人民、造福人民。司法体制改革成效如何,说一千道一万,要由人民来评判,归根到底要看司法公信力是不是提高了。"①为了人民、造福人民,就要求司法必须保护人民的利益、捍卫公民权利。否则就没有什么司法公信力可言。"加强人权法治保障,保证人民依法享有广泛权利和自由。把体现人民利益、反映人民愿望、维护人民权益、增进人民福祉落实到依法治国全过程,使法律及其实施充分体现人民意志。"②

从司法改革的举措看,坚持司法的独立性、公开性、民主性,积极推进相关制度的落实;坚持去地方化、去行政化;推进以审判为中心的诉讼制度改革;等等,都贯穿了保护人权这条主线。特别是落实以审判为中心的诉讼制度改革方面,对有效保护人权更是发挥了至关重要的作用。该制度旨在"发挥好审判尤其是庭审在查明事实、保护诉权、公正裁判中的重要作用,确保侦查、起诉、审判的案件事实证据经得起法律检验。……审判成为整个诉讼程序的核心。侦查阶段和起诉阶段均是为审判做准备的刑事审判前程序,只有审判阶段才能决定被追诉人是否有罪以及量刑的问题"③。显然,推进该制度会大大提升庭审质量,防止冤假错案,从而有效保障人权。"以审判为中心的诉讼制度改革如果不能最终落实到被告人的权利保障上,就不可能真正破题。"④

"公正是司法的灵魂和生命。公正司法是维护社会公平正义的最后一道防线。所谓公正司法,就是受到侵害的权利一定会得到保护和救济,违法犯罪活动一定要受到制裁和惩罚。……如果人民群众通过司法程序不能保证自己

———————

① 《习近平谈治国理政》第二卷,外文出版社 2017 年版,第 131 页。
② 《习近平新时代中国特色社会主义思想学习纲要》,人民出版社 2019 年版,第 99 页。
③ 黄永维主编:《司法热点读本》,人民法院出版社 2016 年版,第 89 页。
④ 黄永维主编:《司法热点读本》,人民法院出版社 2016 年版,第 97 页。

的合法权利,那司法就没有公信力,人民群众也不会相信司法。……推进公正司法,必须深化司法体制改革。要按照权责统一、权力制约、公开公正、尊重程序的要求,从确保依法独立公正行使审判权检察权、健全司法权力运行机制、完善人权司法保障制度三个方面,着力破解体制性、机制性、保障性障碍,不断提高司法公信力。"①只有公正司法才能保护人权;不公正的司法本身也是对人权的侵犯。公正司法是司法公信力和权威性的保障,不公正的司法就是野蛮司法,毫无公信力可言。

"规范司法行为,是保证把公平正义落实到每一起司法案件和每一个司法行为的客观要求。当前,司法裁量权的行使不够透明、司法行为不够规范等现象依然存在。我国司法机关积极推进量刑规范化改革,建立案例指导制度,加强案件管理,提高司法人员素质,有力促进了司法行为的规范化。"②规范司法行为还意味着要加强监督,没有监督和制约,司法权力也会越轨而为,也会变质腐败。如何全面规范、监督和制约司法权力,那就是司法责任制的落实。

关于加强对司法活动的监督这一条主线,党中央也有深刻认识,从全面规范和监督司法权的角度提出了落实司法责任的要求:"要牢牢牵住司法责任制这个'牛鼻子',凡是进入法官、检察官员额的,要在司法一线办案,对案件质量终身负责。法官、检察官要有审案判案的权力,也要加强对他们的监督制约,把对司法权的法律监督、社会监督、舆论监督等落实到位,保证法官、检察官做到'以至公无私之心,行正大光明之事',把司法权关进制度的笼子,让公平正义的阳光照进人民心田,让老百姓看到实实在在的改革成效。"③简言之,司法改革的前提是让司法人员"有权司法",为法官、检察官依法独立行使职权创造条件。"有权"之后还应当"有责",要监督到位,将司法权关进制度的笼子。对行权不当、权力越位者,要进行必要的追责。这就是权责分明、权责统一。权责统一是实现司法公正、落实司法人权保障的前提条件之一。

世界各国都普遍实行司法责任制,在中国,司法责任制更是有着悠久的传

---

① 《习近平新时代中国特色社会主义思想学习纲要》,学习出版社 2019 年版,第 103—105 页。

② 全国干部培训教材编审指导委员会组织编写:《社会主义民主政治建设》,人民出版社 2015 年版,第 165 页。

③ 《习近平谈治国理政》第二卷,外文出版社 2017 年版,第 131 页。

统。秦汉律中的"不直"(重罪轻判或轻罪重判)、"纵囚"(将有罪之人判为无罪)、"失刑"(因过失导致量刑不当)与唐律中的"出入人罪"等罪名就是司法责任制的体现。因此,当代中国的司法改革以推进司法责任为核心,不仅有深厚的文化基础,更与世界司法文明的发展趋势相适应。2017年,习近平总书记在党的十九大上所做的报告中,再一次将"全面落实司法责任制"①作为今后司法体制改革的核心加以强调,可见,司法责任制之于司法体制改革的核心地位和作用是持续性的。

司法责任制的落实对司法改革的推进和司法文明的进步具有重大意义。笔者认为:"司法责任制的意义主要表现在:(1)有利于增强司法官依法办案的责任感。(2)制约和规范独立审判。在法治国家,独立司法权的任意性需要司法责任制加以制约和监督,对于法官的不当审判行为,应当从不同侧面进行有针对性的预防和惩治。任何权力的独立都是相对而言的,我们不能以影响法官独立审判为借口而取消必要的监督。法官独立审判的实现以司法责任制的完善为前提,独立审判与司法责任制之间应当保持一种稳定的平衡。(3)具有警示和教育的作用。(4)有利于遏制司法腐败,也有利于公民权利的维护。建立司法责任制,增强司法官的责任心和使命感,减少和避免工作失误,有利于维护公民的各项法定权利。"②

应该看到,对司法活动加强监督这条主线,除了落实司法责任制外,还有一些具体的制度也体现了一定的监督性。如以审判为中心的诉讼制度就是如此。"推进以审判为中心的诉讼制度改革,是要切实发挥审判程序应有的终局裁判功能及其对审前程序的制约引导功能,纠正公检法三机关'配合有余、制约不足'之偏,纠正以侦查为中心的诉讼格局之偏。"③这是通过一种程序制度的设计来加强公、检、法之间权力的监督和制约,以利于实现司法公正。

综上所述,中国当前的司法改革是一场影响深远的变革,它是全局性的而不是局部性的,是自上而下的而不是自下而上的,是长期的而非短暂的。司法改革要遵循司法规律,司法改革有自身的内在逻辑,这就是"放权"与"追责"

---

① 习近平:《决胜全面建成小康社会　夺取新时代中国特色社会主义伟大胜利——在中国共产党第十九次全国代表大会上的报告》,人民出版社2017年版,第39页。

② 崔永东:《司法改革与司法公正》,上海人民出版社2016年版,第15页。

③ 黄永维主编:《司法热点读本》,人民法院出版社2016年版,第93页。

的权责一体、独立司法与权力制约的携手并进、人权保障与监督规制的相向而行。当前与今后一段时期，强化公民权利保障与加强对司法权的监督是司法改革的两条主线。围绕这两条主线，许多具体的改革措施会陆续出台，中国司法的现实状况会逐步改善，司法的前景亦会日趋光明。相信在不久的将来，一个人道化的、高度文明并且带有中国特色的司法体系将屹立于世界的东方！

第三章　司法改革战略与司法二元主义

一、司法改革战略的理论支撑

司法改革战略要对国家司法与社会司法给予同等对待,这也符合当前倡导的国家治理与社会治理兼容并重的治国模式。司法二元主义是基于国家司法与社会司法之关系问题而提出的理论学说,其备受关注是因为司法的二元性正日益成为新时代司法改革的着力点。司法的二元性,是指司法包括国家司法与社会司法两方面而言。前者指国家司法机关适用国家制定法来解决纠纷的活动,后者指社会组织根据社会规则米化解纠纷的活动。前者体现的是国家意志和国家权力,后者体现的是社会意志和社会权力。

我们对国家司法耳熟能详,对社会司法或许陌生。社会司法这一概念起源于西方法社会学流派,其代表人物埃里希的《法律社会学基本原理》一书开始揭橥这一概念及其内涵,并提出了著名的"活法"论——活法是支配社会生活本身的法律,活法在调整社会秩序方面发挥的作用超过国法。活法即社会规则,社会司法就是根据活法所进行的化解纠纷的活动。根据该派观点,活法和社会司法在调整、维护社会秩序方面发挥的作用远远超过了国法(国家制定法)和国家司法。

该派理论被介绍到我国国内后,立刻引来大批"拥趸",宣传者有之,评论者有之,研究者有之,实践者有之。总之,社会司法的理论正日益受到学界和实务界的关注。社会司法的理论还引起了学界对社会权力与国家权力之关系的思考。随着市场经济体制在我国的确立,各类社会主体逐渐拥有了较多的社会资源,社会影响力也日趋显著。多种所有制经济的并存和发展,改变了过去公有制的一统天下。形形色色的社会组织的建立并逐渐相对独立地行使其社会权力,开始打破了所谓国家与社会一体化的局面,形成了国家与社会相对分离、二元并立的格局,国家正在逐步"还权"于社会,国家权力中的一部分正在逐步走向社会化。而"社会司法"权也正是在此背景下引起人们关注的。

社会司法理论在现代中国的崛起与市场经济背景下社会组织的兴起是分不开的,兴起的社会组织当然需要享有和行使社会权力。国家应当克制自己的权力欲望,适度分权于社会组织。其实,与其用所谓的"分权"一词,还不如用"还权"一词更为适当,因为这种权力本来就是归社会组织拥有的。国家为了长治久安,为了凝聚社会共识,降低治理成本,需要容忍社会组织和社会权力的存在,并与社会组织及社会权力"和平共处"、共同发展,后者亦可为前者提供有力的支撑。来源于社会权力的社会司法权,在调整基层社会秩序方面发挥着不可估量的作用,这在中国的"枫桥经验"、西方的多元化纠纷解决机制等解纷模式中得到了充分证明。

学界通说认为,在现代中国,出现了国家与社会逐步"分权"的趋势,权力的社会化倾向逐步明显。而且,从国家整体治理架构看,法治国家是需要法治社会来支撑的。社会权力来源于社会自治,社会自治需要社会规则;而民间纠纷可以靠社会规则如乡规民约、社团章程等来处理。笔者认为,如果将治理战略区分为国家治理战略与社会治理战略两个方面的话,那么国家治理战略的核心在于国家制定法和国家司法,社会治理战略的核心在于社会规则与社会司法。国家治理需要社会治理来辅助,法治国家需要法治社会来支撑,国家司法需要社会司法来支持。这样的治理模式才是较为完善的治理模式。

权力的多元化、社会化是政治民主化的必然要求。中国数十年的改革开放,特别是市场经济的突飞猛进,使社会组织和社会权力逐步崛起。在此背景下,过去那种国家权力垄断一切、无所不在的局面被冲破,国家权力正在逐步向社会权力让出地盘。如实行政企分开,将一些由政府包办的社会事务还归社会组织,等等。

根据学界流行的观点,权力社会化的实质在于增强权力的人民性,其途径在于还权于社会组织。权力社会化的主要意义在于,将原来集中于国家的权力,部分地还归于社会组织,还归于人民,使社会组织和普通民众拥有更多自主和自治的权力。在笔者看来,学界通说突出了如下几点:一是社会组织是凝聚民众意志或曰"凝聚共识"的;二是社会组织的集体权力凝聚了民众个人的权利,它可以影响政府和社会;三是社会组织的权力是市民社会自治、自卫的权力;四是社会权力在促进国家向社会分权、监督和制衡国家权力方面能发挥重要作用。总而言之,社会权力不仅弥补和辅助了国家权力,还监督、制约了国家权力。从整体的治理格局看,两者缺一不可,相辅相成。不过,过去那种偏重于国家权力的做法是有问题的,今天应当采取纠偏措施了。

在目前构建法治社会的大背景下,对法治社会与社会自治的关系有必要重新认识:第一,法治社会意味着社会生活的民主化、法治化;第二,法治社会意味着社会组织在法治框架下的自主、自卫和自治;第三,人们从完全依赖国家变为逐渐依赖社会进行保护;第四,从依靠国家权力的相互制约到以社会权力制衡国家权力;第五,从国家与社会的一体化到双元相辅而行;第六,从国家立法到社会立"法"(乡规民约、社团章程等)二元并行,从国家执法到社会"执法"(社会组织执行其本身制定的规则——社会规则)的二元并行,从国家司法到社会"司法"的二元并行。

从学理上看,国家司法与社会司法二元并行的解纷模式,其理论基础在于"国家法"与"民间法"的二元并行。根据日本学者千叶正士的观点,任何社会中都存在着国家法(官方法)与民间法(非官方法)两种规则体系,两者是相辅相成的。例如在日本,"这些非官方法的存在并不像假设的那样,总与官方法直接对抗,而是常常以不同的方式与后者共享。通常说来,在当代日本,一些非官方法虽然在形式上被国家法所排斥,但在实际上却实质性地取代了国家法;另外一些非官方法在国家法领域之外有效地发挥作用,还有一些被国家法正式吸纳"[①]。为此,他提出了"法律多元"的概念,指出:"这一全新的概念有效地抨击了人们具有的正统法学常识,因为它意味着否认人们深信不疑的、国家法作为法的唯一性或者说否认西方法在世界各民族中的普适性。简而言之,人们发现正统法学所信奉的西方类型的国家法,其普适性并不总是真实

---

① ［日］千叶正士:《法律多元——从日本法律文化迈向一般理论》,强世功等译,中国政法大学出版社 1997 年版,第 100 页。

的,而和其他法律体系相比,其相对性倒是确信无疑的。"①

我国学者也指出:"从逻辑上看,现实社会中的法律可能包含有两种以上的法律类型。因此,文化多元和法律的多元就是马克思、韦伯等法律社会学家的言下或言外之意,尽管他们并没有明确提出这一概念。"②"法律多元是两种或更多种的法律制度在同一社会中共存的一种状况,因此法律多元的研究必然涉及国家法(尤其是制定法)和民间法的互动关系和国家制定法有效性的发生渠道。法律人类学家指出,在每个社会中都有一些组成该社会必要的次群体,如家庭、宗族、社区和政治联盟这样一些社会单元。在长期的社会生活中,每一次群体中都形成了一定的带有强制性的规范或'类法律',并具有自身的特点。尽管这并不是严格意义的法律,但由于占统治地位的法律制度的影响,它们却常常模仿或分享了国家法律的机构形式和符号形式;而另一方面,由于种种原因,民间法的一些做法也会影响国家制定法的结构形式和运作方式。"③

以上言论有几点需要注意:一是任何社会都存在法律多元现象,所谓法律多元是指两种或两种以上的法律类型;二是从大体上看,任何社会都存在国家法与民间法两种类型的法律,民间法只能算作"类法律";三是民间法的一些做法也会影响国家制定法的结构形式和运作方式。这说明,国家法与民间法之间的关系是一种互相渗透的关系,并不是泾渭分明的,而是存在一定的边界模糊性。

治理模式与规则体系的二元并行与互相渗透,在中国有着更为久远的历史。对此,梁治平教授多有掘发,其论述富有启发性:"民间法产生和流行于各种社会组织和社会亚团体,从宗族、行帮、民间宗教组织和社会亚团体,从宗教、行帮、民间宗教组织、秘密会社,到因为各式各样目的暂时或长期结成的大大小小的会社,它们也生长和通行于这些组织和团体之外,其效力小至一村一镇,大至一县一省。清代之民间法,依其形态、功用、产生途径及效力范围等综合因素,大体可以分为民族法、宗族法、宗教法、行会法、帮会法和习惯法几类。

---

① [日]千叶正士:《法律多元——从日本法律文化迈向一般理论》,强世功等译,中国政法大学出版社 1997 年版,第 2 页。
② 苏力:《法治及其本土资源》,中国政法大学出版社 1998 年版,第 42 页。
③ 苏力:《法治及其本土资源》,中国政法大学出版社 1998 年版,第 51 页。

严格说来,宗族法内容上不乏与习惯法相重合者,行会法实即商事习惯,民族法则全然为一种习惯法。"①"习惯法乃是由乡民长期生活与劳作过程中逐渐形成的一套地方性规范;它被用来分散乡民之间的权利、义务,调整和解决他们之间的利益冲突;习惯法并未形诸文字,但并不因此而缺乏效力和确定性,它被在一套关系网络中实施,其效力来源于乡民对于此种'地方性知识'的熟悉和信赖,并且主要靠一套与'特殊主义的关系结构'有关的舆论机制来维护。"②"就社会与国家关系而言,习惯法具有一种看似矛盾的双重性。一方面,它是民间的自发秩序,是在'国家'以外生长起来的制度。另一方面,它又以这样那样的方式与国家法发生联系,且广泛为官府认可和依赖,而在其规范直接为官府文告和判决吸纳的场合,习惯法与国家法之间的界限更变得模糊不清。"③

　　以上所说的习惯法,也就是民间法,是与国家法相对应的概念。一些学者也经常用"官方法"来指称国家法,用"非官方法"来指称民间法或习惯法。国家法与民间法二元并存的格局一直是中国古代法的重要特色,也是中国古代治理模式的重要特点。具体地说,在上层社会,主要靠国家法来整合秩序;在基层社会,主要靠民间法来整合秩序。换言之,除非重大刑事案件,国家体制性力量包括国家司法力量一般不会介入基层社会治理,基层社会的普通民商事案件、轻微的刑事案件等基本上都是靠民间法来规制,此即所谓"皇权不下县"之义。由此带来的一个结果是:不管上层社会如何变动(如政权更迭等),基层社会基本都风平浪静,不受什么影响。这是中国封建社会基层秩序出现相对"恒态稳定"的重要原因。规则体系上国家法与民间法的"双元并行"必然导致司法领域国家司法与社会司法的"双元并行",如果我们将"司法"理解为化解纠纷的活动,或者将司法进行广义的理解,那么社会组织甚至个人所进行的化解纠纷的活动自然亦可纳入司法的范畴之中。社会司法无疑对基层社会治理发挥着国家司法不可替代的作用,而这种作用又是对国家司法的一个重要支撑。它们共同构成了司法体系的"双维"和治理体系的"双璧",二者相辅相成、不可或缺。

---

① 梁治平:《清代习惯法:社会与国家》,中国政法大学出版社 1996 年版,第 36 页。
② 梁治平:《清代习惯法:社会与国家》,中国政法大学出版社 1996 年版,第 166 页。
③ 梁治平:《清代习惯法:社会与国家》,中国政法大学出版社 1996 年版,第 27 页。

实际上,在现代中国,已经出现了国家治理与社会治理二元并重的趋向,不仅出现了国家权力与社会权力二元并重的趋势,还出现了国家立法与社会"立法"、国家执法与社会"执法"、国家司法与社会"司法"二元并重的趋向,这正是社会力量崛起,且与国家力量并行的标志,同时也是中国古代国家法与民间法并存并行传统的复兴。从国家与社会的一体化(新中国成立初期至"文革")到二元并行(改革开放以来),演绎了国家与社会在力量对比上的双重变奏,它体现了中国乃至于人类治理模式在整体上展示出的民主化、多元化、文明化和人道化趋势。

中国当代改革开放的过程就是一个国家逐步"还权"于社会的过程,社会在"失权"状态下是不能产生活力的,社会组织的权力缺位也不可能使其发挥有效作用。因此,要"开放搞活"就需要培养市场活力、激发社会活力,因此也需要培育大批的社会组织,使其在促进与维护市场经济秩序、提升社会活力和维护社会秩序方面发挥积极作用。而要做到这一切,就需要国家与社会的"分权",即把属于国家掌控的部分权力交还于社会组织——从权力演进的历史进程看,先有社会权力,后有国家权力。今后的趋势是,国家权力逐步"还归"于社会。甚至可以说,在将来的共产主义社会里,已经没有了国家,因此也就没有了国家权力,只有社会权力存在了。

学界在考察党的十一届三中全会以来中国社会的变迁史时认为,农村的政社分开,城市的政企分开,以及劳动力的自由流动,有限的结社自由,市民自治和社会自主,社会权力对国家权力的制衡等,这一过程就是国家逐步对社会"分权"的过程。此种情况表明,国家在一定程度上"还权"于社会,预示着社会逐渐与国家相对"分流",呈现出相辅相成的二元并存的趋势。国家与社会成为整体治理架构中的双重主体,既相互支撑又相互制约的局面已经初步形成。可以说,当今中国治理模式的整体发展趋势是国家与社会由一体化到双元相辅而行。而这也可以视为中国当代司法二元主义模式的理论基础。

司法二元主义意味着"司法"是一个弹性概念,或者说应当从广义上对其加以理解。狭义的司法只是指国家司法,不包括社会司法。而广义的司法则是包括国家司法与社会司法在内,这颠覆了传统的司法认知。笔者认为:"'司法'有广狭二义,狭义的司法指国家司法,即法院适用法律处理案件的活动;广义的司法除国家司法外,还包括社会司法。'社会司法'是一种由社会组织根据社会规则进行的化解纠纷的活动,它对于基层社会秩序的稳定起着至关重要的作用。社会司法的存在,打破了国家对司法的垄断,弥补了国家权力在调整基层社会秩序方面的缺陷。社会司法体现的是一种社会意志、社会权力和社会利益,而国家司法体现的是一种国家意志、国家权力和国家利益。社会司法实质上是社会对司法问题的一种回应,这一回应的结果是社会组织突破了国家对司法的垄断,面对社会司法的挑战,国家司法也作出了回应,这一回应的结果是国家司法权力的部分社会化。"[1]上述言论可视为对司法二元主义理论的一个简要概括。

二、司法二元主义阐释

对司法的"二元性"进行阐释,国内外学界早有先行者。最早的阐释者是西方的法律社会学派,埃里希的《法律社会学基本原理》早有论述,不仅对国家司法进行论述,还提出了"社会司法"的概念并加以阐释。当代中国学者受此影响,也对司法的二元性加以探索和论证,提出了一些富有启发性的见解。如杨一平在《司法正义论》一书中指出:"把审判与社会上其他解纷形式严格区分开来,注重司法的国家强制性和严格的程序性;强调司法的国家专有性,而对其社会渊源和基础比较淡漠。这种仅仅从静态的角度来解释复杂变幻的司法现象的方法显得过于单一,可能会使司法理论陷入一种闭塞性危机,难以适应现实的需要,也无法对我国司法体制的改革提供足够的理论指导。因此,我们应当转换一下视角,从'在不同程度上通过适用法律解决纠纷'的动态过程的角度来考虑司法,这样我们就会发现,司法是法治社会中一个极富实践性的基本环节,是连接国家与社会之间的主要桥梁,是法律制度是否完备的检测站,是实现公平正义的殿堂。它既是一个以审判为核心的、结构明晰、内容确定、层次分明的开放性体系,又是一个处于不断发展中的概念。"[2]

上述话语有几点需要注意:一是传统认知只是强调了司法的国家专有性,

---

① 崔永东主编:《法治社会与社会司法》,法律出版社 2019 年版,第 1 页。

② 杨一平:《司法正义论》,法律出版社 1999 年版,第 25 页。

而忽视了其社会渊源；二是仅仅从静态的角度来解释司法，并不足以概括司法的全部现实，而且使司法理论陷入闭塞性危机；三是从动态的角度理解司法可能更接近司法的真实；四是司法作为一个开放性体系，它以审判为核心，但又是一个不断发展的概念。

司法是一个弹性概念，也是一个开放性的概念，它理应容纳作为国家权力的司法，也容纳作为社会权力的司法。"司法的开放性可以划分为两个最基本的层次：核心与外围。司法的核心部分是比较确定的，它是指以法院、法官为主体的对各种案件的审判活动。司法的外围则不那么确定，甚至是不确定的。这部分内容可以划分为两个基本类型：其一是基本功能、运行机制和构成要素与法院相类似的'准司法'活动，主要包括行政裁判、仲裁和调解；其二是围绕着审判和准司法而开展的或者以此为最终目的而出现的参与、执行、管理、服务、教育和宣传等'涉讼'性活动。此外，国际司法和国内违宪审查在司法的概念体系中占有重要地位。所有这些综合起来就构成了以法院审判为核心的向外呈放射状的具有复合性、开放性的'多元一体化'司法概念体系。"①

笔者认为，可以从大司法、小司法这样的角度来理解司法，小司法是狭义司法，即指国家司法机关的审判活动，在中国还包括检察机关的活动。大司法是以"小司法"为核心又向外呈放射状的具有复合性、开放性的体系，包括调解、仲裁、行政裁判等"准司法"活动，又包括所有的"涉讼"性活动。这样对司法加以理解是比较完整的。

从此意义上说，下列结论是令人信服的："从严格的传统意义上来讲，司法仅指与立法和行政相对应的法院的审判活动；而在现代意义上，司法是指包括基本功能与法院相同的仲裁、调解、行政裁判、司法审查、国际审判等解纷机制在内，以法院为核心并以当事人的合意为基础和国家强制力为最后保证的、以解决纠纷为基本功能的一种法律活动；在不太严格、比较宽泛和更普通的意义上，司法还包括与上述法律性活动具有密切联系的其他各种活动。"②

上述说法得到了国内学界的充分肯定。有的学者认为，那种注重司法的国家强制性和专有性的理论是一种过时的观点，因其忽视了司法的社会基础。

---

① 杨一平：《司法正义论》，法律出版社 1999 年版，第 25—26 页。
② 杨一平：《司法正义论》，法律出版社 1999 年版，第 26 页。

"我们认为要正确认识司法的概念,需要转换一个角度即从司法的社会功能与角色的角度予以认识。司法是通过适用法律解决纠纷,消弭社会冲突,维持社会秩序均衡的活动。……我们认为司法不仅包括法院、法官的审判各种案件的活动,而且包括与法院、法官解决纠纷的基本功能、运行机制和构成要素相类似的仲裁、调解等活动,以及围绕着这些活动所展开的或者说以这些活动为最终目的而涉的一系列活动,如刑事诉讼中的侦查、起诉、律师辩护等。由此可见,司法是一个以法院审判为核心向外呈放射状的层次分明的开放性的概念体系。当然,司法在内涵和外延上是一个不断发展的概念。"①时至今日,"司法权的国家专属性和强制性趋向淡化,纠纷的法庭外解决不断发展而被社会所承认。所以,我们认为现代司法的概念应该能够适应现代社会的要求,容纳已经变化和发展了的事物。在外延上,现代司法包括法院的审判活动、仲裁制度、调解制度、律师制度、监狱劳教制度等。其中最重要具有核心地位的是法院和法官的审判活动。因为仲裁与调解是以法院和法官的审判为最终依赖;侦查、起诉、律师活动是以法院和法官的审判活动为中心和目的;监狱劳教活动也是以法院和法官的审判活动为前提和基础;它们只是法院和法官的审判活动的一种延伸。"②

另有学者指出:"司法权是一种特殊的权力,它是介于国家权力和社会权力之间的权力。"③这里虽然认为司法权是介于国家权力与社会权力之间的权力,但实际上是强调了司法权的社会性。陈光中先生就把那种"将司法理解为广义的解决纠纷"的观点归于一派,称"该派观点强调司法的社会性,将诉讼和一些社会组织的活动都看作司法"④。看来,过去那种将司法单纯理解为国家司法权运行过程的观点确实有失片面,从司法社会学视角看,司法又带有明显的社会性。这要从两个层面来理解:司法本身的社会性,即国家司法中蕴含的社会性;国家司法之外的社会性准司法活动,简称"社会司法"。

如上所述,在国家的司法权中也存在一定的社会性。司法权实际上是社会自卫的武器,司法机关不仅仅是国家的权力机关,更是社会的维权机关。审

---

① 王启富等主编:《中国人权的司法保障》,厦门大学出版社 2003 年版,第 22 页。
② 王启富等主编:《中国人权的司法保障》,厦门大学出版社 2003 年版,第 22 页。
③ 黄竹生:《司法权新探》,广西师范大学出版社 2003 年版,第 4 页。
④ 陈光中等:《中国司法制度的基础理论问题研究》,经济科学出版社 2010 年版,第 5 页。

判机关介于国家与社会、政府与公民之间,在定分止争领域它是中立者和公正的裁判者。司法权独立行使的要义即在于使司法权从其他国家权力中超脱出来,还原"中立者"本色。由此可见,司法权这一国家权力中实际上蕴含着社会性因素。另外,司法审判过程中的社会参与,也在一定程度上体现了司法权的社会性。如诉讼当事人所享有的控告权、申辩权、上诉权和质证权等诉讼权利,就体现了社会对国家司法权力的制约,而人民陪审员制度和律师制度更是一种以社会权力抗衡、制约国家司法权力的社会机制。公民和社会组织参与司法活动,也可以说是将国家司法权部分地交给社会主体(包括社会组织和个人)行使的一种形式。

可以说,在国家的司法权力结构中,同样也有"社会性"的司法权力,这是一种被国家司法权吸收的社会权力,或者说是带有国家权力标签的"社会权力"。这种观点,在西方政治学者那里也能找到同调,如法国政治学家托克维尔在《论美国民主》一书中就指出:"实行陪审制度,就可以把一部分公民提到法官的地位,这实质上就是把领导社会的权力置于人民或一部分公民之手。"①从中国的陪审制度看,人民陪审员来自于人民,或者说是社会人士,代表的是社会力量,其行使的所谓"司法权"实质上是一种社会权力,但其却被置于国家司法的权力结构之中,这在一定程度上也可视为国家司法权的社会化。

另外,社会司法作为一种准司法行为,它体现的也是一种社会权力和社会意志,包括调解、仲裁之类。苏联的"道德法庭"是一种社会司法,西方的多元化纠纷解决机制也是一种社会司法。中国当代的"枫桥经验"以及人民调解制度也属于"社会司法"。此类解纷模式可以减轻司法机关的负担,节约司法资源,而且为广大民众所喜闻乐见,因其植根于深厚的民族传统文化的土壤之中。实际上,社会司法模式的有效运行,体现了国家权力逐步"让渡"于社会的发展趋势,亦契合于"小政府、大社会"的社会治理目标。站在历史发展规律的高度看,国家权力的完全社会化,包括国家司法的完全社会化,将是人类历史发展的正常结局。这是符合马克思主义关于国家最终走向消亡的唯物史观的。

---

① [法]托克维尔:《论美国民主》,董果良译,商务印书馆 1997 年版,第 314 页。

从中国传统法律文化来看,有所谓"宗族司法""行会司法""村落司法"和"宗教司法"等,这些都属于社会化的"准司法",或谓社会司法。在维系基层社会秩序方面发挥了重要作用,同时也节约了国家司法的资源、降低了国家司法的成本,从而对国家司法起了有力的支撑作用。国家司法与社会司法并重,一直是中国历代统治者推崇的治国之道。这就是中国传统的司法二元主义模式。

"中国是一个非常重视家族传统的国家,在家国一体、家国同态的政治组织结构和文化认同中,国家的治理、社会的稳定和秩序的和谐,既依靠国家法,也重视家族法。国家法的制定、实施与家族法的制定、实施,表面上矛盾、对立,实际上二元一体,并存于世,比较有力地调整了社会关系。故传统中国数千年,历史不断,文化相成,特别在诉讼法律文化上,出现了与世界其他几个文明古国不同的历史景观,其中一个不可忽视的原因,就是古代中国异常重视国家法与家族法、国家司法与家族司法相互为补的社会法律的治理价值与作用。"①

上述引文最后一句恰恰点明了中国传统的法治二元主义模式和司法二元主义模式,前者是指国家法与家族法并行,后者是指国家司法与家族司法(属于社会司法)并重。中国古代的家族是一种基本的社会组织,是宗法社会的基础,是封建社会的稳定器。因此,家族法在调整基层社会秩序方面无疑具有重要的作用,家族司法在定分止争、维护基层社会秩序方面也为功甚巨。由此可见,我们今日提倡国家司法与社会司法并重的二元主义治理模式,是有深厚的文化基础的,是对中国治理传统的创造性转化。

综上所述,司法二元主义理论强调国法与活法并行、国家司法与社会司法并重,它不仅具有深厚的文化基础,而且顺应了法律多元主义、司法多元主义的世界潮流。在中国市场经济条件下,这一理论的流行反映了在社会力量崛起、社会组织勃兴之后社会权力对国家权力的制衡,至少体现了一种制衡的诉求和愿望。司法二元主义理论首先需要我们从广义、动态的角度来理解"司法",即司法并非仅仅是一种单纯的国家司法权的运行过程,同时还是一种社

---

① 胡旭晟主编:《狱与讼:中国传统诉讼文化研究》,中国人民大学出版社 2012 年版,第 640 页。

会司法权的运行过程。前者为国家司法,后者为社会司法;前者代表国家权力,后者代表社会权力;前者属于国家治理的核心,后者属于社会治理的核心。当代中国基层社会治理中的"枫桥经验"就属于社会司法,在注重自治、调解和坚持群众路线方面,两者是相通的。因此,社会司法是基层社会治理的重中之重,可以说是维系基层社会秩序之根本,发挥着"本固则邦宁"的作用,并对国家司法起着不可或缺的支撑作用。总之,国家司法与社会司法并重的模式,是衡量国家治理体系和治理能力、社会治理体系和治理能力现代化的重要标尺,也是司法改革战略设计的立足点。

第四章　司法改革战略与人道司法

一、司法改革战略的核心理念

我国现代司法改革战略的设计必须以人道主义为核心,必须彰显保障人权的价值取向。所谓"人道司法",是以人道主义为价值取向、以保护人权为基本旨归的司法制度和司法行为。因此,一般而言,"人道司法"即"人权司法",下文论述时这两个概念也是互用的。

人道主义虽然源自西方,但在中国历史文化中也有"仁道"传统。仁道学说出自先秦儒家,强调"仁者爱人",尊重人、关心人和爱护人,特别是尊重人的生命价值和人格尊严,强调将人当成目的而不是手段。在此点上,仁道思想与西方人道主义并无二致。应该说,仁道思想是中国近代能够吸收西方人道主义理论的文化基础。

西方自从文艺复兴以来,人道主义崛起,其影响波及人类社会生活的各个领域,特别是在法律领域,形成了人道主义的立法观、司法观和执法观,并将这种观念与保护人权密切结合起来。尤其在司法领域表现出了明显的"人道司法"的特征,为推进西方人权的司法保障发挥了巨大功效,至今人们仍深受其惠。

中国现代的司法改革也贯彻了人道主义的价值观(或谓"人本主义""以人为本""以民为本"等),在尊重和保护人权方面取得了显著的成绩,使中国的司法制度和司法实践呈现了明显的"人道化"和"人性化"趋势。有学者指出:"中国是一个礼仪之邦,有着几千年的传统文明,将这些具有优良传统的理念和行为融入法院司法工作中,就体现了司法的人性化。司法文明说到底是人性的文明,因此在现代司法文明建设中必须坚持以人为本,体现人性关怀。"①

我国社会主义制度的本质决定了司法的人民性和人本性特质,"人民性"要求以民为本,将人民的利益放在首位,司法必须维护人民的利益。正如学者所说:"我国社会主义的性质决定了司法的人民属性,司法活动必须充分体现人民的利益,必须充分体现对人的尊重和关怀。司法的人性化,司法对人的尊重,对人的价值和尊严的认可,应该体现在司法对人真实的公平无歧视的对待上,体现在司法机关在司法活动中表现出的亲民、爱民、便民、利民等的行为,而不能仅仅停留在一种表面形式上,其中更应该让人们从司法活动中真正体验到自己的尊严和价值。"②

有的学者认为,中国现代法治进步的重要标志之一就在于"人本法律观"的确立。"所谓以人为本,就是指以人的价值、人格尊严和基本人权的实现为内核的基本精神。其核心在于尊重和保障人权。"③"以人为本"的思想是人道主义中国化的产物,是对中国"仁道"传统的继承和超越。它对法律领域的影响就是人本法律价值观的确立。

如下话语值得人们思考:"人本法律观是以人为本的思想在法律领域的具体应用,是对法律文化遗产的科学总结和对传统法律观的反思与超越。人本法律观是以中国国情特别是中国社会主义法治建设实践为基础,以人的全面发展和人民根本利益为出发点和落脚点,以保障人权和全面建设小康社会为根本目的的科学体系。在法制的每一个环节上,贯彻尊重人格、合乎人性、体现人道、体恤人情、保障人权的原则。总之,人本法律观,就是以实现人的全面发展为目标,以尊重和保障人的合法权利为尺度,实现法律服务于整个社会和全体人民的理论体系。人本法律观强调法律的人文关怀和对人的终极价值的追求。"④可见,人本法律观的实质在于尊重和保障人权,这也正是人权司法

---

① 缪蒂生:《当代中国司法文明与司法改革》,中央编译出版社 2007 年版,第 139 页。

② 缪蒂生:《当代中国司法文明与司法改革》,中央编译出版社 2007 年版,第 140 页。

③ 李龙等主编:《和谐社会中的重大法律问题研究》,中国社会科学出版社 2008 年版,第 23 页。

④ 李龙等主编:《和谐社会中的重大法律问题研究》,中国社会科学出版社 2008 年版,第 23—24 页。

的要义。

"司法权被誉为正义的源头,守护权利的最后堡垒。"①这里应该补充一点:人道的司法才会成为守护权利的堡垒,反人道的司法必然成为人权的坟墓。正如有学者所说:"近代以来,人们把人道作为司法正当性的最后根据。也正是因为人道作为底线标准的性质,人们在设计司法制度时,设计了一套严格的司法程序,它不只是用来保证判决结果的正当性,还有其独立的司法程序价值,这个独立的价值基础就是人道主义,它所保护的就是人的尊严。"②

那么,什么是人权?《牛津法律大辞典》将其定义为:"要求维护或者有时要求阐明那些应在法律上受到承认和保护的权利,以便使每个人在个性、精神、道德和其他方面的独立获得最充分与最自由的发展。作为权利,它们被认为是生来就有的个人理性、自由意志的产物,而不是由实在法授予的,也不能被实在法所剥夺或取消。"③我国学者指出:"人权是人的价值的社会承认,是人区别于动物的观念上的、道德上的、政治上的、法律上的标准。……作为制度意义上的人权,是资产阶级国家形成之后,人权随着进入法律领域而被分解为两部分:一部分被认为先于国家和高于国家,这部分仍被直呼为人权;另一部分被认为后于国家和基于国家,认为它们是与政治共同体紧密相连的权利,这部分被称为公民权。"④在我国人权的权利谱系上,人权主要包括自由权、平等权、财产权、生存权和发展权等。

在人权的法律保障中,司法是最重要的一环。例如,面对行政侵权行为,公民可以寻求司法救济。"司法机关是独立于行政权之外并与之并行的有权对行政行为的法律性质作出判断的机关,公民对于侵权的行政行为,在不服审查仍不能纠正的时候,可以将行政权牵入诉讼关系,让其听从最权威的判断。这样,司法审判就成了人权保障最有效的方法。"⑤从此意义上说,司法权通过审理行政侵权案件而起到了有效制约行政权的作用,同时也保护了公民权。因此,行政起诉权就是公民的救济权和护卫权。

---

① 汪习根主编:《司法权论》,武汉大学出版社 2006 年版,第 26 页。
② 曹刚:《法律的道德批判》,江西人民出版社 2001 年版,第 111 页。
③ [英]沃克:《牛津法律大辞典》,邓正来译,光明日报出版社 1988 年版,第 426 页。
④ 徐显明主编:《人权法原理》,中国政法大学出版社 2008 年版,第 79 页。
⑤ 徐显明主编:《人权法原理》,中国政法大学出版社 2008 年版,第 166 页。

人权的司法保护机制有国内、国际之分。国内司法的人权保护需要下列条件:一是确立能够独立审判的司法体制;二是通过正当的司法程序使受到侵害的权利得到救济;三是通过司法审查来保障人权;四是通过司法解释来保障人权。有学者在论证违宪审查制度的作用时指出:"违宪审查为公民私权利在受到公权力侵害时提供了一个便捷可行的申诉途径,从而使受损的私权利得以恢复,使肆意滥用的公权力受到限制。实际上人权保障的主旨也在于对公权力的限制和对私权利的保护。倘若一部宪法没有诸如违宪审查之类的相应申诉机制,那就意味着在这种宪法保护下的人们权利受到侵害时没有宪法救济途径,也就意味着这里的权利没有保障。"[1]

人权的国际司法保护机制除了靠相关的联合国文件的约束、国际法院的司法裁判外,还靠一些非政府组织通过司法程序来保护人权。"在人权实现的保障机制中,基于诉权产生的司法审判程序是保障人权实现的最有效机制。许多国家都将司法审判程序作为本国国内法保障人权的最终环节,特别是一些国家还建立了专门审判人权案件的宪法法院和宪法审判程序。"[2]

1966 年联合国大会通过的《公民权利和政治权利国际公约》,确立了如下国际司法准则:权利平等原则,司法补救原则,生命权的程序保障原则,禁止酷刑原则,人身自由和人身安全的程序保障原则,独立和公正审判的原则,无罪推定原则,不得自证其罪原则,禁止双重危险原则,刑事赔偿原则,罪刑法定原则,等等。只有贯彻上述司法原则,才能有效保障人权。

司法为何能够保护人权? 有学者分析道:"司法之所以被认为是保障人权的最基本和最重要的手段,就在于她没有自己的利益,是超越于任何利益之外的一种纯粹的判断权;她没有作出侵权行为的动机(利益驱动行为),从而也是人们最放心的一种权力。"[3]司法能够保障人权的条件:一是司法的独立性;二是正当法律程序;三是司法的公开性;四是合格的司法人员。在论证司法的独立性时,学者说道:"世界各国不仅要在宪法和法律中规定司法独立的原则,而且往往要从法官角度对司法独立保障的具体制度予以设计:首先要建立独立的组织机构;其次建立法官的全能保障和执业保障。法官的全能保障

---

①　徐显明主编:《人权法原理》,中国政法大学出版社 2008 年版,第 318 页。
②　徐显明主编:《人权法原理》,中国政法大学出版社 2008 年版,第 366 页。
③　王启富等:《中国人权的司法保障》,厦门大学出版社 2003 年版,第 23 页。

是指法官在执行职务,行使审判权时,应具有独立的能力。法官的职业保障包括法官职业的获得、维持,以及生活待遇。"①

现代司法的核心内容是程序正义,体现程序正义的司法是保障人权的有力工具。正如学者所说:"司法是保障正义的最后一道防线,因此司法对人权保障最具根本性、彻底性。司法的核心内容在于程序的正义。……程序正义的基本内容是:合法性、司法独立和中立、公开审判、平等充分的参与和科学公正的证据制度。"②

作为一项司法制度,我国的行政诉讼制度是指法院根据公民、法人或其他组织之请求,对具体行政行为的合法性予以审查并作出裁判,解决行政争议的活动。行政诉讼制度对保护人权具有特别重要的意义。"我国建立行政诉讼制度的动因就是为行政管理的相对人提供法律救济,从人权的角度看,就是为人权提供法律保障,所以,行政诉讼制度也应当贯彻人权保障的精神。"③

二、人道司法的理论支撑

行政诉讼制度存在的价值是能够实现司法权对行政权的监督和制约,并通过监督和制约来保护公民的合法权益。这一制度的理论基础是人民主权理论。该理论是现代民主政治建构的基础,也是各国建立宪政和行政诉讼制度的理论依据。我国宪法明确规定了"一切权力属于人民",这就是对人民主权理论的一种直接表达。

有学者指出:"人民主权理论是和国家专制主义相对立的,建立在对公民独立人格的确认以及个人意志的尊重之基础上。人民主权理论不仅要求按照人民的意志,通过选举组建政府;而且还要求政府行为合法、公正而有效率;同时保护人民的权益不受国家权力的违法侵犯。其中,由于行政权经常、直接、广泛涉及公民权益,从而侵犯公民权益的可能性最大,因此建立有效的法律制度,防止和纠正违法行政,给予受侵害的相对人救济尤为重要。行政诉讼制度

---

① 王启富等:《中国人权的司法保障》,厦门大学出版社 2003 年版,第 24 页。
② 王启富等:《中国人权的司法保障》,厦门大学出版社 2003 年版,第 45 页。
③ 王启富等:《中国人权的司法保障》,厦门大学出版社 2003 年版,第 142 页。

的建立正是基于此种需求。"①这里有几点需要注意:一是人民主权理论的核心在于国家权力来源于人民授权,人民权利不容国家权力的侵犯;二是行政权力构成了对人民权利最大的潜在侵害,因此它必须受到有效制约;三是行政诉讼制度的建立一方面可以制约和纠正违法行政,另一方面又使受到行政权侵害的公民权利得到救济。

一些学者认为,在我国当前的刑事司法领域,"慎刑"已经成为一种重要的司法理念,甚至成了一个重要的司法原则。有学者指出:"所谓慎刑,就是审慎地运用刑罚权,包括刑罚权的发动,刑罚打击范围与打击重点的界定,刑罚种类的选择,刑罚宽严程度的掌握,各种刑罚的设置,乃至具体刑罚的运用与执行,都必须审慎从事,不得有半点轻率。"②

慎刑体现了刑罚人道主义精神,其根本目的就是为了保护人权。"慎刑是一种价值取向,价值取向即一种价值判断和选择。慎刑为刑事政策的调整指引方向,为刑事法网的疏密和刑法的制定选择范围,为刑罚的适用选择原则。从狭义上来说,就是在这种思想、理念、价值取向指导下,慎重地、适度地适用刑罚权。具体应当包括三个方面的基本含义:一是在制定刑法时,尽量减缩刑罚的适用范围(收紧法网),减少刑罚的适用量,做到不迫不得已不动用刑罚措施;二是适用刑罚时,应当采取谨慎的态度,按照慎重适用的原则、适度适用的原则适用刑罚;三是在刑罚执行过程中,应当坚持人道主义原则,尽量扩大非监禁刑的适用范围和执行的社会化。"③

在中国司法传统中,"慎刑"是一个重要的传统。其思想发轫于西周初年统治者提倡的"明德慎罚"的观念:"这反映了周初统治者以殷为鉴、诚惶诚恐的心态,他们认识到,酷刑滥刑足可亡国,而高度谨慎地用刑才能保住周室的基业。'慎刑'由此成为当时一个重要的司法原则。"④明代思想家丘浚对中国传统法律思想和制度加以总结,写出了《慎刑宪》的名篇。指出:"盖狱者,天下之命,所以文王必明德慎罚。收聚人心,感召和气,皆是狱。故三代之得天下,只在不嗜杀人;秦之所以亡,亦只是狱不谨。"笔者对此分析道:"慎刑的

---

① 姜明安主编:《行政法学》,法律出版社 1998 年版,第 253 页。
② 包雯:《慎刑论》,中国检察出版社 2009 年版,第 3 页。
③ 包雯:《慎刑论》,中国检察出版社 2009 年版,第 5 页。
④ 崔永东:《中国传统司法思想史论》,人民出版社 2012 年版,第 25 页。

司法政策关系到国家的长治久安,秦朝之所以短命而亡,其因在于用刑不慎。因此,统治者必须发扬好生之德,谨慎用刑,才能实现社会秩序的和谐稳定。"①应当指出,"慎刑"思想是当代中国实现刑事司法人道化的文化根基,当其从司法理念转化为司法原则、司法政策或司法制度时,就能发挥出保障人权的重要作用,并助推当代中国司法文明的进步。

综上所述,"人道司法"或"人权司法"是以人道主义为价值取向、以保护人权为基本旨归的司法制度和司法行为,它体现了当代中国的司法改革战略的基本精神。人道主义虽然源自西方,但在中国历史文化中也有"仁道"传统。儒家的仁道学说强调"仁者爱人",尊重人、关心人和爱护人,特别是尊重人的生命价值和人格尊严,强调将人当成目的而不是手段。在此点上,仁道思想与西方人道主义并无二致。现代司法的核心内容是程序正义,体现程序正义的司法制度是保障人权的有力工具。程序正义的基本内容是合法性、司法独立和中立、公开审判、平等充分的参与和科学公正的证据制度。作为一项司法制度,我国的行政诉讼制度是指法院根据公民、法人或其他组织之请求,对具体行政行为的合法性予以审查并作出裁判,解决行政争议的活动。行政诉讼制度对保护人权具有特别重要的意义。"慎刑"思想是当代中国实现刑事司法人道化的文化根基,当其从司法理念转化为司法原则或司法制度时,就能发挥出保障人权的重要作用,并助推当代中国司法文明的进步。

---

① 崔永东:《中国传统司法思想史论》,人民出版社 2012 年版,第 166 页。

第五章　环境司法的理论阐释与改革进路

环境司法是一种"绿色司法","绿色司法"的理念来源于"绿色发展"的理念,其本意在于强调利用环境司法的手段来为绿色发展保驾护航。环境司法是一种以保障绿色发展的价值理念为指导、以保护环境和节约资源为职志、以保障公众"环境权"为进路的司法活动和司法制度。

一、"绿色司法"的价值取向

根据"百度百科"的释义,绿色发展的理念以人与自然的和谐为价值取向,以绿色、低碳、循环为主要原则,以生态文明建设为主要抓手。党的十九届五中全会公报指出:"推动绿色发展,促进人与自然和谐共生。坚持绿水青山就是金山银山理念,坚持尊重自然、顺应自然、保护自然,坚持节约优先、保护优先、自然恢复优先,守住自然生态安全边界。深入实施可持续发展战略,完善生态文明领域统筹协调机制,构建生态文明体系,促进经济社会发展全面绿色转型,建设人与自然和谐共生的现代化。"[1]

这就高屋建瓴地阐释了绿色发展的内涵和意义,是指导我国环境保护与可持续发展的纲领性表述。它继承了中国古代追求人与自然和谐统一的"天人合一"思想,又不乏创新之处。如强调尊重自然、顺应自然实际上就

---

[1] 《中共中央关于制定国民经济和社会发展第十四个五年规划和二〇三五年远景目标的建议》,人民出版社 2020 年版,第 16 页。

是将人类置于与自然平等的地位上，这是一种很有新意的表述；又如强调自然恢复优先、完善生态文明领域统筹协调机制、构建生态文明体系、建设人与自然和谐共生的现代化等，实际上是重新定位了人与自然的关系。将人与自然的和谐共生定义为现代化的本质，揭示了现代经济社会可持续发展的核心要义。

杨伟民在《促进人与自然和谐共生》一文中指出："自然是人类生存之本、发展之基。发展必须处理好人与自然的关系，从无节制单向索取自然，转向有度有序利用自然，促进人与自然和谐共生。……坚持绿色富国、绿色惠民，为人民提供更多优质生态产品，推动形成绿色发展方式和生活方式，协同推进人民富裕、国家富强、中国美丽。这是生态文明建设的本质要求，体现了对中华民族永续发展的历史责任，对全球生态安全的中国担当，对人民热切期盼的积极回应。"[1]该文立意很好，阐释到位，将促进人与自然和谐共生与绿色富国、绿色惠民结合起来，同时还将建设"美丽中国"与大国担当结合起来，充分揭示了我国绿色发展的战略意义。

事实上，自党的十八届五中全会提出把绿色发展写入"十三五"规划建议，我国一直本着为人民福祉、全球治理做贡献的责任担当，致力于建设资源节约型、环境友好型社会，坚持走一条人与自然和谐共生的现代化新路，并且取得了非凡的成就。十九届五中全会更是明确提出，到2035年，"广泛形成绿色生产生活方式，碳排放达峰后稳中有降，生态环境根本好转，美丽中国建设目标基本实现"[2]。相信这一目标届时一定能变为现实。这就意味着，"绿色发展"的目标最终得以实现。

实现绿色发展的理念，既要靠制度、靠立法，也要靠司法和执法。"制度的生命力在于执行。要强化中央环境保护督察权威，加强力量配备，并推动向纵深发展，保证党中央关于生态文明建设决策部署落地生根见效。对破坏生态环境的行为不能手软，要下大气力抓住破坏生态环境的反面典型，释放出严加惩处的强烈信号。对任何地方、任何时候、任何人，凡是需要追责的，必须一

---

① 《〈中共中央关于制定国民经济和社会发展第十三个五年规划的建议〉辅导读本》，人民出版社2015年版，第173页。

② 《中共中央关于制定国民经济和社会发展第十四个五年规划和二〇三五年远景目标的建议》，人民出版社2020年版，第8页。

追到底,决不能让制度规定成为'没有牙齿的老虎'。"①上述言论释放出要严加惩处破坏生态环境行为的强烈信号,恰恰说明了司法在保障和推动绿色发展方面能够发挥至关重要的作用。

绿色发展理念对司法领域的影响就是"绿色司法"价值理念的确立,该理念强调用司法或准司法的手段来助推绿色发展,为建设资源节约型、环境友好型社会提供有力保障。在上述理念主导下的中国当代环境司法,也可以用"绿色司法"来表述。如果说对绿色司法下一个准确的定义的话,那么可以作如下表述:绿色司法是一种以保障绿色发展的价值理念为指导、以保护环境和节约资源为职志的环境司法活动和环境司法制度。

2016 年,最高人民法院出台了《关于充分发挥审判职能作用为推进生态文明建设和绿色发展提供司法服务和保障的意见》,阐释了绿色发展与环境司法的密切关系,同时也为绿色司法指明了前进方向。该意见强调,要准确把握人民法院服务、保障生态文明建设与绿色发展的基本理念和总体要求;要充分认识新形势下服务和保障生态文明建设与绿色发展的重要意义;要充分发挥环境资源审判在救济环境权益、制约公共权力、终结矛盾纠纷和形成公共政策等方面的功能作用,推动生态环境质量不断改善,促进经济社会可持续发展,维护环境正义和代际公平;各级人民法院要深入贯彻落实新发展理念,将绿色发展理念作为环境资源审判的行动指南;依法保护人民群众环境权益,依法及时采取行为保全、先予执行措施,预防环境损害的发生和扩大;落实以生态环境修复为中心的损害救济制度;坚持专业审判与公众参与相结合,引导公众有序参与环境治理;推进环境资源审判专门化,不断提升服务和保障生态文明建设与绿色发展的能力水平;等等。

二、公益诉讼、环境公益诉讼领域中 司法权对行政权的监督

所谓公益诉讼,是指以维护国家利益和社会公共利益为目的,由法定机关

---

① 《习近平新时代中国特色社会主义思想学习纲要》,人民出版社 2019 年版,第 175 页。

或有关组织提起的诉讼。换言之,即法定机关(如检察院)和相关社会组织依据法律授权,对违反法律规定,侵犯国家利益、社会利益的行为,向法院起诉,由法院依法追究被告(如行政机关)法律责任的活动。

检察公益诉讼是指检察机关针对危害国家利益和社会公共利益的行为而提起诉讼的制度。检察公益诉讼分为民事公益诉讼和行政公益诉讼两类,这是按照适用的诉讼法的性质或者被诉主体的不同进行划分的。按照提起诉讼的主体加以划分,可分为检察机关提起的公益诉讼、其他社会组织提起的公益诉讼两类。

我国《民事诉讼法》(2017年修订施行)第五十五条第二款规定:"人民检察院在履行职责中发现破坏生态环境和资源保护、食品药品安全领域侵害众多消费者合法权益等损害社会公共利益的行为,在没有前款规定的机关和组织或者前款规定的机关和组织不提起诉讼的情况下,可以向人民法院提起诉讼。前款规定的机关或者组织提起诉讼的,人民检察院可以支持起诉。"这是有关民事公益诉讼的规定。根据《民事诉讼法》相关规定,民事公益诉讼主要有环境公益诉讼、消费公益诉讼两种类型。

《行政诉讼法》(2017年修订施行)第二十五条第四款规定:"人民检察院在履行职责中发现生态环境和资源保护、食品药品安全、国有资产保护、国有土地使用权出让等领域负有监督管理职责的行政机关违法行使职权或者不作为,致使国家利益或者社会公共利益受到侵害的,应当向行政机关提出检察建议,督促其依法履行职责。行政机关不依法履行职责的,人民检察院依法向人民法院提起诉讼。"这是有关行政公益诉讼的规定。

与普通民事诉讼相较,公益诉讼存在如下几个特点:一是诉讼目的不同。公益诉讼的目的在于维护社会公共利益,而普通民事诉讼的目的在于维护当事人的民事权益。二是对起诉主体的要求不同。起诉主体与所要解决的民事纠纷不存在法律上的直接利害关系,而普通民事诉讼中,起诉主体应当与本案有直接利害关系。三是维护利益的特点不同。公益诉讼所要维护的社会公共利益具有抽象性、不特定性的特点,而普通民事诉讼所维护的当事人个体利益具有具体性、特定性的特点。四是损害的范围不同。公益诉讼案件主要涉及环境污染、侵害众多消费者合法权益的行为,此类行为造成的社会危害往往具有严重性、广泛性和长期性,有些损害可能具有潜在性、不可弥补性;而普通民事诉讼案件对当事人造成的损害往往具有特定性、暂时性、现实性及可弥补性。五是起诉针对的行为的特点不同。公益诉讼具有事后救济和事前预防的双重功能,既可以针对已经发生的损害公共利益的行为,也可以针对那些对公共利益带来重大风险的行为;而普通民事诉讼仅仅具有事后救济功能,只是针对那些已经造成损害的行为。

公益诉讼的主体就是提起公益诉讼的原告,根据 2017 年修订的《民事诉讼法》第五十五条的规定,提起公益诉讼的主体是法律规定的机关和有关组织,明确把个人排除在可以提起公益诉讼的主体范围之外。根据上引《民事诉讼法》第五十五条的规定,检察院"在没有前款规定的机关和组织或者前款规定的机关和组织不提起诉讼的情况下,可以向人民法院提起诉讼",可知检察院属于可以提起诉讼的第二序列的主体。那么,第一序列的主体——法定的机关和组织是谁? 目前学界一般认为,行政主管部门作为公共事务的管理者和公共利益的主要维护者,是适格的提起公益诉讼的主体。例如,对污染海洋环境的行为提起公益诉讼的机关应当是环保机关、海洋主管机关等相关机关。此方面可以《海洋环境保护法》第八十九条规定为依据:"对破坏海洋生态、海洋水产资源、海洋保护区,给国家造成重大损失的,由依照本法规定行使海洋环境监督管理权的部门代表国家对责任者提出损害赔偿要求。"

关于"法定组织",《民事诉讼法》第五十五条只是原则性地表述为"法律规定的有关组织"可以提起公益诉讼,但并未作出具体的规定。但《消费者权益保护法》第四十七条规定:"对侵害众多消费者合法权益的行为,中国消费者协会以及在省、自治区、直辖市设立的消费者协会,可以向人民法院提起诉讼。"这就是说,消费者协会是可以提起消费公益诉讼的合法主体,即"法定组织"。而可以提起环境公益诉讼的法定组织则是《环境保护法》第五十八条规定的组织:"对污染环境、破坏生态、损害社会公共利益的行为,符合下列条件的社会组织可以向人民法院提起诉讼:(一)依法在设区的市级以上人民政府民政部门登记;(二)专门从事环境保护公益活动连续五年以上且无违法记录。"2015 年,最高人民法院出台的《关于审理环境民事公益诉讼案件适用法律若干问题的解释》进一步规定:"依照法律、法规的规定,在设区的市级以上人民政府民政部门登记的社会团体、民办非企业单位以及基金会等,可以认定为环境保护法第五十八条规定的社会组织。"这就是说,合法的社会团体、民办非企业单位和基金会等可以是提起环境公益诉讼的适格主体。

我国首例环境公益诉讼案是 2005 年围绕松花江污染事件而发生的环境民事公益诉讼。环境公益诉讼的特色在于：一是仅就环境公共利益的受损（环境污染或生态破坏）进行救济；二是在制度设计上有别于传统私益诉讼。2012 年，我国《民事诉讼法》首次规定了公益诉讼制度。2014 年，我国《环境保护法》修订案第五十八条界定了环境公益诉讼救济的行为对象以及提起公益诉讼的社会组织应当具备的资格条件。2015 年最高人民检察院颁布了《人民检察院提起公益诉讼试点工作实施办法》，之后经过两年的试点，检察机关提起公益诉讼的实践得到了立法确认。

中共十八届四中全会通过的《中共中央关于全面推进依法治国若干重大问题的决定》提出了"探索建立检察机关提起公益诉讼制度"①的主张，习近平总书记在对该决定所作的说明中指出："检察机关在履行职责中发现行政机关违法行使职权或者不行使职权的行为，应该督促其纠正。作出这项规定，目的就是要使检察机关对在执法办案中发现的行政机关及其工作人员的违法行为及时提出建议并督促其纠正。这项改革可以从建立督促起诉制度、完善检察建议工作机制等入手。在现实生活中，对一些行政机关违法行使职权或者不作为造成对国家和社会公共利益侵害或者有侵害危险的案件，如国有资产保护、国有土地使用权转让、生态环境和资源保护等，由于与公民、法人和其他社会组织没有直接利害关系，使其没有也无法提起公益诉讼，导致违法行政行为缺乏有效司法监督，不利于促进依法行政、严格执法，加强公共利益的保护。由检察机关提起公益诉讼，有利于优化司法职权配置、完善行政诉讼制度，也有利于推进法治政府建设。"②习总书记高屋建瓴地指明了公益诉讼制度的本质和目的在于保护公共利益，实现对行政行为的司法监督，促进依法行政，推进法治政府建设。

中共十八届四中全会通过的决定将公益诉讼制度向前推进了一大步，要求由检察机关提起公益诉讼，标志着在司法监督行政方面迈出了重要一步，这

---

①　《中共中央关于全面推进依法治国若干重大问题的决定》，人民出版社 2014 年版，第 22 页。

②　《中共中央关于全面推进依法治国若干重大问题的决定》，人民出版社 2014 年版，第 58 页。

无疑在推进依法行政、建设法治政府方面具有里程碑意义。2017 年 7 月 1 日,经过修订后开始施行的《行政诉讼法》第二十五条要求人民检察院在发现生态环境和资源保护、食品药品安全、国有财产保护、国有土地使用权出让等领域负有监督管理职责的行政机关违法行使职权或者不作为,致使国家利益或者社会公共利益受到侵害的,应当向行政机关提出检察建议,督促其依法履行职责。如果行政机关不依法履行职责的,人民检察院依法向人民法院提起诉讼。这里需要注意的是,"检察建议"是行政公益诉讼必经的诉前程序。

由检察机关提起公益诉讼,符合检察机关在我国的宪法定位。检察机关是我国宪法规定的法律监督机关,有权对法律的实施情况进行监督。违反法律的行为必然危害公共利益,纠正违法行为就是维护公共利益。检察机关提起公益诉讼,既是对宪法定位的落实,也是维护公共利益的需要。行政机关虽然也是为公共利益而行使权力,但也往往因为部门利益而任性扩张,因滥用职权而损害公共利益。因此,加强司法权对行政权的监督制约就成为一个必然的选择。检察机关的行政诉讼监督与刑事检察职能,也为检察机关监督行政行为打下了扎实基础。另外,检察机关在人财物方面的优势,也是社会组织和个人难以望其项背的,它可以凭借专业化的、训练有素的检察队伍有效地开展监督工作,通过公益诉讼机制推进依法行政和严格执法,进而保护社会公共利益,并助推法治政府建设。这正是法治国家的题中应有之义。可以说,司法监督行政,不仅有效抑制行政权的任性扩张,而且会大大助推司法文明和行政文明建设,从而提升国家治理体系和治理能力现代化的水平。①

从各地的司法实践看,检察机关的公益诉讼案件,被告多为地方行政机关,其怠于履责、不作为或乱作为是导致被诉的主要原因。作为我国行政诉讼的一个重要方面,检察机关提起行政公益诉讼,体现了司法权对行政权的监督和制约。从目前我国各地的司法实践来看,行政公益诉讼的成效是显著的,对督促行政机关依法履责,纠正其不作为、乱作为的现象发挥了重要作用。这不但有助于法治政府的构建,同时也促进了对国家利益和社会公共利益的保护。

环境公益诉讼有别于传统的私益诉讼,其特性主要表现在如下两方面:一

---

① 参见崔永东:《司法权监督行政权的路径试探》,载《首都师范大学学报》(社会科学版)2019 年第 4 期。

方面,环境公益诉讼仅仅就环境公共利益的受损情况进行救济,因而它不是传统私益诉讼的补充和延伸。所谓环境公共利益的受损,在实践中经常表现为环境污染者或生态破坏者所造成的公共性环境污染、生态的功能性减损。另一方面,在具体制度设计上,环境公益诉讼有别于传统私益诉讼,如诉讼费用减免、专家证人、生态修复责任等,就与传统私益诉讼制度存在明显的差异。

2014年,《环境保护法》第五十八条界定了环境公益诉讼救济的行为对象和提起诉讼的社会组织应当具备的资格条件。同年,最高人民法院出台的《关于审理环境民事公益诉讼案件适用法律若干问题的解释》则对提起环境公益诉讼的原告主体资格、案件管辖、生态修复责任、专家证人及诉讼费用减免等加以规定。2015年,最高人民检察院出台的《人民检察院提起公益诉讼试点工作实施办法》首次引入了检察机关提起行政公益诉讼的具体程序,为我国环境行政公益诉讼制度的完善打下了重要基础。后来经过两年的试点工作,由检察机关提起环境公益诉讼得到了国家立法的确认。这也标志着国家立法机关对检察权监督行政权的一种认可和支持,实际上也反映了民众对环境资源保护领域发挥司法权监督行政权作用的一种期待。

三、加强环境公益诉讼,推进经济一体化

值得注意的是,学界在环境法治领域还提出了"环境权"的概念。"环境权是现代环境法治运行的核心问题。一般而言,环境权是指公众享有的健康、舒适的环境中生活的权利。"①环境权是法律领域的一种新型权利,与传统法律权利有所不同,它是与工业文明的发展而导致的环境污染及生态破坏问题相伴而生的。

1972年《人类环境宣言》第一条规定:"人类有权在一种能够过尊严的和福利的生活环境中,享有自由、平等和充足的生活条件的基本权利,并且负有保证和改善这一代和世世代代的环境的庄严责任。"这是对环境权基本内容的界定。我国学者一般认为,环境权主要包括环境知情权、参与权、检举权和

---

① 韩君玲主编:《中国法治文化辞典》,商务印书馆2018年版,第327页。

控告权等。

有学者指出："工业文明以来,政府的环境行政监督管理权和企业的环境资源开发利用权逐渐成为环境法中的两项重要权利。围绕环境污染防治和自然资源合理开发利用的各种规制行为基本都发生在这两类权利之间。而环境权的兴起则是围绕上述两类权利的不当和不法行使而产生的监督性权利类型。社会公众基于环境权既可监督、救济政府环境行政监督管理权,也可以制约、监督企业以环境资源开发利用权为基础的环境污染和生态破坏行为。"①上述见解值得学界进一步思考。

环境公益诉讼是一种以保护公众环境权为基本价值追求的诉讼形态。"环境公益诉讼区别于传统环境诉讼,是基于环境保护对象和主体利益的公共性而逐步形成的一类新型诉讼方式,也是环境权在现代环境法发展到一定阶段的制度体现。"②环境公益诉讼是对受损的公共利益进行救济,这种受损的公共利益往往因环境污染或生态破坏而形成。因此,生态修复责任常常成为环境公益诉讼的制度安排。

目前,区域经济社会一体化发展在我国的发展格局中占有越来越重要的地位,以长三角一体化为例,这也已经成为一项极为重要的国家战略。从法治的角度看,在立法、司法、执法等方面构建一种协同机制,有助于为长三角一体化发展提供强有力的保障。而公益诉讼,特别是检察院提起的环境公益诉讼,是司法协同机制中的重要环节之一。为此,笔者就构建长三角地区检察院提起环境公益诉讼协同机制提出如下建议:

首先,长三角地区各省市政府相关部门、社会组织和检察机关形成联动机制,建立跨省的公益诉讼大数据平台,形成各省市之间的信息资源共享、案件线索移送、配合调查取证等工作机制。特别是在环境公益诉讼方面,在完善相关大数据平台建设的基础上,明确生态修复验收的统一标准,提高诉讼后环境修复的科学性和规范性。

其次,在地方立法方面完善联动机制,特别是通过地方立法机构之间的协商与合作,及时出台相关规范性文件,对"等外"领域公益诉讼的案件范围加

---

① 韩君玲主编:《中国法治文化辞典》,商务印书馆 2018 年版,第 327 页。
② 韩君玲主编:《中国法治文化辞典》,商务印书馆 2018 年版,第 328 页。

以明确，以及时回应实践问题。

再次，通过地方立法的联动机制，联合出台相关规范性文件，进一步拓宽环境公益诉讼的监督领域。

复次，长三角地区各省市要形成一种统一机制，加强检察机关与行政机关、人民法院、社会组织之间的协同体系建设。进一步深化检察机关与人民法院、行政机关以及社会组织之间的交流与合作，尤其是在环境公益诉讼案件的法律适用、政务信息资源共享、专业知识和技术支撑等方面，形成多方共识。

此外，针对检察机关调查核实权缺乏必要刚性的问题，长三角地区可出台统一的规范性文件，进一步细化、实化检察机关调查核实权的内容，作出具有可操作性的解释，给予调查核实权更强的实施保障。还应当建立行政机关在法定期间不回复检察建议或者拒绝履责，检察机关可向其发出书面约谈通知书之类的机制。

最后，长三角地区各省市在总结各自公益诉讼实践经验的基础上，向国家立法机关统一提出相关立法建议，或向最高人民检察院提出出台相关司法解释的建议。在行政责任和刑事责任外，增加规定民事赔偿法律责任，并对情节严重的，实行惩罚性赔偿制度。另外，可建议国家立法机关择机出台专门的《环境公益诉讼法》。

四、环境司法的改革与完善

吕忠梅等专家所撰的《中国环境司法发展报告（2015—2017）》一书提出了环境司法专门化的建议。这种"专门化"在审判领域的进路是所谓环境审判机构、环境审判机制、环境审判程序、环境审判理论和环境审判团队的"五位一体"。该书指出："以提升质量与能力为核心，扎实推进环境司法专门化；以实现公平正义为宗旨，稳步发展环境资源审判普通化；以完善生态环境法治为目标，促进立法科学化和司法活动规范化。"①这也是对该书宗旨的一种

---

① 吕忠梅等：《中国环境司法发展报告（2015—2017）》，人民法院出版社 2017 年版，第4 页。

阐释。

鉴于环境公益诉讼涉及的环境要素多、牵涉面广、生态性强,并且常常受到地方保护主义的影响。因此,有必要建立跨行政区划的管辖方式。有学者指出:"以最高人民法院第三巡回法庭的实践为基础,积极探索解决环境资源案件本身具有跨行政区域特征、易受地方保护主义干扰、实际存在的'主客场'现象等问题的方法,为将环境资源案件纳入跨行政区划的专门法院管辖、乃至设立跨行政区划的专门环境资源法院积极准备。"①"针对环境资源审判机制运行过程中出现的一些主要问题,如最高人民法院各审判庭之间的职能交叉重叠、最高人民法院环境资源审判庭与地方法院的环境资源审判机构在案件管辖方面的不一致、各地方环境资源审判机构名称不一而且承担的审判任务差异较大等,研究出台制度化、规范化的措施。"②上述建议值得思考和借鉴。

也有专家就检察机关在环境公益诉讼中的调查核实权的运行问题提出了改革建议:"公益诉讼调查核实权是检察机关履行公益诉讼职能的前提和保障,但因存在调查权规范性依据不足、调查措施单薄、救济机制缺位等问题,导致公益诉讼调查权运行疲软,缺乏刚性和权威,制约公益诉讼工作的深入开展。需要在明确公益诉讼调查核实权的本质属性、功能目的、运行特点等基础上,完善公益诉讼调查核实权运行机制,强化其刚性和权威,实现调查权的高效规范行使。"③这里涉及环境司法机制的改革问题,上述建议是中肯的。

笔者认为,环境司法改革应以保障绿色发展的价值理念为指导,以保护环境和节约资源为职志,以保障公众"环境权"为进路,除了在相关司法体制上(如建立跨行政区划的专门法院)用力外,还应当在相关制度和机制上发力:第一,拓宽原告诉讼资格,扩大受案范围,推进环境审判专门化。第二,完善"三审合一"环境审判模式,加强公众参与司法保护力度。第三,法院在审理环境案件中应当从简单地查明事实、引用法条提升到改进环保制度的层次。

---

① 吕忠梅等:《中国环境司法发展报告(2015—2017)》,人民法院出版社 2017 年版,第 46 页。

② 吕忠梅等:《中国环境司法发展报告(2015—2017)》,人民法院出版社 2017 年版,第 45 页。

③ 《浙江公益诉讼检察课题成果荟萃》,浙江省人民检察院 2019 年内刊本,第 182 页。

第四,注重发挥刑事司法的预防功能,对危害极大、性质严重的环境犯罪,应当在法定刑幅度内配置较重的刑罚。第五,在环境司法领域要提倡精细化、精准化、科学化的司法理念。第六,科学设计环境公益诉讼的案由,实现案由类型化。第七,在环境公益诉讼中设计诉前程序,有效监督行政机关依法履职。第八,在环境侵权责任的承担方面,应当由雇佣者与受雇者承担连带责任,第三人造成环境污染也承担连带责任。在承担责任的方式上除了传统的民事责任,还应承担生态修复、环境治理等责任。第九,建立司法机关与行政机关的联动机制,形成多元共治格局。

第六章　刑事诉讼制度改革战略与对策

　　党的十九届四中全会深入研究坚持和完善中国特色社会主义制度、推进国家治理体系和治理能力现代化若干重大问题,并专门作出《中共中央关于坚持和完善中国特色社会主义制度、推进国家治理体系和治理能力现代化若干重大问题的决定》。国家治理体系和治理能力现代化,当然包括法治体系和司法制度现代化,离不开国家法律、司法制度的有效贯彻执行。2019 年是《中华人民共和国刑事诉讼法》(以下简称《刑事诉讼法》)颁布实施 40 周年。40 年来,刑事诉讼法治在立法政策完善、实务经验总结和理论探索中不断发展。结合司法实践和改革试点经验,刑事诉讼法经历了三次修改,初步形成了中国特色社会主义刑事程序法治体系;刑事诉讼制度、司法人权保障理念、程序法治观念、证据裁判意识、刑事诉讼理论不断完善。

　　2019 年 1 月,习近平总书记强调政法工作应"完善权力运行监督和制约机制"。2020 年 8 月 26 日,政法领域全面深化改革推进会在总结改革成效的同时,将主题聚焦在"执法司法制约监督"上,强调要加快推进执法司法制约监督体系改革和建设,全面提升执法司法公信力。执法司法权的行使,直接关系人民群众的人身权、财产权、人格权。随着政法领域全面深化改革不断推进,如何加强执法司法权运行的制约监督、确保权力不任性,备受关注。经过改革,层层审批、逐级把关等监督管理措施已被取消,而适应新的执法司法模式的制约监督制度尚不健全,处于新旧体制交叉磨合期,放权后制约监督薄弱。遵循权力运行特点,聚焦放权后新情况新问题,构建新型制约监督制度机制,在更高层次上实现司法权力与责任的平衡,放权与监督的集合,公正与效率的统一,确保执法司法公正廉洁、高效权威,也是刑事诉讼改革中面临的重要课题。

一、刑事诉讼制度改革战略

（一）贯彻以人民为中心司法理念，强化刑事司法人权保障

中共中央政治局委员、中央政法委书记郭声琨 2019 年 10 月在陕西调研时强调："要坚持以习近平新时代中国特色社会主义思想为指导，深入开展'不忘初心、牢记使命'主题教育，始终顺应人民群众呼声期盼，履职尽责、担当作为，更好地守护社会平安、促进公平正义，不断增强人民群众获得感幸福感安全感。"①《刑事诉讼法》颁布实施的 40 年是我国人权保障日臻完善的 40 年，我国刑事审判人权保障在理念、制度和实践中都发生了巨大变化。1979 年《刑事诉讼法》树立了追求客观真实、不枉不纵的理念，以实体公正保障追诉犯罪的准确性；1996 年《刑事诉讼法》修改体现了无罪推定原则，提高了辩护权的保障程度，办案人员依法办案意识不断提高；2012 年"尊重和保障人权"写入《刑事诉讼法》，非法证据排除规则正式确立为一项制度，并规定了讯问录音录像、侦查人员出庭作证、庭前会议等配套机制，这是切实保障刑事被告人人权的重要举措和标志。2018 年《刑事诉讼法》确立了值班律师制度，律师辩护制度 40 年来逐步从形式走向实质，律师辩护内容也更丰富。人权保障在刑事诉讼中的独立价值得到重视，是我国刑事诉讼法步入成熟的标志，也是 40 年来刑事诉讼法治取得的最重要的成就之一。

人权是法治的基本价值，法治是人权的根本保障。党的十八大以来，人权司法保障工作得到空前重视，并逐渐成为司法文明建设的重要价值引领。个案正义的承诺，既是新时代司法工作的鲜明特征和具体目标，也是人民群众评价司法效能、司法改革成效的重要尺度。以全面依法治国战略和全面深化司法改革为契机，司法人权理念得到全面贯彻，人权司法保障制度也由上一阶段的高速发展转向现阶段的高质量发展。完善党对司法工作领导的制度体系，

---

① 郭声琨：《顺应人民群众呼声期盼 守护社会平安促进公平正义》，中国长安网，http://www.chinapeace.gov.cn/chinapeace/c54219/2019-10/13/content_12294690.shtml，最后访问日期：2020 年 2 月 5 日。

加强司法机关的内部监督和外部监督,完善司法体制和司法权运行机制,为实现公平正义和人权保障创造更有利的环境。①

(二) 强化检察机关的主导责任与法律监督职能

人民检察院作为司法机关和法律监督机关,其在诉讼中的具体职权和诉讼地位可能因诉讼程序和权力格局的变化而受到影响,如国家监察体制改革抽离出大部分原为检察机关的职务犯罪案件侦查权;另外,批捕权"转隶"的隐忧也时常存在。检察机关的主导责任与以审判为中心完全一致。在认罪认罚从宽制度的适用中,更要关注如何体现和落实检察官的主导责任。2018 年《刑事诉讼法》修改增设了"认罪认罚从宽"制度,认罪认罚从宽制度适用的案件范围、诉讼阶段与程序均无限制,公安机关、人民检察院和人民法院均在各自主导的诉讼阶段发挥作用。就刑事诉讼法规定的认罪认罚程序来看,检察机关发挥着主导作用,表现为:明确规定人民检察院在审查起诉中承担告知犯罪嫌疑人"认罪认罚从宽"的义务并听取犯罪嫌疑人、辩护人或者值班律师、被害人及其诉讼代理人的意见;犯罪嫌疑人自愿认罪并同意量刑建议和程序适用的,由检察机关主持,在辩护人或者值班律师在场的情况下签署认罪认罚具结书;《刑事诉讼法》第二百零一条规定"对于认罪认罚案件,人民法院依法作出判决时,一般应当采纳人民检察院指控的罪名和量刑建议",这一规定使检察机关在认罪认罚案件中具有举足轻重的作用,除特定例外情形,检察机关实际起到的是主导作用。

在 2019 年 7 月大检察官研讨班上,张军检察长指出:修改后《刑事诉讼法》确立的认罪认罚从宽制度,是十分典型的以检察官主导责任为基础的诉讼制度设计。从责任上看,所谓主导责任,不仅仅是对检察工作自身更高的要求,与以审判为中心的本质上是以庭审为中心、以证据为核心的刑事诉讼制度改革目标是一致的,都是诉讼规律的体现,都是为了维护司法公正,优质高效办好案件。②

---

① 参见江国华:《新中国 70 年人权司法的发展与成就》,载《现代法学》2019 年第 6 期。
② 参见《最高人民检察院召开"准确适用认罪认罚从宽制度"新闻发布会》,https://www.spp.gov.cn/spp/zgrmjcyxwfbh/zqsyrzrfckzd/index.shtml,最后访问日期:2020 年 1 月 30 日。

（三）完善程序分流机制，积极推进认罪认罚从宽机制的适用

最高人民检察院副检察长陈国庆提出，认罪认罚从宽制度是我国诉讼理念、诉讼制度的重大改革，是国家追诉与诉讼协商相融合的新型诉讼模式，有助于在刑事司法领域推动国家治理体系和治理能力现代化。检察官要积极履行认罪认罚从宽制度中的主导责任，要主动开展认罪认罚的教育转化工作，积极开展认罪量刑的协商和沟通，一般要提出确定刑量刑建议。同时做好被害人的工作，对案件进行程序分流。要保障被告人的上诉权，确保检察机关正确行使抗诉权。① 最高检提出将认罪认罚从宽制度的适用率提升至 70%左右，是基于我国刑事案件结构和司法实践而提出的合理目标要求，检察官要采取有力措施，努力提升素能，转变观念，积极主动推进认罪认罚从宽机制的适用。

认罪认罚的适用要追求良好的社会效果。2020 年 2 月 27 日，最高人民检察院副检察长陈国庆在国务院联防联控机制新闻发布会上表示，在疫情防控的特殊时期，检察机关办理涉企案件凡是符合条件的都尽可能适用认罪认罚从宽制度。陈国庆介绍，检察机关主要立足检察职能，依法履行批捕、起诉和诉讼监督的职责，为复工复产营造良好的法治环境。在办理涉企业的案件中，对可能影响企业正常经营的涉案财物，原则上不予查封、扣押和冻结。对有自首、立功表现，积极认罪悔罪，没有太大社会危害性的经营者，一般依法不采取羁押性强制措施。对于处于侦查、起诉和审判阶段的在押企业经营者，及时开展羁押必要性审查。对羁押当中需要处理企业紧急事务的，根据案件办理情况，尽量允许其通过适当方式进行处理。对疫情防控相关的公益诉讼案件，涉及口罩、防护服等重要医疗防护物资产品生产经营者的，准确把握法律监督和支持复工复产并重的原则，积极延伸办案职能。②

（四）加强和创新未成年人司法保护与预防违法犯罪机制

预防未成年人犯罪、保护未成年人权益是社会治理体系中的重要一环，做好这一工作，可以有力推动加强和创新社会治理，构筑起依法保护未成年人健

---

① 参见《最高人民检察院召开"准确适用认罪认罚从宽制度"新闻发布会》，https://www.spp.gov.cn/spp/zgrmjcyxwfbh/zqsyrzrfckzd/index.shtml，最后访问日期：2020 年 1 月 30 日。

② 参见陈国庆：《办理涉企案件尽可能适用认罪认罚从宽制度》，https://www.spp.gov.cn/zdgz/202002/t20200227_455334.shtml，最后访问日期：2020 年 9 月 20 日。

康成长的强大体系,保障家庭幸福、社会稳定和国家长治久安。推动预防未成年人违法犯罪机制建设,预防和减少未成年人违法犯罪,首先,需要探索涉罪未成年人精准帮教机制,检察机关在办案中坚持宽容不纵容。其次,推动建立罪错未成年人临界预防机制。最高检已经把建立罪错未成年人分级干预制度列入五年检察改革规划。再次,惩防结合,刑民并用,推动健全完善侵害未成年人权益惩防工作机制。一是推行专业化办案机制,准确有力惩治侵害未成年人犯罪,有效保护救助未成年被害人;二是检察机关牵头建立健全侵害未成年人违法犯罪预防和及时发现机制;三是推动加强侵害未成年人犯罪案件易发多发行业和领域的管理。最后,落实中央决策部署,积极参与农村留守儿童和困境儿童保护。依法从重从严惩治侵害农村留守儿童和困境儿童犯罪,加强对留守儿童和困境儿童民事行政权益的保护,助力精准脱贫攻坚,推动建立健全农村留守儿童和困境儿童保护长效机制。①

二、具体战略实施

(一) 推进和完善认罪认罚从宽及相关制度的实施

自从 2018 年在刑事诉讼法中规定了认罪认罚从宽制度,实践中稳步推进,成效逐步凸显。一是认罪认罚从宽制度适用率逐步提升。2019 年,全国检察机关适用认罪认罚从宽制度办理案件 971038 人,占同期审结数的48.3%。适用比例呈逐月上升趋势,1 月至 12 月适用人数分别为 31069 人、19880 人、38454 人、42780 人、45491 人、58659 人、81225 人、92530 人、115590人、113164 人、152692 人、179504 人;占审结人数的比例分别为:20.5%、20.7%、25%、26%、29.9%、38.4%、43.7%、52.5%、59.8%、67.7%、75.7%、83.1%。② 二是检察机关在认罪认罚制度中的主导责任充分履行。全国检察

①　参见《最高人民检察院联合公安部召开新闻发布会"从严惩处涉未成年人犯罪,加强未成年人司法保护"》,https://www.spp.gov.cn/spp/zgrmjcyxwfbh/zgjjxcyccswcnrfzxwfbh/index.shtml,最后访问日期:2020 年 1 月 30 日。

②　参见《2019 年全国检察机关主要办案数据》,https://www.spp.gov.cn/spp/xwfbh/wsf-bt/202006/t20200602_463796.shtml#1,最后访问日期:2020 年 9 月 24 日。

机关提出确定刑量刑建议比率逐步上升,量刑建议法院采纳率也逐步上升。2019 年 1 月至 5 月,全国检察机关提出确定刑量刑建议占比 27%,量刑建议法院采纳率为 51.75%;1 月至 6 月,提出确定刑量刑建议占比 28%,量刑建议法院采纳率为 58%;1 月至 9 月,提出确定刑量刑建议占比 33.5%,量刑建议法院采纳率为 81.6%。三是诉讼效率进一步提升。2019 年 1 月至 9 月,认罪认罚案件适用普通程序审理占比 14.5%;适用简易程序审理占比 49.8%;适用速裁程序审理占比 35.6%。①

为推动形成制度适用合力,最大化发挥认罪认罚从宽制度功效,进一步彰显司法的理性与人文关怀,2019 年 10 月 16 日最高人民检察院联合最高人民法院、公安部、国家安全部、司法部印发了《关于适用认罪认罚从宽制度的指导意见》(以下简称《指导意见》),对办理认罪认罚从宽的基本原则、适用范围和条件、各办案机关的职责、当事人权益保障等作了细致规定。

1. 明确了适用认罪认罚从宽制度应当坚持的基本原则。包括贯彻宽严相济刑事政策、坚持罪责刑相适应、坚持证据裁判、坚持公检法三机关配合制约原则等。

2. 明确了认罪认罚从宽制度的适用范围和适用条件。认罪认罚适用于侦查、起诉、审判各个阶段,所有刑事案件都可以适用。但"可以"适用不是一律适用,认罪认罚后是否从宽,由司法机关根据案件具体情况决定。

3. 明确了"从宽"的把握。从宽处理既包括实体上从宽处罚,也包括程序上从简处理。"可以从宽",是指一般应当从宽,但不是一律从宽,应当区别认罪认罚的不同诉讼阶段、对查明案件事实的价值、罪行严重程度等,综合考量从宽的限度和幅度。

4. 明确了犯罪嫌疑人、被告人辩护权保障和被害方权益保障。办理认罪认罚案件,应当保障犯罪嫌疑人、被告人获得有效法律帮助,应当听取被害人及其诉讼代理人意见。法律援助机构可以在人民法院、人民检察院、看守所派驻值班律师。值班律师可以会见犯罪嫌疑人、被告人,自人民检察院审查起诉之日起,值班律师可以查阅案卷材料。

---

① 参见《最高人民检察院召开"准确适用认罪认罚从宽制度"新闻发布会》,https://www.spp.gov.cn/spp/zgrmjcyxwfbh/zqsyrzrfckzd/index.shtml,最后访问日期:2020 年 2 月 5 日。

5. 明确了审前程序侦查机关和检察机关的职责。犯罪嫌疑人、被告人认罪认罚是认定其是否具有社会危险性的重要考虑因素。公安机关应当依法履行告知义务,积极开展认罪教育工作。人民检察院应当听取犯罪嫌疑人、辩护人或者值班律师对案件处理的意见,加强对侦查阶段认罚自愿性、合法性的审查,确保犯罪嫌疑人在自愿认罪认罚的基础上签署具结书。

6. 明确了量刑建议的提出方式、采纳和调整原则。办理认罪认罚案件,人民检察院一般应当提出确定刑量刑建议。提出量刑建议前,应当充分听取犯罪嫌疑人、辩护人或者值班律师的意见,尽量协商一致。人民法院一般应当采纳人民检察院的量刑建议,经审理认为量刑建议明显不当,或者被告人、辩护人对量刑建议提出异议的,人民检察院可以调整量刑建议。

7. 明确了审判程序的适用。办理认罪认罚案件,人民法院应当对认罪认罚的自愿性、具结书内容的真实性和合法性进行审查核实。人民法院适用速裁程序审理案件,可以集中开庭,逐案审理;人民检察院可以指派公诉人集中出庭支持公诉。被告人在第一审程序中未认罪认罚,在第二审程序中认罪认罚的,二审人民法院应当根据认罪认罚的作用决定是否从宽,确定从宽幅度时应当与第一审程序认罪认罚有所区别。

8. 规定了未成年人认罪认罚案件的办理。办理未成年人认罪认罚案件,应当听取法定代理人的意见,法定代理人无法到场的,应当听取合适成年人的意见。法定代理人、辩护人对未成年人认罪认罚有异议的,不需要签署认罪认罚具结书。未成年人认罪认罚案件,不适用速裁程序。

实践证明,通过积极努力做认罪认罚的工作,促进提升适用率,对有效化解社会矛盾,减少社会对抗,提升当事人对最终结果的接受度带来了积极影响。2019 年 1 月至 9 月,适用认罪认罚从宽制度办理的案件,被告人上诉率为 3.5%,检察机关抗诉率为 0.24%。①

为了健全办理认罪认罚案件检察权运行监督机制,加强检察官办案廉政风险防控,最高人民检察院于 2020 年 5 月 11 日制定出台《人民检察院办理认罪认罚案件监督管理办法》(以下简称《办法》)。该《办法》共 25 条,全方位

---

① 参见《最高人民检察院召开"准确适用认罪认罚从宽制度"新闻发布会》,https://www.spp.gov.cn/spp/zgrmjcyxwfbh/zqsyrzrfckzd/index.shtml,最后访问日期:2020 年 2 月 3 日。

多角度有针对性地对检察官办理认罪认罚案件的权力运行机制、监督管理措施等作出明确规定，进一步扎紧了依法规范适用认罪认罚从宽制度的"篱笆"。《办法》一方面适应司法责任制改革要求，简化内部审批程序，最大限度减轻检察官工作负担；另一方面明确员额检察官办案权限，因地制宜制定、划分权力职责。既落实谁办案谁负责、谁决定谁负责的要求，又明示了监督部门的职责职能，从内外部制约监督上着力，防止权力滥用、以权谋私，加强廉政风险防控。[1]

（二）"捕诉一体化"的办案机制改革

在 21 世纪初的检察体制改革过程中曾出现对于公安机关移送的刑事案件，由受理案件的检察官在法定权限内完成审查批捕、起诉、出庭公诉，履行立案监督、侦查监督、审判监督职责的一种新型捕诉关系，即"捕诉一体化"的办案机制（又称"捕诉合一"机制）。[2] 这一办案机制提高了办案质效，多地检察机构争先效仿。然而，在 2005 年召开的全国检察机关第二次侦查监督工作会议提出："审查逮捕是侦查监督的首要职责，是开展立案监督、侦查活动监督的重要基础，也是侦查监督工作为构建和谐社会服务的重要途径。在防止冤错案件发生上，它是一道非常重要的关口。捕诉分离是诉讼规律的科学总结，捕诉合一，不利于保证案件质量。有的地方搞捕诉合一的，除个别经批准进行机构设置整体改革试点的以外，一律要纠正过来。个别整体改革试点单位将捕诉两个机构合署办公的，在审查批捕、公诉环节必须由不同的承办人办理。"[3]

2018 年 7 月，最高检察机关更是明确提出要统一履行审查逮捕和审查起诉职能，实行捕诉一体化。曾经被否定被叫停的制度，在当下又被部署卷土重来，引发了学界和司法界的关注。捕诉一体化本质是对于捕诉关系的划定，并非检察内设机构的改革，而是办案组织的职能改革。不同于内设机

---

[1]　参见《最高检出台 25 条"硬规"全方位监督认罪认罚案件办理》，https://www.spp.gov.cn/spp/xwfbh/wsfbt/202005/t20200518_461168.shtml#1，最后访问日期：2020 年 9 月 20 日。

[2]　参见徐柳媚：《推行刑检改革新举措，检察机关办案速度全面提升》，载《深圳特区报》2002 年 9 月 21 日。

[3]　袁正兵、崔佐钧、刘金林：《防止冤假错案要严把捕人关》，载《检察日报》2005 年 5 月 16 日。

构的调整,检察办案组织及其职权配置事实上会形成不同的检察权运行机制。① 二者之间的核心区别是:前者属于司法行政职能管理范畴,受检察组织法调整;而后者属于司法权运行机制问题,与诉讼法理相关,不能混为一谈。

在捕诉分立的情况下,审查起诉部门无法与审查批捕部门衔接,更无法介入侦查,导致侦查机关在批捕之后移送审查起诉的案件在证据方面常常达不到起诉的标准。加之 1997 年公安部为了提高侦查效率推行"侦审一体化"改革,预审制度被取消,从而使得侦查机关内部案件审查机制真空化,进一步导致移送审查起诉的案件质量降低。因此,通过调整捕诉关系使捕诉产生连接,使捕诉部门能够提前介入侦查实施引导,降低退补率和不起诉率,以提高捕诉案件质量,消除捕诉审查之间的分歧,是检察机关实行捕诉一体化的现实需要。② 此外,因为捕诉分立占用的办案人员更多,尤其捕和诉的一些重复性审查消耗了大量的办案时间,而实行捕诉一体化,捕诉审查均由同一人完成,节省了办案人员,审查起诉效率显著提升。这在案多人少的司法现状下,成为捕诉合一的另一重要动力。

不论捕诉是否一体化,捕与诉在立法上都是两个不同阶段的程序,在诉讼活动中也是一先一后发生的,两个程序的适用在时空上不可能发生混同,因而审查逮捕在诉讼程序意义上的独立性不会丧失。③ 在未成年人案件的刑事检察中,较早就采取了捕诉一体化与审查逮捕听证相结合的办案方式,并且取得良好的效果。④ 该制度实施存在较为明显的利弊:一方面,捕诉一体化办案机制能够真正实现侦诉连接,落实规范与监督要求,提升侦查机关的证据意识,提高侦诉质量,有利于庭审实质化;另一方面,由于审查逮捕与审查起诉在标准方面存在差异,不同机关把握不一,且对错捕仍是一种结果导向的评价,导致捕诉一体化的实施存在一定程度的目标偏离。

---

① 参见陈实:《论捕诉一体化的合理适用》,载《法商研究》2019 年第 5 期。

② 参见李夏渝:《论我国现行预审机制的弊端及立法调整——兼论"侦审合一"的合法性与消极作用》,载《犯罪研究》2002 年第 3 期。

③ 参见陈实:《论捕诉一体化的合理适用》,载《法商研究》2019 年第 5 期。

④ 参见顾文:《未成年人刑事检察制度检视——健全"捕诉监防"一体化工作模式的现实思考》,载《上海政法学院学报》2015 年第 5 期。

（三）加强对侦查行为的规范及办案流程的监督

2020 年 4 月,最高人民检察院、公安部共同制定并印发《关于加强和规范补充侦查工作的指导意见》(以下简称《意见》),对进一步完善以证据为核心的刑事指控体系,加强和规范补充侦查工作,提高办案质效,确保公正司法提出了明确要求。该《意见》规定,人民检察院审查逮捕提出补充侦查意见,审查起诉退回补充侦查、自行补充侦查,要求公安机关提供证据材料,要求公安机关对证据的合法性作出说明等情形,适用本指导意见的相关规定。人民检察院开展补充侦查工作,应当书面列出补充侦查提纲;人民检察院在审查起诉过程中,自行补充侦查更为适宜的,可以依法自行开展侦查工作;对证据收集的合法性提出明确要求,对调取有关证据材料作出明确规定,还明确了退回补充侦查的有关情形。

（四）完善死刑复核及执行程序当事人权益保护

为规范死刑复核及执行程序,依法保障当事人合法权益,2019 年 4 月 29 日最高人民法院审判委员会第 1767 次会议通过《最高人民法院关于死刑复核及执行程序中保障当事人合法权益的若干规定》,该规定自 2019 年 9 月 1 日起施行。

1. 保障当事人死刑复核阶段的辩护权。高级人民法院在向被告人送达依法作出的死刑裁判文书时,应当告知其在最高人民法院复核死刑阶段有权委托辩护律师,并将告知情况记入宣判笔录;被告人提出由其近亲属代为委托辩护律师的,除因客观原因无法通知的以外,高级人民法院应当及时通知其近亲属,并将通知情况记录在案。

2. 对辩护律师向最高人民法院提交相关材料作出了程序上的具体规定。最高人民法院复核死刑案件,辩护律师应当自接受委托或者受指派之日起十日内向最高人民法院提交有关手续,并自接受委托或者指派之日起一个半月内提交辩护意见。辩护律师提交相关手续、辩护意见及证据等材料的,可以经高级人民法院代收并随案移送,也可以寄送至最高人民法院。最高人民法院复核裁定作出后,律师提交辩护意见及证据材料的,应当接收并出具接收清单;经审查,相关意见及证据材料可能影响死刑复核结果的,应当暂停交付执行或者停止执行,但不再办理接收委托辩护手续。

3. 保障当事人的临终权益,并对会见的相关程序作了规定。第一审人民法院在执行死刑前,应当告知罪犯可以申请会见其近亲属。罪犯申请会见并提供具体联系方式的,人民法院应当通知其近亲属。对经查找确实无法与罪犯近亲属取得联系的,或者其近亲属拒绝会见的,应当告知罪犯。罪犯提出通过录音录像等方式留下遗言的,人民法院可以准许。罪犯近亲属申请会见的,人民法院应当准许,并在执行死刑前及时安排,但罪犯拒绝会见的除外。罪犯拒绝会见的情况,应当记录在案并及时告知其近亲属,必要时应当进行录音录像。罪犯提出会见近亲属以外的亲友、未成年子女的,也作了相应规定。

三、刑事诉讼实践中的问题

(一) 程序衔接:监察调查与刑事诉讼的案件交叉

根据监察法和刑事诉讼法的相关规定,监察调查终结后移送检察院审查起诉,但是两部法律在强制措施、证据制度方面均存在差异,导致实践中程序衔接的诸多难题。按照刑事诉讼法的规定,立案是刑事诉讼程序的启动环节,而对于监察机关移送的案件,检察机关不再立案,形成了"调查+审查起诉"的办案模式。国家监察机构的建立是为了集中力量进行反腐斗争,监察委与纪检委合署办公,地位较为强势,检察机关作为追诉机关与法律监督机关在事实上进行监督的力量较弱。同时,监察机关调查案件强调集中统一、权威高效,对程序正义和人权保障价值遵循略显欠缺。[1]

1. 留置与强制措施的衔接。根据我国《刑事诉讼法》第一百七十条第二款的规定,"对于监察机关移送起诉的已采取留置措施的案件,人民检察院应当对犯罪嫌疑人先行拘留,留置措施自动解除。人民检察院应当在拘留后的十日以内作出是否逮捕、取保候审或者监视居住的决定。"先行拘留是留置与强制措施之间的过渡性措施,具有剥夺人身自由临时性、强制性的特点,而拘留也有其适用范围,那么先行拘留是否是无条件的呢? 我国刑事诉讼法对拘

---

① 参见谢小剑:《监察调查与刑事诉讼程序衔接的法教义学分析》,载《法学》2019 年第9 期。

留也规定了标准较高的适用条件,而有些地区采取了检察机关提前介入的方式对于需要采取的强制措施进行提前判断,以实现无缝衔接。① 先行拘留模式带来了一些新的问题,如立法设置先行拘留的目的是将犯罪嫌疑人从监察调查程序转入刑事诉讼程序,其本身在诉讼程序中的体系定位及性质为何? 先行拘留期间决定采用强制措施的标准是什么? 选择适用的范围是什么?②

2. 犯罪嫌疑人委托律师的权利。根据监察法的规定,监察委调查期间不允许律师介入,但一旦进入审查起诉阶段,应当允许犯罪嫌疑人委托辩护人。根据刑事诉讼法的规定,犯罪嫌疑人在被第一次讯问或者采取强制措施之日起,即有权委托辩护人。这一规定虽针对侦查阶段,但进入审查起诉阶段的案件均已经过讯问程序,且检察机关有义务在三日内告知犯罪嫌疑人有权聘请辩护人,因此应在监察委移交审查起诉之后允许犯罪嫌疑人委托辩护人。③ 同时,检察机关应当为律师阅卷提供便利。而 2018 年刑事法修改取消了特别重大贿赂犯罪案件律师会见的限制,会见权也应当得到保障。

此外,程序衔接还涉及被调查人同时犯有职务犯罪与普通犯罪的情形,即需要监察委和公安机关分别办理同一犯罪嫌疑人不同犯罪。此时,两机关分别立案,被调查人被留置在监察委,公安机关查办案件中律师的会见权应否得到保障,以及在实践中如何保障,是在该类复杂案件中亟须解决的问题。

3. 退回补充调查的程序问题。《监察法》第四十七条第二款规定,对监察机关移送的案件,人民检察院经审查,认为需要补充核实的,应当退回监察机关补充调查,必要时可以自行补充侦查。根据立法精神和相关解释,主张优先采取退回补充调查,只在特殊情况下自行补充侦查。有学者主张,建议将"监察机关对退回补充调查提出异议,监察机关退而不调,监察机关先前调查活动存在违法取证情况,以及只需对个别证据进行调取的情况"纳入自行补充侦查的范围。④ 这一规定有利于检察机关在办案过程中有效履行监督职能,且

① 参见谢小剑:《监察调查与刑事诉讼程序衔接的法教义学分析》,载《法学》2019 年第 9 期。

② 参见董坤:《法规范视野下监察与司法程序衔接机制——以〈刑事诉讼法〉第 170 条切入》,载《国家检察官学院学报》2019 年第 6 期。

③ 参见杨宇冠、郑英龙:《〈刑事诉讼法〉修改问题研究——以〈监察法〉的衔接为视角》,载《湖湘论坛》2018 年第 5 期。

④ 参见叶青:《监察机关调查犯罪程序的流转与衔接》,载《华东政法大学学报》2018 年第 3 期。

自行补充侦查也能使公诉准备更加充分。而退回补充调查阶段是否允许辩护律师的介入,仍是一个需要规则来明确的问题。

4. 监察案件中非法证据排除规则的适用。《监察法》第三十三条第二款规定:监察机关在收集、固定、审查、运用证据时,应当与刑事审判关于证据的要求和标准相一致。第三款规定:以非法方法收集的证据应当依法予以排除,不得作为案件处置的依据。第四十条第二款对何为非法方法做了规定。而在非法证据排除程序中,同步录音录像是取证程序合法性的重要证据。尽管2015年最高人民检察院法律政策研究室制定《关于辩护人要求查阅、复制讯问录音、录像如何处理的答复》,认为同步录音录像不是证据,辩方无权查阅、复制,但《关于办理刑事案件严格排除非法证据若干问题的规定》第二十二条已经将同步录音录像等未移送证据作为检察院、法院调取的对象。《国家监察委员会与最高人民检察院办理职务犯罪案件工作衔接办法》第二十七条规定司法机关可在与监察机关"协商后"调取同步录音录像,但未规定可以强制调取。在非法证据排除程序中,同步录音录像通常是查明证据合法性的直接证据,监察机关为了证明取证的合法性,应当主动配合检察院、法院调取同步录音录像。同时,监察人员作为调查取证人员应适用非法证据排除规则与侦查人员并列的"其他人员"出庭的规定,有义务按照法院要求出庭说明其取证的合法性。①

(二) 管辖错位:对程序独立性与平等性的冲击

刑事案件侦查(调查)职能管辖的错位,是指根据《刑事诉讼法》,刑事案件的侦查(调查)由公安、监察、检察等机关分工管辖,并在侦查(调查)终结后移送同级检察机关审查起诉,但检察机关在审查起诉过程中发现,该案件经审定后的罪名不应当由移送案件的侦查(调查)机关管辖。也就是说,侦查(调查)机关实际上管辖了在职能分工上不应当由该机关管辖的案件,即管辖错位。②《人民检察院刑事诉讼规则》第三百五十七条规定:人民检察院立案侦

---

① 参见谢小剑:《监察调查与刑事诉讼程序衔接的法教义学分析》,载《法学》2019年第9期。

② 参见龙宗智:《新〈人民检察院刑事诉讼规则〉若干问题评析》,载《法学杂志》2020年第5期。

查时认为属于直接受理侦查的案件,在审查起诉阶段发现属于监察机关管辖的,应当及时商监察机关办理。属于公安机关管辖,案件事实清楚,证据确实、充分,符合起诉条件的,可以直接起诉;事实不清、证据不足的,应当及时移送有管辖权的机关办理。在审查起诉阶段,发现公安机关移送起诉的案件属于监察机关管辖,或者监察机关移送起诉的案件属于公安机关管辖,但案件事实清楚,证据确实、充分,符合起诉条件的,经征求监察机关、公安机关意见后,没有不同意见的,可以直接起诉;提出不同意见,或者事实不清、证据不足的,应当将案件退回移送案件的机关并说明理由,建议其移送有管辖权的机关办理。

首先,关于征求意见的规定有三个负面效应:①一是可能冲击程序的刚性。以被审查单位有无不同意见作为程序处理的根据,法律程序的功能和刚性何在? 二是可能妨碍司法权的独立性。审查起诉是检察机关的专属权力,检察机关依法独立行使检察权,而征求意见式执法,起诉权的专属性和检察权的独立性又如何体现? 三是可能导致程序处理的模糊性。因为有关单位的意见可能是多样的,并非同意、不同意的简单二分,即使表态同意或不同意,也可能附一定条件,此种情况下又如何处理,相关规范并不明确。而且,第三百五十七条对公、监管辖错位,要求分别征求两机关意见,然后视同意或不同意分别作出处理。但如一个机关同意,一个机关不同意,这种情况下,程序应如何处理?

其次,关于程序处理不平等的问题。根据第三百五十七条第一款的规定,就检察机关自侦案件的管辖错位规定,对监察和公安应管案件的程序处理不平等:对监察,是商其处理;对公安,则可不顾管辖错位而直接起诉(事实不清、证据不足则退回移送)。就监察机关,虽然商后如何办语焉不详,但此用语结合监、检关系,当然就是按监察机关的意见办。而对公安,则基本适用直接起诉程序。因为是检察机关自侦案件,对事实、证据的状况均由自己评价掌握,不太可能出现检察机关认为本院侦查的案件证据不足,应当移送有管辖权的公安机关这种自我否定的情况。②

---

① 参见龙宗智:《新〈人民检察院刑事诉讼规则〉若干问题评析》,载《法学杂志》2020 年第 5 期。

② 参见龙宗智:《新〈人民检察院刑事诉讼规则〉若干问题评析》,载《法学杂志》2020 年第 5 期。

最后,以证据事实标准作为程序处理标准,一定程度上取代了程序违法性的独立评价,忽视了程序的独立性,损害了程序法制原则。案件事实是否清楚,证据是否确实、充分,是根据证据事实所作的实体性判断;而管辖错位,可能涉及的违反管辖法制问题,属于程序性判断,二者显然涉及不同性质的问题。而以证据事实标准,代替管辖法制标准作出程序处置,使程序违法性缺乏程序处罚后果,也就使这种违法性缺乏独立评断价值,因此违反了程序法制原则。其间实际上存在一种"程序妥协"——如果事实清楚,符合起诉条件就直接起诉,违法性即忽略不计;反之,则仍应退回,这种处置可认为是维护了管辖法的原则。①

(三) 权力拉锯:认罪认罚从宽适用中的量刑权

量刑建议是认罪认罚从宽制度适用中的一个重要问题。《关于适用认罪认罚从宽制度的指导意见》规定:办理认罪认罚案件,人民检察院一般应当提出确定刑量刑建议。对新类型、不常见犯罪案件,量刑情节复杂的重罪案件等,也可以提出幅度刑量刑建议。这意味着绝大多数案件,特别是常见、多发的轻罪案件,检察机关应当提出确定刑量刑建议;对一些新类型、不常见犯罪案件以及量刑情节复杂的重罪案件等,可以提出幅度刑量刑建议。

通常,量刑建议越具体,被告人对结果的预期越明确,越有利于激励被告人认罪认罚,减少上诉、抗诉的发生率。实践中,检察官遇到的困惑是:量刑标准不统一、从宽量刑幅度太小、与法院量刑冲突等。当前学界和实务界部分法官之所以对检察机关在认罪认罚从宽程序中提出的确定刑量刑建议持抵触态度,很大程度上与刑事诉讼法上条文设计有误有关。根据刑事诉讼法的规定,认罪认罚从宽程序不是一种独立的程序类型,而是可以根据案情而分别适用普通程序、简易程序和速裁程序予以审理。由于普通程序、简易程序和速裁程序已经涵盖了我国审判程序的全部类型,因此,理论上所有的刑事案件,不区分轻罪与重罪,都可以适用认罪认罚从宽程序审理,检察机关据此都可以提出量刑建议,而根据《刑事诉讼法》第二百零一条第一款的规定,对于认罪认罚

---

① 参见龙宗智:《新〈人民检察院刑事诉讼规则〉若干问题评析》,载《法学杂志》2020 年第 5 期。

案件,只要检察机关提出量刑建议,法院原则上都应当采纳。如此一来,适用普通程序审理的重大刑事案件,只要检察机关提出明确的量刑建议,法院也要受到约束,原则上都应当采纳。这一规定在客观上可能冲击以审判为中心的正当程序理念和诉讼机制。① 上述规定在一定程度上改变了审判机关量刑权与检察机关量刑建议权之间的配置,限缩了法官对个案量刑的判断空间。

针对量刑建议中的难点,最高检认为可以制订统一、精细化的《认罪认罚从宽量刑指南》,为检察官提出量刑建议提供指引;区分特定情形提出确定刑量刑建议与幅度刑量刑建议;建立量刑建议精准化的相关配套措施,如前置社会调查程序,拟定不同的量刑建议备选,以促进赔偿和谅解;充分保障律师参与协商,依法听取律师对于量刑建议的意见;加强数据信息建设,借助司法大数据提高精准度。②

(四) 改革瓶颈:以审判为中心诉讼制度改革实效

本轮改革从内容上看多是对现行刑事诉讼法和司法解释内容的重述或者技术性改造,较少制度性推进和结构性变革。自 2016 年 6 月中央全面深化改革领导小组审议通过、2016 年 10 月"两高三部"联合发布《关于推进以审判为中心的刑事诉讼制度改革的意见》以来,庭审实质化并未取得显著效果,主要体现为证人、鉴定人出庭率并未有显著提高。③

主要改革瓶颈集中在两个方面:其一,以"案卷"为中心的审判认知结构。法官据以形成判决基础的信息应当全部来源于庭审。为此,庭审应当贯彻直接、言词、集中原则,形成"法官—庭审证据—案件事实"的基本认知结构,排斥庭审以外的任何可能对判决产生实质性影响的正式、非正式信息交流。然而,目前对以审判为中心改革形成认知结构局限的,最主要还是案卷,审判无法与审前尤其是侦查信息进行有效的切割。案卷依然是法官心证形成的主导性因素,庭审在一定程度上沦为案卷信息的正式核实和确认程序。其二,"副

---

① 参见万毅:《论检察官在刑事程序中的主导地位及其限度》,载《中国刑事法杂志》2019年第 6 期。

② 参见《最高人民检察院召开"准确适用认罪认罚从宽制度"新闻发布会》,https://www.spp.gov.cn/spp/zgrmjcyxwfbh/zqsyrzrfckzd/index.shtml,最后访问日期:2020 年 9 月 9 日。

③ 参见魏晓娜:《以审判为中心的诉讼制度改革:实效、瓶颈与出路》,载《政法论坛》2020年第 2 期。

卷"背后的判决权威结构。一个长期而普遍的做法是案卷材料分立"正卷"与"副卷",正卷在刑事诉讼法中具有正式的法律地位,辩护律师依法可以查阅、摘抄、复制;而副卷在正式立法中并无一席之地,辩护律师不能查阅,只有办案人员自己能够查阅,或者在出现错案、需要追究责任时,由专案组和上级审查人员查阅。"副卷中并不包含案件证据材料,而是客观记录了判决形成过程中承办法官与合议庭其他法官之间、合议庭与庭长主管院长之间、合议庭与审判委员会之间、上下级法院之间、管辖法院与其他领导干部之间就案件处理意见进行交流、汇报、请示、批示等正式或非正式的互动所形成的材料。因此,副卷虽小,却承载了中国司法判决的真实形成过程,折射出判决中多层次、多维度、正式或非正式的权威结构。"①

(五) 权利保障:辩护制度与值班律师的困境

体现以审判为中心的诉讼制度改革核心精神的庭审实质化改革及与其配套的刑事辩护制度的改革相对滞后。在当前司法实践中,比较重视认罪认罚从宽制度而轻视庭审实质化乃至律师辩护制度,大量刑事案件进入认罪认罚从宽制度中被从简从速办理,体现出"简案快办"的精神,甚至庭审几分钟就可以审结一起案件,但"繁案精办"在实践中尚未充分体现出来,一些重大、疑难、复杂案件特别是被告人不认罪或认罪后翻供的案件,确需以庭审实质化方式进行审判并确保被告人及其辩护人的辩护权,但不少还是表现为"形式审判""形式辩护"的状况,证人、鉴定人、侦查人员出庭作证并不多,非法证据排除还很难,甚至有的案件中没有辩护律师或其他辩护人为被告人进行辩护。一些律师对庭审实质化改革缺乏了解,不掌握在庭审实质化条件下如何进行辩护的基本知识和技能。②

而修改后的刑事诉讼法规定法律援助机构可以在人民法院、看守所等场所派驻值班律师,没有明确提出在检察机关派驻值班律师,以致值班律师与检察机关办理认罪认罚案件在工作衔接上并不畅通。需要检察机关与司法行政机关进行协调解决这一问题,以保证认罪认罚的犯罪嫌疑人在没有委托辩护

---

① 魏晓娜:《以审判为中心的诉讼制度改革:实效、瓶颈与出路》,载《政法论坛》2020 年第2 期。

② 参见顾永忠:《刑事辩护制度改革实证研究》,载《中国刑事法杂志》2019 年第 5 期。

人,也因不符合法定条件而不能获得法援律师的情况下,能够获得值班律师的法律帮助。有学者研究发现,"值班律师是参与认罪认罚案件的律师类型的'主力军',超过一半以上甚至三分之二以上的案件都是由值班律师参与并处理完结的"①。刑诉法要求办案机关应当为值班律师与犯罪嫌疑人、被告人会见和了解案情"提供便利"。由于这一规定过于模糊,各地办案机关实际执行情况差别很大,成为当前值班律师办理认罪认罚案件最大的困扰。面对新形势,最高人民检察院决定自 2019 年 7 月至 2020 年 1 月开展保障律师执业权利专项监督活动,将保障律师的会见通信权、阅卷权、调查取证权、人身权以及其他妨碍律师依法履行辩护、代理职责的情形共五个方面作为监督重点,但值班律师行使权利的保障还有待实践探索。

四、未来展望:刑事诉讼模式转型与程序法治

为了进一步贯彻落实 2018 年刑事诉讼法的精神以及认罪认罚从宽制度、值班律师制度、速裁程序等内容,加速推动刑事诉讼模式的转型已迫在眉睫。同时,在对程序规范的完善之外不能忽视体制机制问题,尤其是要把加快推进执法司法制约监督体系改革和建设作为政法领域全面深化改革的重要抓手,在更高层次上实现司法权力与责任的平衡,放权与监督的集合,公正与效率的统一,确保执法司法公正廉洁、高效权威,进一步增强人民群众的获得感、幸福感、安全感,为决胜全面建成小康社会提供有力执法司法保障。

第一,在以审判为中心的诉讼制度改革中,检察机关在刑事诉讼程序中的主导地位应得到明确。我国检察机关承担着诉讼职责和诉讼监督职责,其不仅享有自行侦查、审查批捕、自行补充侦查、提起公诉等诉讼职权,还享有立案和侦查监督、审判监督和刑罚执行监督等诉讼监督职权,其职责权限分布覆盖从立案、侦查、起诉、审判到刑罚执行的整个刑事诉讼流程。从立案的那一刻,检察机关就可以行使监督权;审查起诉阶段,检察机关有权决定不起诉,从而终结诉讼程序;在审判阶段,检察机关积极指控犯罪,对判决可以提起抗诉;到

---

① 周新:《值班律师参与认罪认罚案件的实践性反思》,载《法学论坛》2019 年第 4 期。

执行阶段仍然履行监督职能。可见,检察机关的职能贯穿整个刑事诉讼过程,并在一定程度上对案件的走向起着决定性作用。按照规定,各级检察机关要切实承担起在认罪认罚从宽制度中的主导责任,包括主动开展认罪认罚教育转化工作、适时提出开展认罪认罚教育工作的意见和建议、积极开展平等沟通和量刑协商、一般要提出确定刑建议、积极做好被害方的工作、视情形对案件进行程序分流把关等内容。①

第二,通过捕诉一体化加强对侦查活动的监督和规范。捕诉一体化不仅仅是检察机关办案机制的变化,还会对整个审前程序尤其是对侦查活动产生影响。首先,实行捕诉一体化后,逮捕条件势必会在一定幅度内人为收紧,审查标准将趋于站在起诉的立场上从严把握,因此侦查机关在提请逮捕时证据条件必须符合审查标准。尤其是过去被漠视的逮捕必要性条件有无相应证据支持,以及涉嫌犯罪及罪责的证据是否确实充分,能否基本满足起诉的要求应成为审查重点。其次,实行捕诉一体化后,因为逮捕条件从严把握,当侦查机关提请逮捕的一些案件达不到审查标准时会被不批准逮捕或者退回补查,而其中一些有侦查难度的案件,侦查机关可能会采取变相羁押犯罪嫌疑人的措施。另外,实行捕诉一体化后,因逮捕审查面向起诉收紧,批捕后侦查机关可能会认为案件基本达到起诉条件或者趋于侦查终结,而放任逮捕后的继续侦查。因此,在实行捕诉一体化的同时,必须加强对侦查活动的监督引导:一是加强对提请逮捕前强制措施实施的监督,尤其是对拘留适用的情形和时限,以及指定居所监视居住等强制措施的适用是否合法合理进行监督;二是加强对侦查机关对不批准逮捕决定的执行以及变更强制措施的监督,防止侦查机关采用不合法方式变相羁押犯罪嫌疑人;三是加强捕诉期间的侦查引导,尤其是通过听证会、侦查意向书、补查提纲等方式,引导侦查机关强化侦诉证据意识,提升侦查质量。②

第三,重塑审判认知结构。首先,应当在立法上确立直接原则。一方面,法官对证据应具有"亲历性",包括听取出庭证人的证言,而不是仅仅查看书面证人等;另一方面要求法庭上出示的证据必须直接产生于案件事实,不能经

---

① 参见樊崇义:《我国当代刑事诉讼模式的转型图景》,载《检察日报》2019 年 12 月 25 日。
② 参见陈实:《论捕诉一体化的合理适用》,载《法商研究》2019 年第 5 期。

过转述、复制等中间传递环节。其次,要对开庭前阅览案卷的主体和内容施加限制。在阅览案卷的主体范围上,首先要排除人民陪审员作为阅览主体;对于合议庭审理的案件,因承办法官需要拟定庭审提纲,所以应由承办法官阅览案卷,审判长或者合议庭其他法官原则上不能阅卷。最后,要真正实现"以审判为中心",应适当加强被告人的对质权。一方面,立法要明确肯定对质的权利属性。刑事被告人享有与不利证人的对质权,早已为多数法治国家宪法所吸纳,成为宪法性保障,同时也是国际社会的共识。另一方面,增强对质权的刚性,强化剥夺或限制被告人对质权的程序性制裁机制。

第四,程序法治的基本实现方式即控权,通过程序规范权力运行。刑事诉讼程序中司法权力运行及配置影响着刑事程序法治的实现程度,侦、诉、审三机关关系为核心内容。通过权力相互制衡以实现权力约束的目的,三机关相互制约是刑事程序法治中权力运行的基本形态。在关涉基本人权问题时,控诉职能与审判职能相互制约。[①] 随着刑事诉讼模式的变更,部分权力重新划分,各机关的关系也发生了变化。各机关不仅应明确自身的职责权限,各机关之间还应遵循法律规定理顺诉讼关系,遵循法治理念。监察调查程序也只有遵循法治原则,才能将每一项监察措施均纳入法治轨道,保证监察程序的正当性和合法性。程序衔接是程序法治的重要内容,监察程序与刑事诉讼程序交叉于职务犯罪案件中。实现监察程序同刑事诉讼的衔接符合新时代刑事程序法治的客观要求,也是完善国家监察体制改革的应有之义。职务犯罪侦查权的重新配置是我国刑事程序法治实践的一大创新,为职务犯罪侦查模式研究提供了全新的样本和参考。[②]

第五,推进刑事案件律师辩护全覆盖。刑事案件律师辩护全覆盖就是在刑事诉讼过程中,每一个案件中的每一位犯罪嫌疑人、被告人都有律师为其辩护。实现律师辩护全覆盖,其实就是要实现刑事案件 100% 的律师辩护率。[③] 2017 年 4 月,熊选国副部长代表司法部表示:"目前刑事案件辩护率偏低,一

---

① 参见孙远:《"分工负责、互相配合、互相制约"原则之教义学原理》,载《中外法学》2017 年第 1 期。

② 参见王胤、郭志远:《新中国 70 年刑事程序法治理论创新与发展》,载《理论视野》2019 年第 9 期。

③ 参见顾永忠:《刑事辩护制度改革实证研究》,载《中国刑事法杂志》2019 年第 5 期。

些犯罪嫌疑人、被告人的合法权益得不到有效维护。司法行政机关要采取措施,扩大刑事辩护法律援助的范围,推动实现刑事辩护的全覆盖"。2017 年 10 月 11 日,最高人民法院与司法部共同制定《关于开展刑事案件律师辩护全覆盖试点工作的办法》,决定自办法发布之日起,在北京、上海、浙江等八个省、市开展为期一年的"刑事案件律师辩护(审判阶段)全覆盖"试点工作。应该充分认识实现刑事案件律师辩护全覆盖的艰巨性和长期性。一是要认识到刑事案件对律师辩护的需求巨大。从各国刑事案件律师辩护的实践来看,提高律师辩护率,实现律师辩护全覆盖,都主要靠法律援助制度的发展。二是要高度重视经费保障问题。法律援助机构提供行政经费,以保障法律援助制度的正常运行,同时给为当事人提供法律服务的律师提供一定的经济补偿。① 还应通过完善辩护制度和值班律师制度,为提高律师辩护全覆盖营造良好的制度环境,重视值班律师的职能发挥,通过有效的监督机制予以落实。

2019 年开展保障律师执业权利专项监督活动的基础上,2020 年最高检仍将继续推进保障律师执业权利工作。针对律师反映强烈的会见难、阅卷难、辩护难和律师知情权、申请权、申诉权、收集证据权、庭审质证权等受到侵犯和阻碍问题,依法履行检察监督职责,通过扎扎实实办案把保障律师权利工作做细做实做深入。各级检察机关将继续与司法行政部门协作配合,巩固和加强值班律师参与接访的制度建设。在今年开展的信访积案专项清理工作中,举行公开听证的将邀请律师参与,充分发挥律师作为第三方化解矛盾的作用。最高检还将及时收集、发现、宣传各地好的做法,发布典型案例或指导性案例,挂牌督办一批侵犯律师执业权利的控告申诉案件。②

第六,完善执法司法制约监督机制。首先,完善政法机构内部的常态化管理与监督。不断完善政法系统内部制约和流程控制机制,让内部监督"长出牙齿"、发挥威力。重点要全面梳理执法办案的关键环节和重要节点,定期开展内部案件管理、质量评查、行为督导,筑牢防范执法司法腐败的"防火墙"。一是完善权力清单制度。加强新型办案团队建设,细化法官检察官、助理、书记员职责清单。严格落实独任法官、合议庭办案责任制,坚持突出检察官办案

---

① 参见顾永忠:《刑事辩护制度改革实证研究》,载《中国刑事法杂志》2019 年第 5 期。

② 参见 https://www.spp.gov.cn/spp/xwfbh/wsfbt/202003/t20200323_457111.shtml。

主体地位与检察长领导检察工作相统一,真正做到"谁办案、谁负责"。二是完善领导干部监督管理职责。准确厘清干预过问案件和正当监督管理的界限,强化院庭长监督管理职责,完善案件监管全程留痕制度。政法领导干部要严格落实监督责任,全面执行监督管理权责清单,及时发现纠正违法行使职权行为,履行监管职责情况应当纳入考评,怠于监管者必须追究责任。

其次,政法机构相互制约监督机制。优化司法职权配置,构建各尽其职、配合有力、制约有效的工作体系。重点要推动以审判为中心的刑事诉讼制度改革进一步深化,有效发挥审判对侦查起诉的制约引导作用。一是要强化检察机关法律监督。加快推进全国跨部门大数据办案平台建设,有效解决检察机关获取监督信息渠道不畅的问题。推动加强对民事案件审判的检察监督制度机制建设。落实检察长列席审委会会议制度。全面推开监狱巡回检察,主动发现违法减刑、假释、保外就医等突出问题。同时,借鉴党的纪检部门的监督主体责任制度,明确相关人员的监督责任。二是强化惩戒问责。明确法官检察官惩戒与纪检监察职能的边界,理顺惩戒程序与纪检监察程序的衔接机制,建立程序严格、保障有力、处罚慎重的法官检察官惩戒制度。健全公安机关执法监督管理委员会机制,完善执法过错纠正和责任追究程序。应在尊重司法权力运行规律的基础上,研究责任认定标准与程序,科学追责,平衡权责关系。

再次,执法司法公开与社会监督。社会监督是国家监督的重要来源和重要补充,体现了人民直接参加国家管理、行使当家作主的权力。构建开放动态透明的阳光执法司法机制,主动将执法司法全过程、全要素依法向当事人和社会公开,让司法腐败无处藏身。要畅通人民群众批评监督和建言献策的渠道,完善当事人案件回访、问题反映及满意度评价等机制,健全律师执业权利保障制度,推动人民陪审员、人民监督员更多参与办案过程、了解办案情况。建立健全案件舆情检测与管理监督联动机制,完善政法信息发布制度,积极回应社会关切。

最后,以科技支撑智能管理监督。重点要充分运用人工智能、大数据、区块链等现代科技手段,强化智享数据机制、智能监测机制、智能管理机制,将科技优势转化为监督效能。健全跨部门跨领域的数据共享平台,加强问题自动检测,加强司法尺度智能监控。要加强执法司法质效线上监管,建立健全数据化流程监管模式,提供执法司法尺度分析提示、异常预警,有效规范执法行为,确保类案同判。

在新时期要进一步贯彻依法治国战略方针,必须发挥中国特色社会主义司法制度的优越性,立足于我国的历史背景、国情社情,使我国独特的国家治理体系、法治体系发挥更加重要的作用。刑事程序法治是新时代中国特色社会主义法治建设的重要组成部分,也是法治现代化进程中的重要一环。我国刑事程序法治走过了漫长的征程,2019 年是我国《刑事诉讼法》颁布 40 周年,刑事诉讼制度的确立与发展,正是中华人民共和国成立以来法治中国建设的一个缩影。在人权保障的时代呼声下,我国刑事程序法治也在朝着这一现代化方向发展。虽然我国刑事程序法治进程起步较晚,但在依法治国的伟大实践下,其必能顺势而为、厚积薄发,为法治中国建设乃至世界法治现代化进程提供助力。

第七章　司法改革与司法学

　　司法改革是司法不断实现公平正义的自我完善，人民群众对公平正义的渴望与司法审判输出正义能力的供给之间存在的供需矛盾，催生司法改革持续的生命力。作为社会实践的内容，司法改革需要理论的指导，与此同时，司法改革作为理论研究的对象，则是理论推陈出新的土壤。司法改革与司法理论研究在司法学的视域中构成了改革与研究的空间，由此形成了实践与理论的交融式辩证状态。自党的十八大以来，司法改革可以 2015 年作为分野。十八大召开至 2015 年这一阶段的司法改革聚焦于司法体制改革；2015 年之后至今形成司法体制综合配套改革。与之伴行的是司法学研究的更加精细，从框架性研究逐渐深入到司法学学科体系内部深谈，关注司法改革这一事实所蕴含的理论萌发，成为司法学表达自己日益成熟的标志。

一、司法理论研究与司法改革问题

　　司法理论的研究，要考虑到司法与政治的关系，这就涉及我国司法制度史和司法学说史的双重线索展开路径。司法学理论体系是中国特色社会主义理论体系中不可缺少的组成部分，而司法学理论体系的广博与容量，决定了司法学研究欲要对司法改革具有现实的和科学的指导价值和实际效能，那么司法学研究领域就必须要围绕各种司法改革理论通过理论整合，从而达到指导司法改革，完善自身理论体系的学科目标。如何理性的将司法与政治的关系有机地联系到一起,对于我国法治的建设具有重大的意义。实际上,司法与政治就像是枝与叶、花与草一般相辅相成共同发展,谁也不能离了谁,可又有各自独特的功能与作用。

司法良好运行的关键在于司法对于政治的相对独立性,而政治的规范发展则需要司法的合理控制。司法既是维护正义的有力武器,更是保障政治的关键手段。但在认识过程中要明确区分司法与政治的异同,司法不等同于政治,也不是政治的附属品,司法仅是承载着政治的职能,但这种职能往往依赖于超然于政治的司法运作机制。"一个淡化对司法的强制控制而注重尊重司法规律的司法,方可能实现政治目标的最大化。"[①]司法改革从本质上讲,通过司法正义的实现,从而实现执政的人民性,这是司法改革的目标。因此,这个目标决定了司法理论研究的方向与功能,应定位于如何实现司法的政治性与人民性的统一。

基于司法学说史与司法制度史的不同视角,以"法的实质化"为探索背景,并将法律职业化作为主要关键词,针对于中国司法制度设计在转型期的主导理念包括形式主义法学及其实践与当代社会现实错位的形象描述,不难得出,在此阶段下以"非道德权力观"为其逻辑思维中心思想的法律工作者于其挫折的矛盾根源的分析与思考。"'契约式程序主义'作为填补'道德真空'状况的理论主张"[②]恰好验证,中国特色社会主义司法理论是中国特色社会主义法治理论体系的重要组成部分。改革开放后,我国确定依法治国的基本方略,大力建设与发展社会主义法治国家,在邓小平理论、"三个代表"等重要科学思想的指导下,并在总结改革开放新时期下的司法实践经验所得出的科学理论的基础之上,借鉴国内外相关有助于我国司法建设的司法理论,终于,我国基本上形成了科学、民主、系统的具有鲜明时代特点和中国特色的能够反映出社会主义司法核心价值理念的司法理论体系。

结合理论与实践的双重视角,可以将中国特色社会主义司法理论体系具体分为核心理论与基本理论,核心理论包括"司法本体论、司法价值论、司法政策论、司法程序论、司法文明论,基本理论包括司法制度论、司法职业论、司

① 杨建军:《法治国家中司法与政治的关系定位》,载《法制与社会发展》2011 年第 5 期。
② 李学尧:《转型社会与道德真空:司法改革中的法律职业蓝图》,载《中国法学》2012 年第 3 期。

法模式论、司法改革论、司法公信论等"①。如何解决司法改革中的核心问题，关键就是对于各种司法改革理念进行合理的分析与定位。在中国司法制度现代转型发展中，四种主张对其产生的影响是最大的，具体包括儒家的实质正义司法观、中体西用论、西化论、国情论。随着改革开放的到来，儒家的实质正义司法观在实践中凸显出了超出时代的现代价值理念引引司法实践受大众认可，而国情论与西化论之争则成为现如今司法改革的主要矛盾。具体来说可分为：特色道路与普遍价值之争、群众路线与精英职业化之争、体制内的司法改革主张与超越体制的司法改革主张之争、实质正义与形式正义之争。理论指导着实践，实践体现出理论的正确性，从而得出司法改革的理念论争对于司法改革的意义与指导作用有着不可替代的启蒙作用。

必须深刻意识到，在现实的司法实践与司法改革并存的过程中，"只有在坚持形式理性的过程中，自觉控制司法潜见的影响，才能实现对公民刑事法权利的平等保护"②。这一对程序正义的理解与对实质正义的追求心理，也同样表现在对司法理论研究的认可上。司法理论的研究，"应坚持渐进原则，同时以复杂共识理论作为指导并需要与中国人的实质正义心理追求合理衔接"③，才能得到司法实务界的认同，从而发挥出司法理论研究的实践效益。

中国改革开放 40 多年来，中国司法体系日趋成熟、系统、完备，国家重点围绕着立法、司法两个大的层面，规范司法行为、加强司法监督、促进司法正义，科学立法、民主立法、依法立法，在全社会高度树立了司法的权威性，这些成绩帮助我国在司法领域取得了重大的成就和突破，但司法改革虽不断努力可仍有许多不足之处，具体表现为：司法改革的措施大多停留在某个具体方面而未涉及深层次的体制改革、公众对于司法改革热情较低、改革措施难以打破旧有体制的枷锁。因此，司法改革措施应作出进一步的调整和完善，对于现实中存在的问题应用统筹发展的方法多层次、多角度的构建司法制度，尽快实现司法的"去五化"，并坚定不移地遵循党的领导立足于实践，大力动用公众这一关键性的大众基础，共同解决司法改革问题。

---

① 张文显、孙妍：《中国特色社会主义司法理论体系初论》，载《法制与社会发展》2012 年第 6 期。

② 白建军：《司法潜见对定罪过程的影响》，载《中国社会科学》2013 年第 1 期。

③ 杨建军：《司法改革的理论论争及其启迪》，载《法商研究》2015 年第 2 期。

改革开放以来,中国司法在法律工作者的不断努力之下,在科学立法、严格执法、全民守法、树立司法威信等方面取得了巨大的成功。凡是有好的一面当然也有不好的一面,在这些成功的背后当然也隐藏着许多的不足,许多深层次的问题并无得到明显的解决。司法改革是宏观的、全面的,而大多数的改革仅仅停留在表面的工作机制层面上,涉及深层次的体制改革仍然寸步难行。对于司法改革的工作,国家也十分重视,党的十六大报告中提出了"推进司法体制改革的口号",党的十七大也强调了"深化司法体制改革",司法改革已迫在眉睫,这不仅仅只是一句口号和工作,这更是一项政治任务,代表对于我国新时代司法体系建立的必然信心。我国司法体制改革已然开始并进入新阶段。"目前应该依照司法权的性质和司法制度发展的客观规律,提出总体发展战略和全方位、多角度、深层次的具体部署,面对现实存在的问题,统筹设计未来的整体司法制度构建。"①这与党的十八大之前以填充、丰满司法过程的各个程序性环节具有层次上的提升,由此开启体制改革到体制综合配套改革的实践新探。

2008 年启动的司法改革虽然规模宏大但对于深层的司法体制性改革却毫无成效,大部分司法体制改革仍需深层贯彻落实,并基于此基础进一步调查改革对策与方针。"自上而下的司法改革虽不断努力,但效果欠佳,司法改革应引入公众参与"②。我国司法改革能否成功的关键因素,离开了群众基础的支持而发动的改革终究会以失败而结尾,公众的高涨热情将为"陷入沼泽"的司法改革注入全新的动力,"实践中这些改革措施与旧有体制中的某些因素存在诸多冲突"③。司法体制改革是推进法治中国建设总目标的重要成员之一,这就要求司法改革围绕着两个方面开展:司法与外部环境关系改革以及司法自身运行机制改革。如何独立行使审判权和检察权是外部环境改革应主要解决的问题,而司法自身运行机制改革恰好能解决国家内部司法权力运行的腐败低效问题。

总体上讲,实现司法正义的路径非常明确,从司法本体论出发,要实现司法正义,必须围绕司法过程祛除"五化":即"去地方化,强化独立的司法制度;

---

① 陈卫东:《未来五年我国司法体制改革的若干建议》,载《河南社会科学》2012 年第 2 期。
② 徐昕、卢荣荣、黄艳好:《中国司法改革年度报告(2011)》,载《政法论坛》2012 年第 2 期。
③ 李拥军:《司法改革中的体制性冲突及其解决路径》,载《法商研究》2017 年第 2 期。

去行政化,遵循司法规律;去封闭化,提升司法公信力;去模糊化,限制司法自由裁量权;去循环化,提高司法效率"①。在这场去"五化"的改革中,必须"坚持党的领导,坚持以宪法为根本遵循,坚持遵循司法规律,坚持从中国国情出发,坚持顶层设计和基层探索相结合,坚持依法有序推进,坚持运用现代科技破解难题"②。时代发展的阶段性和技术性,决定了传统政治与现代技术的融合是推动司法改革技术理性的选择。

二、司法规律与司法实现

司法规律包括构造论规律、运行论规律和生成论规律三个基本层次。深化司法改革必须符合司法规律的发展,只有合乎司法规律的改革才是正确有效的。随着社会司法工作的不断增多,疑难案件参差错落,司法至上的自身有限性,以及上层建筑引导的司法改革中所带来的政治制度框架的限制以及现行法律规范的局限,应当完善确保审判权、检察权独立行使的机制,改善党对司法工作的领导方式,理顺纪委与检察机关的关系,理顺权力机关与司法机关的关系,使司法规律能契合司法改革的进展。从司法改革的实践来看,司法规律在现阶段表现为非文字描述或者理论总结,而是以司法策略的形式表现出来。

转型期下的中国,司法策略的产生来源于乡村传统治理术的衰退与解决纠纷的现实问题。司法机关选择"大调解"与"能动司法"的方法强调和谐社会与法治社会的兼容,而基层村民则采取司法"体内循环"与"体外循环"并举,这些司法策略结合了多种智慧思想,包含了较多的治世方略,反映出"当下司法是一种补充社会资源、承担公共责任、加强联动治理、确保社会稳定的'安抚型司法'"③。司法安抚的目标与实践意味着在某些具体案件中司法策略取得了一定的成效,然而,如果把司法策略作为评判司法改革成效的技术性指标,那么,"脱离体制性改革的司法技术性改革,无法改变司法公正公信权威不足的现

---

① 杨小军:《法治中国视域下的司法体制改革研究》,载《法学杂志》2014 年第 3 期。

② 黄文艺:《中国司法改革基本理路解析》,载《法制与社会发展》2017 年第 2 期。

③ 栗峥:《国家治理中的司法策略:以转型乡村为背景》,载《中国法学》2012 年第 1 期。

实"①。因此,我们必须深刻意识到,"深化司法改革,必须坚持法治理念,遵循司法规律。"②长久看,坚持司法规律,就是"要实现司法裁判法律效果与社会效果的统一,不能将两种裁判思维绝对对立,需要将两者结合起来。"③

司法规律并非在现实生活中都表现出令人满意的司法面貌,不是司法规律制造了司法不良,而是理解司法规律的阶段性导致司法乏力甚至失灵。"在当下中国,诉讼社会在表征法律与社会现代性的同时,也存在司法机制扭曲、司法尊严和权威严重削弱、司法地方化倾向加剧、司法行政化日益严重、司法公信力缺失等现代性问题。"④这一现象,在学者眼里看来是因为司法缺少公共理性。因此,"应当从培养法官的公共精神和构建司法沟通理性的制度保障两个层面采取措施"⑤。这种公共精神是多元的价值观综合而来,所以,以"公正、廉洁、为民为基本内核的多元衡平司法价值观"⑥成为推动司法的公共精神,进而从政治制度框架的限制、现行法律规范的局限、本土国情的制约、路径依赖的"体系化锁定"⑦等因素世界内走出来。对此,党的十八大报告提出"进一步深化司法体制改革",十八届三中全会提出"建设法治中国,必须深化司法体制改革"⑧可谓是准确切中了法治中国建设的脉搏。

对于司法改革的理解,人们有理由把它"理解为一次与推进国家治理现代化目标相配套,在司法制度、体制层面全面贯彻法治原则的全局性、系统性改革"⑨。由于"各地区的对外经济依存水平有利于降低当地司法地方保护主义的程度"⑩,所以,进行司法区调整的必要性认识要比紧迫性行动更为关键

---

① 徐昕、黄艳好、卢荣荣:《中国司法改革年度报告(2012)》,载《政法论坛》2013 年第 2 期。
② 陈光中、龙宗智:《关于深化司法改革若干问题的思考》,载《中国法学》2013 年第 4 期。
③ 王彬:《司法裁决中的"顺推法"与"逆推法"》,载《法制与社会发展》2014 年第 1 期。
④ 张文显:《现代性与后现代性之间的中国司法——诉讼社会的中国法院》,载《现代法学》2014 年第 1 期。
⑤ 吴英姿:《司法的公共理性:超越政治理性与技艺理性》,载《中国法学》2013 年第 3 期。
⑥ 江国华:《转型中国的司法价值观》,载《法学研究》2014 年第 1 期。
⑦ 马长山:《新一轮司法改革的可能与限度》,载《政法论坛》2015 年第 5 期。
⑧ 陈卫东:《司法"去地方化":司法体制改革的逻辑、挑战及其应对》,载《环球法律评论》2014 年第 1 期。
⑨ 郑成良:《司法改革四问》,载《法制与社会发展》2014 年第 6 期。
⑩ 龙小宁、王俊:《中国司法地方保护主义:基于知识产权案例的研究》,载《中国经济问题》2014 年第 3 期。

和重要,司法区划调整是指"对司法层级、司法单位和司法区域等司法区划要素的调整,其主要目的是通过实现司法区划与行政区划的分离,确保司法权能得到独立公正地行使"①。司法区的调整,是竞争机制在司法机制中的嵌入。"引入竞争性因素,是调动地方与基层司法机关及其司法人员参与司法改革积极性、敢于摸着石头过河的基本方式。"②这一实践性的认知,决定了认识和把握司法的本质,必须"从客体规律转向实践规律,转向主观见之于客观的司法实践的历史过程之中,转向支配司法实践的司法社会关系之中"③。司法社会关系的主体不是一般的社会组织,而是那些能够将自己的意志通过某种渠道融入到司法裁判中的组织。

三、司法主体亲历与司法解释规制

我国的司法主体包括侦查主体、检察主体、审判主体、刑罚执行主体、其他机构。其中,审判主体在司法裁判与社会舆论的关系中起着决定性作用,司法主体个人的司法水平及其能力一定程度上引导着社会舆论的走向,同时也直接反映出我国的社会司法水平,法官的裁判往往会受到全社会的高度重视,一个错误的判罚或者是低效的办案效率会直接影响到司法权威的树立与人民对国家司法主体的怀疑、对国家司法体制的不满。换而言之,国家应当重视对司法主体特别是对审判主体法学教育的培养并加强其职业伦理建设,在赋予其一定程度上的自由裁量权上确保其裁判的科学性、合理性,为当前的司法公正和司法公信力的建设提供一定的技术支撑。

司法权象征着社会权力,其核心为司法独立原则中所包含的法官人格独立。现如今,法官在司法裁判中更应该考虑到社会舆论的影响,而不违背司法独立原则,确保司法权的社会属性。但是这其中也存在着一定的限制,集中表

---

① 吴志刚:《我国司法区划调整问题研究——以跨行政区划设置法院为视角的分析》,载《北方法学》2014 年第 3 期。

② 葛洪义:《顶层设计与摸着石头过河:当前中国的司法改革》,载《法制与社会发展》2015年第 2 期。

③ 江国华:《司法规律层次论》,载《中国法学》2016 年第 1 期。

现在司法裁判中的事实认定部分必须遵守证据裁判原则实事求是,不体现个人的情感要素。当然,法律评价部分可以在遵循一定事实认定的基础上考虑到社会舆论的影响。要在司法裁判与社会舆论之间形成良性互动,司法主体的活跃度决定了裁判的公信度。故从"司法精英化与司法大众化相结合、限制媒体报道与借助媒体报道相结合、审慎考量与积极引导相结合等方面入手"①,可以实现裁判公信。从公信的主体性上讲,"自由裁量作为裁判案件的过程,其结果在于得出适当的判决和裁定,以实现法律效果和社会效果的统一"②。自由裁量的成功,强烈地释放出司法主体具有的举足轻重的地位。

根据理论法学的研究,法官的异地交流是把"双刃剑",起初此项原则的提出是为了提高司法效率,防止案件的不断累积,可在具体的司法实践中其对司法效率的影响仍有待商榷。除此之外,"法官的籍贯、学历、年龄、任期等个人特征也显著地影响了当地的司法效率"③。国家司法统一考试自施行以来,司法考试的制度与法学教育在具体运用上的衔接问题日况俱下,具体表现在法学教育与法律职业的实践脱节问题,简言之,法学教育的教育内容、人才培养计划、教学方式以及司法考试制度等教育培养制度与法律职业的执业能力并不完全匹配。"在法学教育与司法考试等职业制度衔接问题上,应坚持制度改革的科学性和渐进性的原则,坚持制度衔接的双向性和连带性的原则,坚持制度创新的国情性与法理性的原则。应通过法学教育改革与法律职业制度保持衔接。"④这种坚持的融合,反映出法官作为司法主体的主要成分,对于司法公信产生的重要意义以及为此而支付的巨大成本。

在当前司法改革体制下,司法公正与司法公信力的建设存在大量问题,其中包括办案程序不合法、少数案件处理不公正、纠错机制仍不健全、办案效率低下。司法公信力的衰退以及民众对司法的失望极大程度地受到了司法腐败因素的损害。在具体的司法实践中包括司法主观因素、司法体制、司法主体因

---

① 孙锐:《司法裁判考量社会舆论的正当性》,载《国家检察官学院学报》2012 年第 2 期。

② 张军:《法官的自由裁量权与司法正义》,载《法律科学(西北政法大学学报)》2015 年第 4 期。

③ 陈刚:《法官异地交流与司法效率——来自高院院长的经验证据》,载《经济学(季刊)》2012 年第 4 期。

④ 孙笑侠:《法学教育的制度困境与突破——关于法学教育与司法考试等法律职业制度相衔接的研究报告》,载《法学》2012 年第 9 期。

素、司法资源以及司法与社会互动因素。所以深化司法体制改革迫在眉睫,应当加强思想建设、司法规范化建设、改善内部管理并且完善司法与社会的互动机制为司法公正提供体制、机制保障。其中,法律使用过程中司法解释的权限收缩与扩展往往直接决定了新型案件获得司法正义的可能性。

司法解释是司法机关在适用法律过程中对具体应用法律问题所作出的解释,一个合理的司法解释对于完善法律体系具有不可替代的作用,也是提升公众认可度、树立司法公信力的重要举措。在具体的司法实践中,疑难复杂的案件堆积如山,这时候就要出台相关的司法解释以达到解法、释法、填补法律漏洞、提高司法效率等目的。近年来,我国不断出台新的审判解释和检察解释以助力法院审判工作、完善我国司法体系,同时也确立了类似于诚信原则、公序良俗原则等司法原则欲规范法官与大众的行为,完善司法理念,改进司法缺陷,使社会大众能更好地明法析理,懂法守法。但在司法解释日益增多的今天,我们也要注意过分依赖于司法解释解决法律问题所造成的矛盾累积,应推崇追根溯源从规范立法方面着手司法实践问题。

我们经常在疑难案件的审理中发现一些规则之外的因素往往会影响到法官作出司法判决,这一现象是否意味着司法判决失去了客观性、确定性、合法性呢? 在疑难案件中,"一个包含了法外因素的论证将更为真实、更为完整,从而也是更值得被接受的"①。然而,由于学院主义的机械式理解,以至于认为把"司法解释、法律解释、指导性案例、司法审查、司法建议、参与和配合立法、送请有权机关审查和裁决、提出法律案等"②一套技术规范作为解决疑难案件的有效手段。比如,公序良俗的理解与适用,就无法通过上述实体与程序的规定来实现社会生活的自我理解。公序良俗原则在坚持社会本位的现代民法中已然成为支配整个法秩序的价值理念,其划定了私法自治的边界,在一定方面上肯定了司法自治的合理性。其内涵的不确定性也使得公序良俗原则安定性受到影响,因此,需要在法的个案正义与法的安定性之间实现平衡。

"在公序良俗原则通过价值判断对案件予以具体化时,应避免法官的主观感情,具体考量各种主客观因素。其功能的拓展使得违反公序良俗原则的

---

① 陈坤:《疑难案件、司法判决与实质权衡》,载《法律科学(西北政法大学学报)》2012 年第 1 期。

② 江必新:《司法对法律体系的完善》,载《法学研究》2012 年第 1 期。

法律效果逐渐由绝对无效演变为相对无效。"①尽量消解法官的主观情感,同样在案例适用中也存在这个基本要求。尽管"理解司法判例的关键在于既定判决与后续裁判的相关性,以及由此生发的对后续裁判的作用"②,但是,把握相关性确实与主体性不可分割。就此而言,法官职业诚信要比严格规范司法解释和案例指导更具有实际意义。要优化诚实信用原则的适用环境,必须完善违反诚实信用原则的责任体系,完善司法解释体系,健全案例指导制度,严格法官遴选条件和程序,强化法官职业伦理修炼。③ 然而,仅仅依靠伦理教育无法实现法官自我的诚信意识升华,没有强制,似乎一切伦理的说教不过是难以成行的口头宣示。

正义的输出过程并非透明,制度与主体构成了程序正义的两个维度,"客观程序正义和主观程序正义"④。之所以推行完善案例指导制度,其目标在于"从源头上消除司法审判中的法律适用分歧,树立与维护司法裁判的公信力"⑤。然而,在司法解释的诸形式中,对"规定"来说,实体性的应予废除,程序性的可以保留;"批复"应逐步被指导性案例所替代;"解释"可以保留,但其内容与体例都需改变。⑥ 其实,批复与解释都无法绕开主体性的主观映像。所以,如何规范司法解释,进而"通过规范立法和指导性案例最终替代司法解释,就成为未来司法改革的内容之一"⑦。由于"立法的目的、原则和原意"中的"立法"可进一步解释为作为司法解释对象的法律及其上位法,"目的、原则和原意"的内涵则显得客观性程度过低,基本取决于立法机关的主观判断,无法以法解释学方法充分阐明,留待立法解决更为适当。⑧ 可是,社会发展的速度超越了立法的速度,因此,在"'法无明文规定'不能认定为法外空间,习俗、道德调整领域不是应然的法外空间,不构成法律漏洞也不能认定为法外空间,

---

①　李双元、杨德群:《论公序良俗原则的司法适用》,载《法商研究》2014 年第 3 期。

②　张志铭:《司法判例制度构建的法理基础》,载《清华法学》2013 年第 6 期。

③　参见王琦:《民事诉讼诚实信用原则的司法适用》,载《中国法学》2014 年第 4 期。

④　苏新建:《程序正义对司法信任的影响——基于主观程序正义的实证研究》,载《环球法律评论》2014 年第 5 期。

⑤　许国祥、李劲:《司法审判中统一法律适用路径探析》,载《行政与法》2020 年第 6 期。

⑥　参见刘风景:《司法解释权限的界定与行使》,载《中国法学》2016 年第 3 期。

⑦　胡岩:《司法解释的前生后世》,载《政法论坛》2015 年第 3 期。

⑧　参见聂友伦:《论司法解释的权力空间——我国〈立法法〉第 104 条第 1 款的法解释学分析》,载《政治与法律》2020 年第 7 期。

法外空间的认定权属于立法而不属于司法"①的理论支持下,可以采用"类型化分流方案,将司法解释性质文件归属于效力层次不同的制度化法源载体,从而初步实现法治调控的要求"②。显然,这就需要我们理性认识主体性的重要性,更要认清司法解释的主体性与司法主体性在司法审判中所具有的签字影响。在司法改革的过程当中,通过深化司法改革来完成法治的真正使命,在于"最终取消司法解释性质文件"③。

四、司法过程的开放与司法程序的自闭

司法过程的合理与否是司法能否良好运行的重要条件。司法过程的科学、公开以及司法工作人员的理性分析确保了我国司法体制的平稳发展。事实上,在具体的司法实践中审判实务内,经验法则的运用具有至关重要的意义,同样的,理想的司法认知与相对科学的人权保障机制也发挥着举足轻重的作用。这就要求我国在具体司法中应避免误区,摒弃效率至上观,尊重当事人权益,使司法过程的运作得到大众的认可。经验法则对于案件事实的认定以及法律的适用在具体的司法实务中有着积极影响,其直接影响着法官对于证据的自由评价和法官对待证事实形成心证的状态。在案件事实的认定上,经验法则与相关证据在功能作用上既兼收并蓄又相互独立。

法官审判的过程必须遵守基本的司法认知程序,司法程序的核心价值在于规制司法过程在法官主体性影响下仍然能够沿着既定的程序轨道前进。"法官自应有一个对经验法则进行发现、认知、选择、判断和采纳的过程,并应密切关注其妥适性,以维护司法的公信度。"④有学者认为,刑事诉讼

---

① 周辉斌:《论法外空间的司法认定》,载《现代法学》2020年第4期。

② 聂友伦:《司法解释性质文件的法源地位、规范效果与法治调控》,载《法制与社会发展》2020年第4期。

③ 彭中礼:《最高人民法院司法解释性质文件的法律地位探究》,载《法律科学(西北政法大学学报)》2018年第3期。

④ 毕玉谦:《论经验法则在司法上的功能与应用》,载《证据科学》2011年第2期。

中出现的问题①,应当引起司法改革设计者的偏重。在司法过程中,法官的直觉与"理性—分析"作为相对独立存在的认识加工系统,共同处理着各式各样的信息,以自动化方式发挥先行的加工作用,为理性分析提供基础尤其当其处于在信息不充分和判断不确定的情形中。在具体的司法实践中直觉可以通过获取法条、形成初始结论等方式为法律推理奠定基础快速获得结论,而直觉会经常性地出现偏差,导致结论与实际相偏离。这就体现了诉讼程序、司法管理等制度设计对于直觉进行深度监控的重要性。因此,"理想的司法认知至少需直觉、检测与证立三道工序,对应发现结论、防范直觉偏差、修正不合理理由三个认知功能,完成为案件提供答案、保证客观性、展现正当性三重司法任务"②。司法认知的三道程序,恰好组成了另一个概念的出现:司法亲历性。

司法的重要原理之一是司法亲历性,司法亲历性同时也是司法规律中的重要内容之一,其在司法制度、诉讼制度等司法领域中均处于重要地位。"司法亲历性,是指司法人员应当亲身经历案件审理的全过程,直接接触和审查各种证据,特别是直接听取诉讼双方的主张、理由、依据和质辩,直接听取其他诉讼参与人的言词陈述,并对案件作出裁判,以实现司法公正。"③正是因为强调司法亲历性,所以,协商性司法才有可能。协商性司法所体现出的价值理念是从一定基础上探讨全新司法范式的价值导向或目标追求的因果。现如今,认罪认罚从宽制度改革的主要追求目标即为效率,基于此,被告人认罪认罚的快捷效率被盲目追捧了。但是,过度追求对外宣称改革成效的政绩心理,回到协商成为另一种形式的不正义。"应扬弃效率至上观,以防协商沦为纯粹由国家主导的高效的治罪手段。基于人权保障立场看待协商性司法,应克服我国片面强调国家权力机关利益需求的改革思路,将被追诉人的权利保障与制度获益放在首要位置考量。"④否则,为了某种看似有利于权利保护的司法改革

---

① 第一是由供到证的侦查模式;第二是违背规律的限期破案;第三是先入为主的片面取证;第四是科学证据的不当解读;第五是屡禁不止的刑讯逼供;第六是放弃原则的遵从民意;第七是徒有虚名的相互制约;第八是形同虚设的法庭审判;第九是骑虎难下的超期羁押;第十是证据不足的疑罪从轻。认知并避开上述误区是防范冤案之必须。参见何家弘:《当今我国刑事司法的十大误区》,载《清华法学》2014年第2期。

② 李安:《司法过程的直觉及其偏差控制》,载《中国社会科学》2013年第5期。

③ 朱孝清:《司法的亲历性》,载《中外法学》2015年第4期。

④ 吴思远:《论协商性司法的价值立场》,载《当代法学》2018年第2期。

极有可能转化为催生特权正义的制度动力。

司法程序不仅仅是公正司法的体现，同时也是司法公开的重要保障。司法程序是国家司法体系不可或缺的一部分，其与审判程序、立法程序以及行政程序都有着密切的联系。随着我国司法程序公开在广度和深度上不断得到扩展，司法程序公开需要破解一些新难问题，特别是在"司法程序公开的范围、方式、监督方面予以完善"①。一定的程序机制保障了司法公正的表达和实现，当事人诉权与法院的审判权相辅相成共同构成了司法程序的基本组成要件并直接体现了司法公正。"通过程序机制合理界定两者的程序角色，为当事人诉权实现提供便利的程序机制，充实对当事人实现诉权之程序制度，适当强化法院对当事人诉权实现之程序保障义务，司法公正之实现便具备了程序基础。"②若要保障司法程序的公正合理，庭前会议制度应受到广泛的重视与关注，此项举措有助于保障当事人诉权、强化法院公信力，最终实现司法公正，树立司法权威。

庭前会议制度对于提高庭审效率、保障庭审质量有着积极的促进作用。可实证研究结果表明，当前司法体制下庭前会议在司法实践中的使用率较低，司法人员并不认可该制度，归根结底在于法律和司法解释对于庭前会议的程序设置、功能确立和法律效力等规定存在着许多的未知与不解。"从启动权、参与人、地点、适用程序等方面细化庭前会议的程序设置；从形式和实质两个方面明确庭前会议的法律效力，以期进一步改进和完善我国庭前会议制度。"③然而，仅仅依靠庭前制度的深化与完善，是不能解决司法程序的全部问题。庭前会议制度不过是提高庭审效率的前置准备阶段，而非精细化司法程序的规范性设计。在全面深化司法体制改革的背景下，"多维度审视和系统研究逮捕及相关问题很有必要"④，这种必要性体现在制度设计的系统性。

---

① 江必新、程琥：《司法程序公开研究》，载《法律适用》2014 年第 1 期。

② 唐力：《司法公正实现之程序机制——以当事人诉讼权保障为侧重》，载《现代法学》2015 年第 4 期。

③ 卞建林、陈子楠：《庭前会议制度在司法实践中的问题及对策》，载《法律适用》2015 年第 10 期。

④ 孙谦：《司法改革背景下逮捕的若干问题研究》，载《中国法学》2017 年第 3 期。

五、司法方法的运用与司法技术的支持

司法方法是实现司法目的的手段,通过社会主义法治理念的指导以实现司法的合理运行,而司法方法涉及立法、司法、行政等多个法治领域并发挥着作用。近年来,许多司法方法的提出对我国司法体制改革有着巨大的启蒙意义,这其中就包括了司法判例制度、案例指导制度位阶秩序构成比例原则以及责任主义原则等多项原则与理念制度。在具体的实践方法中,我国更加重视对法理功能的理解与运用,并意识到避免防范后果取向对于法律的解释的弯曲与解构。国家或地区中所涉及司法判例的选编、发布、内容、效力、引用、推翻之规则的总和称为司法判例制度。实际上,无论是否认可判例法的国家都有司法判例制度,而这种制度萌芽于自然法的发现和习惯法的继承,在神明裁判中也有所体现。制定法的发展影响着司法判例制度的变革。制定法强则判例弱;制定法弱则判例强。因此各种意识形态的国家在其各自的司法判例制度领域走上了不同的发展道路。

法律职业者在司法裁判过程中需要一定的逻辑推理与社会科学判断。表现在事实认定阶段,社会科学转化成为证据指向事实,但若证据规则并不充分,社会科学只能作为证明材料充当法官劝说自己内心的来源,自然的,裁判便具有了不确定性。"当下中国的'案例指导制度'需要改进和完善"①的根本原因在于,法律适用阶段中,对于有潜在影响的案件时,法官应遵循先做后果判断再找法条解释,引入了社会科学的裁判有助于提高法官对于结果预测的准确性。在司法中进行社会科学判断,"有助于减少法律与社会之间的隔阂,实现法律效果和社会效果的统一"②。现如今,社会对司法越依赖,司法功能的解读就会越复杂越混乱。但是,司法功能是有一定界限的,那么如何理顺各功能的关系?如何针对司法功能的重点做功课?笔者认为,首先应当从个案司法的角度来探究实践问题,应避免离开个案来谈司法功能。我们要在法

① 何然:《司法判例制度论要》,载《中外法学》2014年第1期。
② 侯猛:《司法中的社会科学判断》,载《中国法学》2015年第6期。

理功能的基础和前提上，"建立'司法的有限主义'观念，从而缓解'案多人少'这对司法的基本矛盾"①。从认识论的角度讲，不是案多人少导致"案多人少"的矛盾，而是我们对司法能力的有限认知和狭隘的权力本位注定了这一表象与内在相分离的命题。

　　我国针对法治发展的现实需要而创新的一种法律制度为案例指导制度。在一定的经验研究后得出结论。指导性案例的采纳适用与判决书的制作年份等不存在相关性，而与案件类型、案由、指导性案例的提供主体、律师代理、提供指导性案例的方式、审理程序和法院级别等有着明显的相连性。在具体的司法适用中，指导性案例在司法判决中既需要必要的程序保障，更依赖有效的法律方法支持。在具体的司法运作效果中，案例指导制度并不具有有效解决制度设计与法律理念、制度运行与适用方法之间的代沟。"增强指导性案例的实效，需要从程序、方法和理念等层面着手，实现案例指导制度的中国化和本土化。"②我国司法体系中，案件审理普遍采用"违法性认识不必要说"，从而确立了"不知法不免责"的刑法原则。但在具体的司法实践中，当前案例的裁判机理与裁判结果并不相匹，关于违法性认识的体系定位与司法认定并不统一。因此，应将违反性认识并入犯罪故意的组成部分，认定其为成立犯罪的必要条件。

　　司法裁判后果取向解释表现为法官适用预期的合理社会效果从而推导得出法律解释的结论，虽然这一司法方法有利于发挥社会后果的合理导向功能，但容易偏向于功能主义所作出的解释。"慎用既往受罚型推定"③的价值在于，更加清晰类型行为之间的不同，从而避免了类案同判的"差不多"正义观。为了防止这种借助方法，简约审判思考，应"从位阶秩序适用的多样模式到司法审查强度的多元选择，代表着比例原则在我国司法适用中的未来发展趋势"④。否则，可能会导致本末倒置的司法逻辑。当然，适用"规范后果取向解释应用，必须区分法律解释与裁判结论的合理证成，理清目的层次，遵循法条

---

　　①　孙笑侠：《论司法多元功能的逻辑关系——兼论司法功能有限主义》，载《清华法学》2016 年第 6 期。

　　②　彭中礼：《司法判决中的指导性案例》，载《中国法学》2017 年第 6 期。

　　③　李国权：《违法性认识的体系定位与司法认定——基于 588 份刑事判决书的分析》，载《行政与法》2020 年第 6 期。

　　④　蒋红珍：《比例原则位阶秩序的司法适用》，载《法学研究》2020 年第 4 期。

与规范目的之对应关系,将后果取向作为内置于目的解释之引导与合理评价机制,防范后果取向对法律解释的歪曲与解构"①。后果前置主义必然导致围绕后果寻求审判正当性与合法性,而不利于审判推进,但是有利于维护当事人权利的事实和证据极有可能在结果考量的前提下被遮蔽。

随着时代的革新,司法体制的改革、司法技术的运用手段也日趋多元化,其中大数据技术所带来的人工智能化司法模式颇受欢迎。这对传统的以法官审判为主的传统司法技术带来了冲击。新一轮司法改革下,大数据人工智能技术能为我国司法领域带来新的机遇与挑战,如何抓住机遇、应对挑战,充分发挥新兴技术以致力于我国司法体制的发展为当前研究重点。同时,互联网法院的出现也标志着人工智能与司法的有机结合,一定程度上佐证了新时代下的司法进步依赖于科学技术的发展。近些年,学界对于司法三段论的不满呼之欲出,有许多人提出要放弃这一法律方法,转而提倡法律论证、等置理论等非逻辑方法,在这些褒贬不一的评价中,实际上存在着一定的误解:逻辑与经验、形式逻辑与非形式逻辑的关系。实际上,反对者所倡导的类比推理、等置理论以及法律论证无法离开三段论的基本框架而独立存在,这种观点的合理性也不攻自破了。

大数据时代的到来将引起思维方式和产业运作模式等多方面的产业变革,同时也为司法领域带来了新的机遇与挑战。例如,大数据时代下的数据保护与证据规则仍未完善有待探索,但在法律制度和规则尚不明晰和系统的变革时期,司法机关充分发挥其主观能动性,为促进社会公平正义建立新的体制提出宝贵经验。再者,大数据技术能提升司法机关的效率、司法能力,优化司法资源的合理配置,使得司法机关能与社会大众进行良好的互动,建立司法公信力。"形式逻辑在法律推理中的地位与作用必须重新得到捍卫,否则告别司法三段论只会走向恣意化的司法裁判"②。在大数据人工智能时代下,"数据法院、智慧法院"成为新一轮技术革命应用于法院的完美标志。一些法院尝试开发了人工智能办案系统,依靠公检法共享办案平台以实现了这源于人工智能本身作用的有限性,法官审判工作的系统性、

---

① 戴津伟:《司法裁判后果取向解释的方法论应用》,载《法学》2020 年第 7 期。
② 孙海波:《告别司法三段论? ——对法律推理中形式逻辑的批判与拯救》,载《法制与社会发展》2013 年第 4 期。

职业性和经验性等因素,因而"人工智能在法院的定位只能也必须是法官办案辅助工具"①。

大数据与人工智能的司法应用,是自在的限制。裁判是一种思想的酝酿,基于规则逻辑来运作人工智能方法,无法自行应对案件评价和法政策考量的任务。"未来人工智能在司法裁判中的具体影响方式和范围一定程度上依赖于法学研究的水平"②。如何确保"人工智能从事司法工作的客观与公正"③,在"面对大数据时代的挑战与机遇,司法对法学教育提出了进行交叉学科人才培养的需求"④。我们必须认识到,人工智能尚无法实现对证据的取舍以及证明力大小的判断,所以,人工智能定位于"法官辅助办案工具而非取代法官主体地位是妥当的"⑤。它们的"技术障碍"⑥在于不能具有隐性审判经验的专属性、法官自由裁量权的自主性、实质正义的终诉性等也均决定了人工智能在这些领域难以也不应发挥效用。因而在中国,过大夸张大数据与人工智能的科学意义上的理论功能,就会"产生扭曲、阻碍甚至消解司法体制改革的反功能"⑦。尽管在电子送达、证据的种类与提供责任面临着更多的创新转型,以期通过"改变立法思路"⑧来实现"AI 司法的有效、可信治理"⑨。

面对智慧司法可能带来的风险和挑战,必须"对智慧司法实施的风险进行有效的法律规制,保障智慧司法在法治轨道上理性推进,从而实现有效率的正义"⑩,从而推进"可视正义"⑪的实现。学者建议,构建"人工智能+在线司

---

① 潘庸鲁:《人工智能介入司法领域的价值与定位》,载《探索与争鸣》2017 年第 10 期。

② 冯洁:《人工智能对司法裁判理论的挑战:回应及其限度》,载《华东政法大学学报》2018 年第 2 期。

③ 程凡卿:《我国司法人工智能建设的问题与应对》,载《东方法学》2018 年第 3 期。

④ 张吉豫:《大数据时代中国司法面临的主要挑战与机遇——兼论大数据时代司法对法学研究及人才培养的需求》,载《法制与社会发展》2016 年第 6 期。

⑤ 潘庸鲁:《人工智能介入司法领域路径分析》,载《东方法学》2018 年第 3 期。

⑥ 王禄生:《司法大数据与人工智能开发的技术障碍》,载《中国法律评论》2018 年第 2 期。

⑦ 钱大军:《司法人工智能的中国进程:功能替代与结构强化》,载《法学评论》2018 年第 5 期。

⑧ 洪冬英:《司法如何面向"互联网+"与人工智能等技术革新》,载《法学》2018 年第 11 期。

⑨ 李晓楠:《信赖 AI 司法:意义、挑战及治理应对》,载《法学论坛》2020 年第 4 期。

⑩ 徐娟、杜家明:《智慧司法实施的风险及其法律规制》,载《河北法学》2020 年第 8 期。

⑪ 马长山:《司法人工智能的重塑效应及其限度》,载《法学研究》2020 年第 4 期。

法确认"模式宜分阶段进行①,从而建立司法方法运用与司法技术支持相匹配的现代司法运作机制。

六、司法公正的建设与司法监督的强化

司法公正的理想状态即司法运作过程中各种因素相互吸收包容共同维护司法的平稳运行,使人民感受到司法的正义,社会感受到司法的光明。在当前体制下,我国的司法公正在具体的司法实践中仍有不足,体制改革应受更多关注,最大的不足表现为司法公信力的缺失。如何树立良好的司法公信力是实现司法公正的关键,要充分发挥好互联网时代下的舆论引导与社会监督功能,合理配置资源,大大提升司法效率,严格做好司法公开、司法透明、司法高效,以达到司法公正的最终目标。起初,司法公信力生成的路径应当"从实行裁判文书上网、推行庭审网络直播、构筑网络主流民意搜集、甄别和反馈机制等方面入手"②。然而,司法公信力是司法机关内部各成员与社会大众之间的良性互动与相互评价的直观体现。缺乏群众的广泛支持,审判公正性将遭到怀疑,这也是我国司法公信力长期无法形成的重要原因。

如何合理实现司法资源的合理配置是司法效率高低与否的评判标志,而并不是司法投入与产出之比。现在司法公正的实现依赖于司法效率的提高,司法资源的稀缺使得司法必须有着高效率,否则其结果就是无法实现司法公正的初衷,要提高司法效率就应该及时审判,这是决定当事人能否获得公正审判的关键。如若不在合理期限内审结案件,则必然会影响到当事人的公正审判权。在这点上我们可以借鉴西方国家实行案件管理以提升司法效率。"司法公信力是政治国家与市民社会理性沟通的产物,是一种归属于社会资本的

---

① 需要重视风险防控。第一阶段,该模式适用于小额的确认调解协议效力申请。第二阶段,该模式适用于所有的确认调解协议效力申请。最终,人工智能机器形式审查、自主决策,当事人自助型、机器全天候的"人工智能+在线司法确认"。参见钟明亮:《"人工智能+在线司法确认"的实践观察与前景展望》,载《法律适用》2020 年第 15 期。
② 陈发桂:《重塑信用:论司法公信力的生成——以网络环境下公众参与为视角》,载《学术论坛》2011 年第 8 期。

制度性资源。"①社会资本的根本属性在于信用,因此,司法公信不会因为某一份判决的不当而失去信任,也不会因所有判决的合法获得信任,司法公信源于人们对于司法自身信用的操守。从技术上讲,"丰富沟通手段、推进司法公开、促进公众参与、构建立法建议机制等变革,应是当前较为有效的应对策略"②。但是,目前来看,司法公信力较低是限制人民法院工作发展最为突出的矛盾。导致司法公信力不够高的原因数不胜数,其中一个重要原因就是未能保障人民群众的知情权、表达权、参与权以及监督权,这也使得司法的社会认知度和认同度未能得到提高。所以,"只有彻底消除司法神秘主义,让公众更多地了解司法、接近司法,司法才能获得公众的理解、信赖和支持"③。

在实现司法公正的道路选择上,我们不仅要关注法官和以当事人为代表的社会主体对司法公正的看法,也要厘清司法公正、司法效率、判后解释、审判公开、司法政策之间的关系;再者,也要从立案、审判、执行等角度对其加以分析。"化解司法决策中的舆情风险的根本出路在于树立司法权威,而在当下,为实现对已有司法权威的存量保护,强化司法与社会诉讼过程中的沟通机制,尤为重要"④。实际上,社会公众对于司法信用的怀疑,始于法官主体性在司法过程中的强势表现。这种"主观程序正义影响到民众对司法机构的信任和对司法决定的服从,并影响到民众对司法正当性的判断"⑤。正是基于这种认识,所以,围绕司法公正的改革举措集中在如何钳制法官主体的自由裁量权规制上,这就形成了层层加码,但是又层层乏力的司法监督。

司法监督是一种专门性、程序性的监督,是指对于法律实施中严重违反国家法律的情况所进行的监督。现如今,对于司法监督的主体范畴不仅仅只是司法机关与行政机关,同样也包括社会的舆论监督,最具代表性的即为新闻媒体的监督。认识到"媒介审判"运行的内在机理,便可以针对其在"审判"链条

①　季金华:《司法公信力的意义阐释》,载《法学论坛》2012年第5期。

②　徐骏:《司法应对网络舆论的理念与策略——基于18个典型案例的分析》,载《法学》2011年第12期。

③　公丕祥:《司法公开:提升司法公信力的重要保证》,载《中国党政干部论坛》2012年第7期。

④　徐阳:《"舆情再审":司法决策的困境与出路》,载《中国法学》2012年第2期。

⑤　苏新建:《主观程序正义对司法的意义》,载《政法论坛》2014年第4期。

上①存在的问题,设计出针对性和操作性融为一体的措施。舆论监督作为一种柔性监督虽然对司法工作者有着一定的积极影响,但是其暴露出来的问题也值得我们反思。如何严格界定舆论引导司法判决的尺寸,使法官在结合社会外界的理性言论之上作出合理科学的判决,使全社会对中国的司法体制改革充满热情是值得我们思考的问题。

舆论监督功能是一种不可替代的柔性监督,可在具体的司法实践中"媒介审判"却扭曲了其本质作用,表现在媒体在审判过程中居于主导地位而引导法官作出判决。新闻媒体的舆论传播作用尤为突出,它依仗自己超越时空的快速传播体系以及强大信息优势不断将错误的价值观导向大众,对案件"口诛笔伐",在法官审判之前就已奠定一定的基调。法官不仅受到各种媒体的舆论干预,更受到一些来自上级的行政干预,因此,法官很难既能秉持着法律公正与道德公正,又能兼顾到大众视野与敬重领导的双重考验。比如,针对"通过网络执法过滤或删除违法的司法报道,对违法犯罪行为追究法律责任"②的惩戒制度。

媒体影响司法在互联网时代下萌芽了新的特征:媒体对司法系统的影响越来越大,舆论监督的作用占主流趋势,互联网上由于假名而使发言随意,素质较低且查处相对困难,陪审员利用网络实施违规行为。互联网时代下,各国对于媒体与司法的关系准则进行了改革,体现在明确废止喊口令的部分内容,互联网公开透明化庭审开始兴起和发展。实际上,互联网上的媒体审判往往是民粹主义的变异体。我国司法领域正受到民粹主义的席卷而陷入危机,其主要表现形式在于利用现代网络平台的加持,如微博、贴吧等,实施舆论审判。社会精英在民粹主义司法形成过程中承担着重要地位。我国政府展开社会治理依赖于司法,司法职能的定位满足了民粹主义的诉求,在谋求案件裁判实质公平的同时,表达了对当前法律体制的不满。民粹主义"导致程序公正的应然司法观在我国的确立和巩固阻碍重重"③。治疗民粹主义的司法,最好的方法就是坚定不移地坚持共产党的领导,以人民利

---

① 参见张冠楠:《"媒介审判"下的司法困境》,载《法学》2011 年第 5 期。
② 高一飞:《互联网时代的媒体与司法关系》,载《中外法学》2016 年第 2 期。
③ 刘练军:《民粹主义司法》,载《法律科学(西北政法大学学报)》2013 年第 1 期。

益是否通过司法改革获得司法正义的满意,作为衡量司法工作的绝对尺度。

七、司法责任的目标与司法管理的指向

不同于英美两国以及德法两国的二元论司法责任制,在我国司法责任不仅表现为法官的责任担当与责任追究,而且还包括法官享有充分的司法裁判权。提高法官司法责任的理想方案是"将'错案追究'制度纳入司法惩戒的制度轨道,并与'不适当行为'共同构成司法惩戒事由的二元机制"①。司法责任制的设立并不是为了惩罚和事后追责,而是对法官职业保障和公正履行审判职权的一种保护。若单单适用"错案追究"主导惩罚事由,而忽视了其他构成要素,则会对法官的判决造成不良影响。司法责任制在我国司法体系中有着举足轻重的作用,这就表现在其对司法体制的规范作用,对司法后果的承担作用,而究其最终目的则是在于培养筛选出最好的法官,充分发挥好审判人员的审判职权,提升司法水平。

司法责任制是以司法的属性而产生的一种责任体质,这中间既包括了法官的责任担当与责任追究,也涉及法院享有的独立司法裁判权。司法责任制作为一种责任体系,与法官、地方司法规范性文件相呼应。在以审判为中心的司法改革推进下,吸收公正裁判的观念,司法责任制涵盖了法官依法独立行使职权,以及对错误裁判的问责。但由于司法活动特殊的性质和规律,司法责任制又不同于一般的责任追究制度,而表现为作为司法主体的法官所具有的更好的道德修养。在此意义上,司法责任制的价值目标"不是进行事后追责,更在于培养与遴选好的司法官,走司法官职业化之路"②。然而,"'司法责任制'这一标题性的核心概念已经被先验性地赋予了不同内涵和外延"③,这说明我们对于司法责任制在司法过程中所具有的作用尚需要进一步的认知。

---

① 蒋银华:《法官惩戒制度的司法评价——兼论我国法官惩戒制度的完善》,载《政治与法律》2015 年第 3 期。

② 金泽刚:《司法改革背景下的司法责任制》,载《东方法学》2015 年第 6 期。

③ 傅郁林:《司法责任制的重心是职责界分》,载《中国法律评论》2015 年第 4 期。

有学者认为:"《关于完善人民法院司法责任制的若干意见》难以有效地矫正法官问责的实践偏差,应当研究出台一部'法官惩戒法'。"①其出发点在于,"完善法官责任制,改造为司法化的法官责任追究程序"②。之所以强调司法责任追究程序,是因为我们一直以来用行政思维的单向强制力所取得的社会治理效果作为衡量一切管理对象责任担负的出发点,这就违背了司法过程中司法主体具有自由裁量权的司法规律。从比较的角度出发,有学者提出:"任何一国司法问责的具体操作都需立足于自身政治体制中司法与民主之间的现实基础,而逐步对司法权属性和运作、国家权力配置和格局、问责基本内容和要求等予以合理审视和考量。"③实际上,我国司法责任制与错案追究制联系在一起,而错案的概念往往犯下了科学技术主义的毛病。尽管司法审判具有一定的正义标准,然而,正义这一词汇意味着司法正义的标准不能用科学测量,只能用类似满意的概念来评价。因此,主张废止"错案"概念不过是转换对法官训诫的一种思路,即从"'结果—实体'导向的错案责任追究换作'行为—程序'导向的司法责任监控"④,其针对的主体和基于科学的责任认知则把司法审判置于机械司法的温床。

习近平总书记在党的十八大以后,针对司法和司法权、司法的价值和功能、司法规律等基础理论范畴给予了丰富的论述,为司法责任制改革提供了科学理论,指引司法责任制改革在司法本质和司法规律的轨道上有序推进⑤,亦为司法管理更加符合司法规律明确了指向。司法管理又称为司法行政,指的是以行政的手段实现司法自身的目的,即以行政操作司法。在具体的司法实践中,司法行政的过度化往往会导致行政控制司法,这不利于司法权威和公信力的树立,并在一定程度上影响了审判者决策、妨碍法院的正常工作展开、案件质量的下降。因此,去行政化就是当前司法体制改革的目标之一。这就要求强化法院的司法审查、审判功能以及终局性纠纷解决功能,确保司法机关依

---

① 周长军:《司法责任制改革中的法官问责——兼评〈关于完善人民法院司法责任制的若干意见〉》,载《法学家》2016 年第 3 期。

② 王迎龙:《司法责任语境下法官责任制的完善》,载《政法论坛》2016 年第 5 期。

③ 邵晖:《司法与民主的对冲与平衡:对司法问责的审视》,载《北方法学》2020 年第 4 期。

④ 周赟:《错案责任追究机制之反思——兼议我国司法责任制度的完善进路》,载《法商研究》2017 年第 3 期。

⑤ 参见张文显:《论司法责任制》,载《中州学刊》2017 年第 1 期。

法独立公正行使审判权检察权,健全司法权力运行机制,在法院司法的各个阶段中具体落实"去行政化"。

司法行政化是以行政的目的、构造、方法、机理及效果取代司法自身的内容,形成以行政方式操作的司法。当前我国的司法体制改革,应当重视三个配套问题,即"改革的合法性、司法行政管理的民主性以及权力运作的受制性"①。法院在具体的司法实践运作全过程中均带有行政化的色彩,但是,这种带有行政化的色彩并不意味着司法行政化。司法行政化的解决方案,一方面,建立阻却行政性要素介入审判的"二元模式",强化法院审判管理、司法行政管理、上下级法院业务管理上的自主化,实现"去行政化"②;另一方面,更要防止因为防止司法行政化要强化司法行政化,特别是"在弱化地方主义的同时强化了省级以下审判机关的内部统制,将使司法机关行政化倾向加剧"③。在当代中国社会加速深处转型与高速发展阶段,司法迎来的巨大压力将司法改革转化成压力型司法改革,而"压力型司法将在以道德论证弥补法律之确定性的裂缝,以及以判决书说理制度增加司法判决的可接受性之方法选择中走出困境"④,这就要求释放司法责任的追究空间,通过责任释放,获得司法判决的道德性支持,因此,"应该建立一种'自由的逻辑'指导下的以程序约束为中心的法官管理和培养模式"⑤。这是"让法官成为真正意义上的法官,祛除法院系统的大锅饭弊病,走出司法行政化"⑥的便捷路径,也是真正实现通过司法责任制推动司法责任的内在要求。

在司法管理的改革上,应"注重方法优化,增强司法体制改革整体实效"⑦,

① 陈卫东:《合法性、民主性与受制性:司法改革应当关注的三个"关键词"》,载《法学杂志》2014 年第 10 期。

② 龙宗智、袁坚:《深化改革背景下对司法行政化的遏制》,载《法学研究》2014 年第 1 期。

③ 张建伟:《超越地方主义和去行政化——司法体制改革的两大目标和实现途径》,载《法学杂志》2014 年第 3 期。

④ 姜涛:《道德话语系统与压力型司法的路径选择》,载《法律科学(西北政法大学学报)》2014 年第 6 期。

⑤ 李拥军、傅爱竹:《"规训"的司法与"被缚"的法官——对法官绩效考核制度困境与误区的深层解读》,载《法律科学(西北政法大学学报)》2014 年第 6 期。

⑥ 王庆廷:《法官分类的行政化与司法化——从助理审判员的"审判权"说起》,载《华东政法大学学报》2015 年第 4 期。

⑦ 徐汉明、林必恒、张孜仪、徐晶:《深化司法体制改革的理念、制度与方法》,载《法学评论》2014 年第 4 期。

特别要坚决"放弃碎片化的、非规范化的司法改革"①。现实司法实践中,司法配套措施距离司法改革需要之间存有的空间,导致"司法人员可能仍难拒斥腐败性干预,而禁止治理性干预将遭遇党政与司法的关系、社会治理、法官素养等多重压力"②。因此,在审执分离改革的语境下,"应当更加重视审判权与执行权之间的协作,对刑事、行政、民事执行体制的改革作出统筹规划"③,防止在员额制改革过程中全国"一刀切"④,逐渐落实"法官助理的分类招聘、分级管理和职业化发展的理想制度架构"⑤。面对多重关系的司法体制改革,司法责任与司法管理应当以"正和"作为改革目标的调试器,通过动态平衡实现符合司法规律的司法管理与司法责任的理性互动。

八、司法民主的扩张与司法回应的增强

推动司法民主是深化司法改革的一项重要表现形式,关键在于完善陪审制度,呼吁公民积极有序参与司法。这就决定了在具体的司法实践中应更加重视人民调解对于司法的帮助,通过司法程序确认人民调解协议的效力,在侦查、起诉、审判、执行等领域全面推进公民参与,构建有中国特色的公民参与司法制度。实际上,公民参与司法这一理念早已提出,可到如今却仍未彻底贯彻,当然这不仅需要国家的引导,更需要公民的重视,司法民主既可以实现公民协助司法、制约权力、监督权力,而且公民参与司法对于司法公正、司法民主、司法公信力以及司法能力都具有不可替代的促进作用。

司法调解的难题在于调解协议的法定效力是否能够在执行中得到体现,

---

① 周永坤:《司法的地方化、行政化、规范化——论司法改革的整体规范化理路》,载《苏州大学学报(哲学社会科学版)》2014 年第 6 期。

② 陈柏峰:《领导干部干预司法的制度预防及其挑战》,载《法学》2015 年第 7 期。

③ 肖建国、黄忠顺:《论司法职权配置中的分离与协作原则——以审判权和执行权相分离为中心》,载《吉林大学社会科学学报》2015 年第 6 期。

④ 张千帆:《如何设计司法?法官、律师与案件数量比较研究》,载《比较法研究》2016 年第 1 期。

⑤ 刘茵、宋毅:《法官助理分类分级管理和职业化发展新模式研究——以北京市第三中级人民法院司法改革试点实践经验为基础》,载《法律适用》2016 年第 5 期。

从而建立一种维护调解机制的契约精神。尽管司法确认不仅解决了诉调对接的关键环节,而且推动了司法实践中培育制度创新的动力。司法确认程序认可人民调解协议的效力,赋予了司法确认书的执行力,并保证特定民事权益的可处分性、当事人的合意和程序的正当性。司法确认程序制度建立的目的在于对人民调解协议效力的保障,从性质上讲应当属于非诉程序。然而,人民调解协议在社会生活中的实现主要依赖于当事人的自觉履行,而不仅仅依赖司法确认之后的国家强制执行。所以,适用司法确认应当认识到,立足于司法确认程序乃非诉程序之基础上,遵循人民法院审查人民调解协议所约定的内容,应考虑这一制度设计"是否适于强制执行"①的司法内涵。同时,从程序正义的角度讲,司法确认是程序意义上的制度设计,因此,这就决定了司法确认的价值和功能应定位于规制。所以,司法确认应视为特别程序,从而最大限度地"发挥它作为我国诉讼与非诉讼纠纷解决机制对接的桥梁作用"②。

　　司法民主在我国政法语境下意味着非专业人员进入司法审判过程中的广度与频率,其政治意义和法律意义围绕人民当家作主这一意识而言具有一致性。一方面,通过人民陪审员,弱化法官独自行使审判权的主观扩张;另一方面,提高人民通过参与审判权,实现监督权的政治价值。所以,针对人民陪审员"陪而不审"的潜在现象,有应当在"明确陪审案件中法官的责任标准,规制陪审员的合议细则,划分陪审员票权比重"③方面着力,调整制度设计。既要"对陪审制进行以祛除审判权本位主义为重点的制度重构"④,又要"完善人民陪审员制度的合理路径……充分实现该制度的司法民主价值"⑤。无论是人民陪审制度还是调解制度,反映出"我国传统的法律制度安排对公民参与司法重视不足"⑥在当代中国迈向现代司法制度的积极回应。

---

　　①　占善刚:《人民调解协议司法确认之定性分析》,载《法律科学(西北政法大学学报)》2012 年第 3 期。

　　②　邵华:《论调解协议的司法确认:效力、价值及程序审查》,载《政治与法律》2011 年第10 期。

　　③　何进平:《人民陪审员制度司法功能的运行障碍》,载《法学》2013 年第 9 期。

　　④　吴英姿:《构建司法过程中的公共领域——以 D 区法院陪审制改革为样本》,载《法律适用》2014 年第 7 期。

　　⑤　苗炎:《司法民主:完善人民陪审员制度的价值依归》,载《法商研究》2015 年第 1 期。

　　⑥　陈卫东:《公民参与司法:理论、实践及改革——以刑事司法为中心的考察》,载《法学研究》2015 年第 2 期。

司法回应社会纠纷解决建立积极有为的司法机制,是司法作为社会正义实现的公共工具理性主义的自我价值体现。职权主义司法与当事人主义司法之间的本质区别,在于司法能动在纠纷解决过程中如何行动的理念。所谓司法能动主义,"即一种关于司法过程中应当更多地发挥司法能动性的主张"①。值得忧思的是,如果"能动司法"能够成为推进司法改革的一种新机制的话,那么,为能动主义大展身手的"基于整体性司法知识观的基础,以及以结果为导向的司法实用主义"②是否应当在制度上及早定型,进入司法学研究的视域。所以,为避免出现各级法院在司法实践操作上能动程度不统一的尴尬,确保司法能动不致于为了能动而导致司法扩张的反司法现象的出现,应"从构成要素上探寻能动司法得以实现的理想路径"③。

现阶段,我国法院系统所倡导和践行的能动司法,是司法主体在实现社会效果和法律效果上的有机统一,积极行使司法权以及主动采取多种手段解决法律纠纷的一系列司法活动的总称。司法的能动主义与司法能动性紧密联系又相互区分,前者为司法积极回应社会需求的一种理念,而后者则更强调对司法性状的外在表现。司法能动主义在现阶段司法体制改革下仍面临一系列的难题,区别于西方的"回应型"司法,中国司法改革不能脱离现有的制度框架,这就要求国家能探寻出一道既能以积极的面貌回应社会的需求,同时又不破坏原有法律的完整性的道路。所以,"妥善解决重要措施与整体推进之间的紧张关系"④是司法能动机制的重要缓冲器。司法实践中,司法建议不啻为一种新型司法能动的具体创新,不仅起到了预防功能,而且发挥了司法警戒作用。作为一项具有中国特色的制度,司法建议集中表现了司法机关的司法外职能。不仅包括法院的司法建议,还涉及检察院的司法建议又称检察建议。究其性质,司法建议不具有法律约束力而仅仅为一项提议。但当前司法建议适用范围、建议对象、建议参与主体的自行扩张,印证了中国司法的"建议性司法"新模式。不过,由于司法建议潜在的任意,对于短期而言,司法建议能够在一定程度促进社会治理,但从长期发展来看,司法建议应当废除。因为司

---

① 周赟:《司法能动性与司法能动主义》,载《政法论坛》2011 年第 1 期。
② 方乐:《能动司法的模式与方法》,载《法学》2011 年第 1 期。
③ 姚莉:《当代中国语境下的"能动司法"界说》,载《法商研究》2011 年第 1 期。
④ 徐昕、黄艳好、汪小棠:《中国司法改革年度报告(2015)》,载《政法论坛》2016 年第 3 期。

法建议体现的能动,在很大程度上容易造成案外司法。

九、司法效果的评判与司法权威的树立

司法改革的第一层目标是树立司法权威,而司法权威的载体不是司法判决书。司法判决书向公众表达的是判决理由和判决结果,真正影响司法权威的是司法判决在当事人、法律职业共同体和社会公众之间产生的说服力。无论何种判决的司法都会形成一定意义上的司法效果,效果这一概念的中性决定了司法效果没有好与坏的定性,只有司法效果是否得到认可的定性。无论司法判决是否能够让当事人接受,都是一种司法效果。司法效果问题既是司法社会学领域的重要课题也是我国司法实践中的现实问题。在自媒体时代下的中国司法,对法律的严格适用已然是司法效果的代名词,而司法的社会效果能否对社会产生意义和影响则是评判司法机关公信力的重要体现。如何在规则的形式约束下实现最大的司法正义是司法效果强弱的关键,这就要求司法机关必须结合司法改革的社会背景,从内、外两个方面统筹协调,整体推进司法机关依法独立行使职权,同时,要吸纳民意使刚性的法律柔化,结合法律和法理充分发挥司法的社会效果。

目前,我国法院在司法过程中为使裁判回应民意出现了直接以政治化手段解决本该由司法手段解决的纠纷而无法理阐明裁判理由等不讲法律和法理的问题。众所周知,法理是保障司法裁判在法治体系内回应民意的重要手段。这不仅与依行政意志和常理回应民意具有局限性有关,也与价值判断和词语技术方法密不可分。"司法的政治力学现象是不可避免的,但是司法的政治角力应当加以规制。"①对于司法效果评判的乱象,并非司法本身所致,而是司法过程中各种原料无序混合导致的结果。乱象的成因,一方面在于司法主体以外的主体法律适用条件认识不清,对法律原则的学院规范主义理解往往造成法律职业共同体的逻辑迷途;另一方面对于司法过程各种基本原则适用的

---

① 孙笑侠:《司法的政治力学——民众、媒体、为者、当事人与司法官的关系分析》,载《中国法学》2011 年第 2 期。

自我定位,以及司法程序的自我认知方面存在技术理性并由此导致"逻辑认知性错误"①。形式法治在中国多年来的失落,表明程序正义与实质正义之间的平衡既需要"依赖于法官的'技艺理性',又需要法官的职业伦理"②。而司法判决的说服力往往更多地建立在文化共识和认同上面,"价值认同是司法说服力的文化依归"③,内隐着生成司法权威的种子。

司法权威是我国法治化进程中的重心,同样也是我国树立司法公信力,建立法律权威的重中之重。其作为一种正当权威由权利与正当性相结合,是司法权的排他性、道德性、知识优越性的结晶,也是事实性与规范性的统一。司法权威的实现需要三个方面的条件:"司法权力之保障所需条件,知识优越性所需条件,以及司法道德性所需条件"④。司法权威在社会大众面前的树立是深化司法改革的重要切入点。司法机关通过司法活动严格执行法律,公正平等履行其职权是使公民信服,在群众中获取威望的直接手段。司法权威不同于一项司法制度而更像是一种精神,来源于法律权威以及司法公正。这就决定了如今我国司法改革应当采取保证司法独立、防治司法腐败,以及防止冤案错案发生等有效措施,以树立和加强司法权威。同时,在司法机关工作人员的挑选与培训上也要有所作为,提高准入标准,加强司法职业能力培养,只有法官的权威树立起来了,司法权威也才能与之俱进。司法权威作为一种特殊的公权力,其也含有社会公信力的内涵,这种内涵来源于法律权威、司法公正,其权利主要由司法主体的专门性、司法的高度法定程序性、司法活动的强制性、司法的判断性和司法裁判的有效执行性等五个方面构成,这些要求集中表现于司法公开。

中国司法公开一共经历过三次大的变革,分别是:2004 年以前的庭审公开时期,2008 年前的有限司法公开时期以及自 2009 年以来的全面司法公开时期,司法过程愈来愈公开、透明反映了当前时代下司法改革的重点,这就涉及了公众与媒体对法院审判过程的外部监督。公众、媒体以及法院的监督与

---

① 李岩:《公序良俗原则的司法乱象与本相——兼论公序良俗原则适用的类型化》,载《法学》2015 年第 11 期。
② 李拥军:《合法律还是合情理:"掏鸟窝案"背后的司法冲突与调和》,载《法学》2017 年第 11 期。
③ 季金华:《司法说服力的文化机理》,载《政法论丛》2020 年第 4 期。
④ 李桂林:《司法权威及其实现条件》,载《华东政法大学学报》2013 年第 6 期。

被监督关系能否处理得当是当前司法公开工作进展状况的直接反映。若要进一步推动司法公开就必须积极响应党的十八大号召："推进权力运行公开化、规范化,完善党务公开、政务公开、司法公开和各领域办事公开制度,让人民监督权力,让权力在阳光下运行。"司法公开的目的在于正义以看得见的方式实现,从而建立司法公信力。司法公信是司法权威的基础,而司法权威继续强化司法公信。

当代中国司法改革稳步前行的基础和保障是司法公信力的重构。基于政治视角下,中国司法公信力缺失具有多种原因:法在解决当前中国社会矛盾中功能不畅、司法公信力应对诉求多元化的主渠道作用面临信访挑战、对政治伦理信仰缺乏理性认识、司法市场的垄断性导致竞争性不足、司法运行机制紊乱。而在直面问题时对一些政治因素过分解读则会在一定程度上偏离司法改革的方向。司法公信力的构建和完善是司法改革长期以来的目标追求,司法公信力是司法机关依法行使司法权的客观表现在人民群众中得到响应的直接体现,这其中包括了公众对司法机关的信任与尊重,也表现为法律在整个社会的权威与尊严的建立。"重构司法公信力的前提是中国政治与司法的科学理性关系的确立"①,现阶段,我国司法公信力不足,司法公信缺失,究其根本原因是司法在解决当前中国社会矛盾中功能不畅。因此,应该合理利用人民陪审制度和审判监督制度提高审判过程的透明度,重构司法公信力。

"案件质效不断趋好与司法公信不断趋弱的现象交织"②表明,司法组织没有自我建立公信的意识,那么司法体制改革必定失去实践主体性。司法组织在当代中国司法体制改革下发挥着重要作用。因此,司法组织的内部改革变得尤为重要,以司法组织整体为视角主要表现在:司法审查制度的规范、司法管理体制的变革、司法独立性的保障,以司法组织主体为视角则应提升审判团队的执业能力,厘清司法工作人员的内部关系,法官、检察官、审判长各司其职依法行使司法权。只有司法组织的建立符合司法规律的要求,司法系统才能更为均衡地实现司法资源配置,从而为司法公信的建立提供主体性基础,维

---

①　李树民:《当代中国司法公信力建构的政治蕴含》,载《当代法学》2013 年第 6 期。

②　江西省高级人民法院课题组、张忠厚、卓泽渊:《人民法院司法公信现状的实证研究》,载《中国法学》2014 年第 2 期。

护"法治秩序"①,这是司法改革与司法学共同的信仰。

司法改革的终极目标在于获得社会公众的司法认同,尽管认同不能等同于正义的支持。然而,司法只有在社会公众心里占据归属地位,才能形成认同。司法认同不仅仅是社会对司法基于价值认可而形成的心理归属感,更重要的是,司法认同是对国家认同的基础,也是对国家制度认同的基础。制度的生命力源于制度自信,而自信则是社会认同赋予的力量。司法体制改革以后,司法体制综合配套改革的政治和法律意义聚焦司法认同这个社会意识的出现和维持。因此,司法改革的顶层设计不能只关注制度系统设计、主体责任系统赋能,更要"从影响司法认同的要素入手"②,运用各种力量,统合"法规范的外部与内部共同发力,合力实现司法正义"③。与此同时,司法学研究的视角也应从思辨的台阶上走下来,注重一段时期司法改革的得失。司法学不仅要总结经验,建立经验主义的系统思考,而且要从法治的基本范畴出发,围绕秩序、利益、权利三个要素,透过司法改革过程中问题背后的魑魅,建立司法系统论。

---

① 周光权:《正当防卫的司法异化与纠偏思路》,载《法学评论》2017 年第 5 期。
② 吴英姿:《论司法认同:危机与重建》,载《中国法学》2016 年第 3 期。
③ 刘艳红:《"司法无良知"抑或"刑法无底线"?——以"摆摊打气球案"入刑为视角的分析》,载《东南大学学报(哲学社会科学版)》2017 年第 1 期。

第八章　法院司法改革战略与对策

司法活动是一个国家法律实施和社会纠纷化解的最终载体,也是一个国家治理能力和治理体系的重要组成部分。党的十八大以来,在中央深入推进司法体制改革工作部署下,最高人民法院先后出台一系列改革措施,对人民法院的组织架构、审执工作运行机制、人员管理、财物管理以及审执综合配套制度等进行了全面性、体系性的改革。本次人民法院司法体制改革几乎覆盖了人民法院司法活动的所有领域,既是对新时代人民群众司法活动新需求的战略应因,更是对社会主义司法裁判制度的一次重要革新。通过推动和深化法院司法体制改革,进一步建立和完善与法院司法审判活动相关的组织结构、工作机制和管理制度,进一步提升法院司法活动效能,对实现全面依法治国重大战略的必然要求,提升国家司法文明水准和政治文明水准具有重大实践价值和历史意义。

一、法院司法体制改革的历史审视

"历史、现实、未来是相通的。"①每一次与人民法院司法体制相关的改革,背后都蕴含着改革的时代背景和理论基础,本次的司法体制改革更是在汲取中国传统司法文明、准确把握司法机制运行现状,凝结中国特色社会主义司法建设理论的基础上对国家司法制度的根本变革。司法体制作为国家政治制度

---

① 《习近平谈治国理政》第一卷,外文出版社 2018 年版,第 67 页。

系统的组成部分,在新时期的背景和需求下,构建适应中国社会的人民法院司法体制,离不开对中国国情的照应和把握,离不开继承中国传统司法文明的精华和社会主义司法审判实践。

(一) 传统司法审判体制概要

"法律的精神最终来自于民众的心理、来自民族意识"①,而民众的心理和民族意识则是影响一个国家司法制度模式选择最为深刻的要素。在儒家文化的熏陶和影响下,中国古代形成的行政审判合一司法审判制度,具有与封建制度相适应、体系完整、制度稳定等特点,对数千年中国封建社会运行秩序的和谐稳定起到了重大的积极作用。历代统治者所创制的司法制度中有着丰富优秀司法文明智慧,既为社会主义司法制度的构建提供了历史经验,也可为当前的法院司法体制改革提供制度借鉴。

1. 仁政德治,德主刑辅的司法机制

中国历代始终注重谨慎适用死刑,自汉代时即有了死刑复奏制度的雏形,二千石以上的官员在适用死刑前需由皇帝复核②;隋朝则规定"死罪者三奏而后决"③,唐朝要求适用死刑需"三复奏讫,然始下决"④;至清朝时,在死刑执行前需通过秋审会审对死刑案件进行复核。中国古代司法裁判中设有矜老恤幼、关怀人情的司法机制,汉时有"民年七十以上若不满十岁有罪当刑者,皆完之"⑤的记载,明清律中还有"犯罪存留养亲"的司法制度⑥。

2. 追求公正,罚当其罪的司法机制

中国古代司法裁判以查明事实真相为核心目标,早至西周时期的统治者便逐渐摆脱了神明裁判的束缚,开始重视证据对定罪量刑的作用⑦。周朝有

---

① 曹全来:《历史、理论与实践:中国国情与司法改革》,人民法院出版社 2011 年版,第5 页。

② 参见《中国司法文明的历史演进》编委会:《中国司法文明的历史演进》,法律出版社 2017 年版,第 58 页。

③ 《隋书·刑法志》。

④ 《唐律疏议·断狱》。

⑤ 《汉书·惠帝纪》。

⑥ 参见张晋藩:《中国法律的传统与近代转型》,法律出版社 2009 年版,第 107 页。

⑦ 参见张晋藩:《中国法律的传统与近代转型》,法律出版社 2009 年版,第 40 页。

"师听五辞"之制,秦朝治狱犹重"真情";唐至明清,更是在律令中明确提出了"事实无疑""佐证明白"等事实认定标准,并延伸出防止冤抑案件的"堂审质证""录囚""罪疑惟轻"等司法机制,确保罚当其罪,公正允当。中国古代还建立了较为完善的疑难案件集体裁判和法官回避机制,西周时有"三刺"之法,对疑难案件应由官员与百姓集体审议;秦汉以后更是发展出中央司法机关"三司推事""九卿会审""热审""秋审""朝审"等会审制度①;自唐朝时,历代还规定有审谳官员应回避宗亲、故友和仇嫌的规定,确保司法案件审理公正中立。

3. 情理允协,和谐息讼的司法机制

"重刑轻民"一直被诸多学者认为是中国古代司法裁判制度的特征之一,但这个特征恰恰反映了中国传统司法对社会秩序稳控功能的关注和重视。中国古代非常注重对通过多元的渠道化解基层社会的矛盾纠纷,《周礼·地官》记载西周时就设"调人"的官职,负责"司万民之难,而谐和之"。在古代中国百姓除可以通过州县官府的正印司法官员调处纠纷以外,还可以通过邻里、保甲、族老、行会等途径化解民间纠纷。

4. 责任明确,监督严密的司法机制

中国古代特别重视对司法官员的监督。一方面,自秦代起历代均设有监察御史作为专门的监察官,可对司法官员的违法失职行为进行纠核。另一方面,中国古代还建立了较为完备的司法责任制度,西周时有"五过之疵"制度,秦汉时法令对法官"不直""纵囚""失刑"等行为进行了详细区分。明清时期,更详细规定了司法官员枉法裁判、故意出入人罪、受赃说情、状外求罪、不引律令、情状出入等情形的责任追究制度。司法官员一旦出现了"失出""失入"等错判后,将会受到包括纪律处分、刑罚处罚在内的责任追究②。

(二) 近代法院司法体制演变

1840 年鸦片战争之后,西方列强凭借船坚炮利入侵中国,为挽救风雨飘摇的封建统治,清末的满清统治者发起了一场自上而下的政治革新运动。尽

---

① 参见崔永东:《中国传统法律文化与和谐社会研究》,人民出版社 2011 年版,第 166 页。
② 参见瞿同祖:《清代地方政法》,范忠信、何鹏、晏锋译,法律出版社 2012 年版,第 201 页。

管该场运动发动初衷是维系封建皇权,但仍客观上开启了包括司法审判机制在内的中国政治制度近现代转化的历程,启发我们在新时代的背景下继续探索司法改革的尝试①。这个过程自 1840 年延续近百年,其路程既曲折又有诸多教训,但也有众多有益的实践探索。

1. 清末的司法体制变革

在清末修律和君主立宪的基础上,清廷先后制定和颁布了《大清刑事民事诉讼法草案》《各级审判厅试办章程》《法院编制法》等法律文件。其中,宣统元年十二月,宪政编查馆奏进的《法院编制法》明确了清末司法体制变革的基本框架。根据该法规定,清末新设初级、地方、高等审判厅和大理院四级,独立掌握审判权,试图对中国传统司法体制予以根本性变革,探索构建民刑分离、独立专业的司法审判体制。② 清末的修律文件中还有律师制度、陪审员制度、检察制度、监狱改良等司法制度的探索和实践。但遗憾的是,清末的修律和政治制度变革并未成功挽救封建统治,相关的司法体制变革的探索之能戛然而止于历史的长河。

2. 民国司法审判制度的嬗变

辛亥革命后,中国社会进入民国统治时期。这一时期,中国的司法审判制度开始真正向近代司法裁判制度转变,但由于受到执政者更迭频繁以及国民党独裁的影响,司法审判制度始终处于动荡和不正常的运行状态。③ 北洋政府时期基本沿用了清末修律成果,后经多次调整和变动,基本形成了"大理寺—高等审判厅—地方审判厅—各县地方审判分庭或司法公署"的较为稳定的四级审判体系。1927 年国民党独裁统治形成后,国民政府制定了《最高法院组织法》《法院组织法》《行政法院组织法》等法律文件,构建了"最高法院—高等法院—地方法院"、行政法院与普通法院分设、法官分类任免等基本司法机制。

3. 人民审判制度的初步实践

自建党之初开始,中国共产党即特别重视国家政治制度的探索和实践。

---

① 参见张晋藩:《中国古代民事诉讼制度》,中国法制出版社 2018 年版,第 446 页。

② 参见张德美:《从公堂走向法庭——清末民初诉讼制度改革研究》,中国政法大学出版社 2009 年版,第 10 页。

③ 参见张培田:《法的历程——中国司法审判制度的演进》,人民出版社 2007 年版,第 62 页。

在革命根据地时期,通常由中央以及地方省、县、区三级法院或裁判部行使审判权。抗日战争时期,较为稳定的陕甘宁边区、晋察冀边区等政权则分别制定了《高等法院组织条例》《法院组织条例》等成文法,初步形成了抗日民主政权所特有的司法审判制度。这一时期,抗日政权的司法审判制度吸收借鉴了国民政府司法制度的部分有益形式,司法审判机制逐渐走向正规化、法制化,法律面前人人平等、保障人权等原则也得以切实贯彻。在解放战争时期,在解放区不断扩大和土地改革运动的背景下,还探索建立了专门人民法庭实施司法审判的机制,为社会主义人民法院的组织建设奠定了实践基础。

4. 现代法院司法体制的构建

新中国成立后,社会主义人民法院的司法体制经历了探索、恢复发展和改革完善三个历史阶段。

一是探索阶段。新中国成立初期,1954 年党和国家在继承前期革命实践基础,以及学习借鉴苏联司法审判制度的基础上,制定颁布了《人民法院组织法》,创制了现代人民法院组织规则和审判制度等一系列社会主义司法制度。

二是恢复发展阶段。改革开放以后,人民法院的各项审判机制经历了逐渐恢复和发展。1982 年制定的《宪法》中对人民法院的审判制度进行了进一步的明确和调整。1983 年,根据新颁布的 1982 年《宪法》,第六届全国人大第二次会议通过了《人民法院组织法》的修改稿,该组织法将我国人民法院司法审判机制进行了细化和明确,构建了沿用至今的基本审判制度,其内容主要包括:(1)各级人民法院设立审判委员会,实行民主集中制;(2)确定两审终审制的审级制度;(3)实行死刑复核制,由最高人民法院或由最高人民法院授权省级法院复核死刑判决;(4)建立再审制度,及时发现和纠正错误判决;(5)建立回避制度,审判人员与诉讼当事人有利害冲突的应当回避;(6)建立审判人员任免制,各级人民法院审判人员应由同级人大常委会任免;(7)建立陪审员制度,可选任人民陪审员代表人民群众参与司法活动等。改革开放以来,恢复发展的人民法院司法审判制度,充分体现了党的国家建设法制理论成果,及时并且充分地回应了经济社会发展对司法制度改革的需求,在维护政治社会安定团结、保障改革开放和市场经济建设健康发展等方面,发挥了十分重要的作用。

三是改革完善阶段。改革开放以来,随着社会需求的变化不断变化,我国基于 1983 年《人民法院组织法》所构建的司法审判机制,也在审判组织、诉讼程序、工作机制等诸多方面不断地调整和完善。尤其在党的十四大召开以后,党和国家明确了社会主义市场经济的发展方向和继续深化改革开放的工作任务,人民法院的司法审判机制暴露出了一定的局部不适应性。因此,自 1993 年开始,最高人民法院根据经济社会发展的需要从不同的方面调整和完善了人民法院的审判工作机制,主要包括:(1)进一步完善了审判委员会的职责和运行程序,切实加强了审判委员会的职能作用;1995 年推动颁布了《法官法》,明确了法官在选任资格、职责、权力义务、培训、考核、奖惩及退休待遇方面的重要问题。(2)根据党的十五大提出的"依法治国,建设社会主义法治国家"历史任务,最高人民法院着力构建和完善了人民法院经费保障等司法机制。(3)以党的十六大精神为引领,重点推进和完善了诉讼程序制度,进一步强化法官的职业保障,强化了对司法权力的监督和行为规范。(4)为贯彻党的十七大精神,最高人民法院进一步优化了人民法院职权配置,按照司法为民的工作宗旨,不断加强司法队伍建设,完善经费保障制度,有效提升了司法工作的效率和效果。

二、法院司法体制改革的现实动因

随着改革开放的不断深化,中国的经济社会结构正在发生极为深刻的变化。在社会转型的特殊历史时期,"原有的社会结构体系受到冲击或者被打破难以继续维系,而新的社会结构体系和运作秩序则需要循序渐进的建立"[①],包括司法制度在内的任何政治制度都要通过不断完善去适应人民日益增长的各项需求[②]。本次法院司法体制改革既是对法院司法体制历史实践的继承和延续,也是在经济结构深刻变化的背景下,对司法审判体制呈现出的与人民群众司法服务需求"不适应"以及背后的制度问题进行的调整和完善。

---

① 姜小川:《司法的理论、改革及史鉴》,法律出版社 2018 年版,第 111 页。
② 参见曹全来、冯俊贤:《当代中国司法体制改革与国家治理现代化研究》,载《汕头大学学报(人文社科版)》2019 年第 4 期。

（一）新时代主要矛盾的变化是司法体制改革的根本动因

一切社会制度理性变化都是与生产力和生产关系变动相伴而生的,现行人民法院司法审判制度伴随社会主义市场经济建设发展已近四十余年。在此期间,中国经济社会在市场经济繁荣发展和长期积累的背景下,社会结构、经济结构、市场主体、经济形式、分配方式、社会心理等要素均已有了深刻的变化。从社会生产力的角度看,经过经济社会长期快速发展,我国社会生产力水平总体上显著提高,生产制造能力、科学技术水平、经营管理模式等在很多方面甚至已经走在世界前列,曾经于我国长期存在的物质短缺和供给不足的经济状况,以及与之相关市场经济要素均已经发生根本性变化。从社会需求方面看,近年来中国人民物质生活水平随着社会生产力的不断发展而显著提高,人民群众在满足"有没有"的基本需求后,已跃升至"好不好"的需求阶层。人民群众对社会管理和政治服务的需求已不再停留在有没有相应制度的层面上,而已经跃升至对社会管理和政治服务的需求上,呈现出均等化、优质化、便利化、规范化、专业化等多样性多层次多方面的特点。

基于此种深刻的变化,党在十九大报告中对新时代我国社会主要矛盾作出了重大政治判断,指出:"中国特色社会主义进入新时代,我国社会主要矛盾已经转化为人民日益增长的美好生活需要和不平衡不充分的发展之间的矛盾。"这一社会矛盾的根本性变化,标志着新的社会经济结构已经成型,原有司法体制与之不适应日益突出,在社会治理层面中又呈现为矛盾纠纷更加纷繁复杂,化解难度、化解效果不佳,并引发着社会结构变化时期特殊的矛盾和冲突,因而迫切需要有一种较之以前更加公正、高效的司法机制来适应社会经济基础的历史性变化,这就必然要求推动人民法院司法体制更加深化的调整和改革。

党的十九大报告还指出,我们必须认识到"我国社会主要矛盾的变化是关系全局的历史性变化",同时也必须认识到,"我国社会主义矛盾的变化,没有改变我们对我国社会主义所处历史阶段的判断,我国仍处于并将长期处于社会主义初级阶段的基本国情没有变,我国是世界最大发展中国家的国际地位没有变。"因此,对法院司法体制的改革既应当根据主要矛盾变化,及时作出改革和调整,同时这一改革和调整仍不能脱离我国处于并将长期处于社会主义初级阶段这一基本国情。人民法院司法体制改革也不可能一蹴而就,尤其是涉及司法体制、机制的改革和完善,一定是一个相对长期的历史过程,应在实践中不断谏言和完善相应的改革举措。

(二) 党关于司法体制建设的新理念是司法体制改革的理论动因

司法体制作为国家政治制度系统的组成部分,司法体制改革是健全社会主义法制、建设社会主义法治国家的关键环节。① 党的十八大以来,以习近平同志为核心的党中央提出了一系列关于社会主义司法体制建设的新思想新理念。这些新思想新理念,对于推进和深化包括法院司法体制在内的国家政治制度建设都具有重大的现实意义和指导意义,为明确推进人民法院司法体制改革的目标、原则、路径、步骤等指明了方向。

1. 法院司法体制改革任务目标

2013 年 11 月,党的十八届三中全会审议通过了《中共中央关于全面深化改革若干重大问题的决定》,要求要"深化司法体制改革,加快建设公正高效权威的社会主义司法制度,维护人民权益,让人民群众在每一个司法案件中都感受到公平正义"。该决定以司法活动"公正""高效""权威"三大价值为依托,描绘了新时代对社会主义司法体制的建设目标。

公平正义是人民法院司法裁判活动的核心价值,是司法的灵魂。当下,人民群众对社会公平正义的要求和期待越来越高,其中就表现在要求司法公平地对待每一个人以及公正地处理案件。法院司法裁判活动首要的功能应当是化解矛盾纠纷,维护社会秩序和谐稳定,而实现这一功能的前提便是民众可以便利和平等地获得公正的司法程序和公正的司法结果。公正是司法裁判的核心价值,效率则是法律实施效能的外在表现,是公平正义的载体之一。拖沓、拥塞的司法过程中的"平等对待"和"结果公平",难以被评价为真正的公平正义。"司法权威是司法公信力的体现,是实现法律的公平正义价值的前提条件之一。"②司法权威是人民群众对公平正义、高效便捷的司法活动的内心评价。司法公正、司法高效、司法权威是司法体制建设不可缺少的三大价值,也是国家司法体制改革的重要目标。

---

① 参见肖金泉等:《中国司法体制改革备要》,中国人民公安大学出版社 2009 年版,第 18 页。

② 崔永东:《司法学论纲》,人民出版社 2014 年版,第 32 页。

2. 司法体制改革的基本原则

在中央全面深化改革领导小组第二次会议上,习近平总书记对司法体制改革的基本原则进行了凝练和概括,他提出:"要坚持司法体制改革的正确政治方向,坚持以提高司法公信力为根本尺度,坚持符合国情和遵循司法规律相结合,坚持问题导向、勇于攻坚克难,坚定信心,凝聚共识,锐意进取,破解难题,坚定不移深化司法体制改革,不断促进社会公平正义。"①推进本次人民法院司法体制改革应当坚持以下四项基本原则。

一是坚持党的领导原则。党的领导是我国社会主义建设的根本特征和最大政治优势,是全面推进依法治国和社会主义法治的根本保证。一方面,司法体制改革是对原有制度根本性的变革,是必要触动长期存在的利益关系,司法体制改革能不能切实深入推进,司法体制改革的举措能不能发挥切实效果,党的政治保证、组织保证是关键。另一方面,深化人民法院司法体制改革,改进人民法院司法管理制度、审判运行机制,是进一步完善社会主义国家建设,尤其是社会主义司法制度的重要组成部分,必须在党的统一领导下进行,必须将长期以来党领导中国人民建设社会主义制度中凝结的历史经验和理论成果贯彻到司法体制改革的全过程。

二是坚持以提高司法公信力为根本尺度的原则。人民法院司法审判活动是对民众社会生活和利益关系的调适,这种调适又必须基于司法审判活动在社会生活中以及民众心中所处的令人信服的地位。一方面,法院司法公信力来自于司法制度本身赋予人民法院司法活动的国家强制力;另一方面,法院公信力又来自于社会公众对法院司法活动的接受、认同和信赖。社会主义司法制度从根本上而言是为人民服务的国家制度,因此国家法律的实施与社会公众对司法活动的认同本身即具有同源性。因此,司法体制改革的过程关键是看解没解决影响群众对司法裁判不信任的环节,最后改革的结果群众满不满意的问题。

三是坚持符合国情和遵循司法规律相结合的原则。司法活动是在国家领域范围内实施法律的国家活动,司法体制的建设和改革必须符合我国司法实施环境,必须与我国国情相适应。司法体制改革既不能脱离中国司法裁判实

---

① 《习近平谈治国理政》第二卷,外文出版社 2017 年版,第 130 页。

际谈问题,更不能忽视中国社会和中国民众法律心理谈改革,所有的改革措施都应当以立足中国司法实践为基础。司法规律是司法权力运行的本质,是司法活动和司法行为的内在要求,是司法活动必要遵循的客观规律。司法体制改革要遵从基本的司法活动规律,也是体现权责统一、权力制约、公开公正、尊重程序的基本要求。

四是坚持问题导向原则。"问题是工作的导向,也是改革的突破口"。我们应当承认,司法体制改革之所以在今天这样的背景下走向历史舞台,与实践中已经凸显的司法体制与经济社会关系不适应的问题密切相关。这些年以来,我们法院工作中客观存在着立案难、办案慢,司法不公、冤假错案频现,甚至还有司法腐败等问题。这些问题既是司法体制改革启动的实践动因,也是找准司法体制改革突破口,取得人民群众满意效果的关键点。也只有坚持问题意识和问题导向,才能推进司法体制改革取得实效。

3. 司法体制改革的路径和步骤

在长期的社会主义建设实践中,我们的党积累了丰富的社会主义国家建设经验,形成关于制度改革的路径和步骤的基本理论。总结起来,在党的领导下成功进行的制度改革通常遵循"顶层设计、分类推进、试点先行、督促落实"的路径特征。在党的十八届三中全会上,党中央就提出了在中央成立全面深化改革领导小组,由中央层级的领导小组负责司法体制"改革总体设计、统筹协调、整体推进、督促落实"的基本路径。因此,在步骤上看,一是司法体制改革应当遵循党的十八届三中、四中全会关于司法改革的设计,中央全面深化改革领导小组对司法改革的部署;二是要注重各项司法体制改革举措的配套衔接,注重分类推进;三是积极开展试点,通过试点发现司法体制改革方案的不足和问题,进一步完善改革方案后再推广到全国;四是应当注重各项改革举措的贯彻落实,确保司法体制改革举措真正成为实际运行的司法机制的组成部分。

(三) 司法体制面临的实践挑战是司法体制改革的现实动因

虽然自 1993 年以来,人民法院一直不断地通过审判制度、工作机制、经费保障等方面的制度规范和调整,不断改革和完善法院的司法体制机制,以有效发挥人民法院司法服务职能。但由于经济社会的深刻变革以及前期司法改革尚未触及的深层次问题叠加,使人民法院司法工作机制与经济社会发展需求不适应的表征日渐明显。

1.“案多人少”的工作压力

据统计在 1979 年改革开放之初,全国法院全年结案在 52 万件左右,1999 年增长至 623 万件①,截至 2011 年全国法院全年审执结案数量已达 1015 万余件②,在各级各地区法院都呈现出了积案增多、诉讼周期长、法官压力大、诉讼效果不佳等问题。究其原因,一是由于市场经济飞速发展、市场主体数量剧增、市场要素交流异常活跃,由此所引发的各类诉讼数量相应增加;二是随着依法治国建设的逐渐深入,社会公众的思想观念发生了重大变化,法律意识、维权意识明显增强,人们越来越不抵触通过司法裁判的途径解决矛盾纠纷;三是随着人民法院机制的建设和完善,其功能独立性凸显的同时,原计划经济时代存在的社会纠纷化解渠道逐渐消解,大量社会矛盾向人民法院集中,梗阻于诉讼程序中。虽然,最高人民法院曾实施一系列措施希望解决各级法院负荷重、积案多、审理效能不高等问题,但始终未从根本上扭转“案多人少”的被动局面。

2. 冤错案件的持续发生

“一次不公正的审判,其恶果甚至超过十次犯罪”。公正是法治的生命线。但近年来,湖北佘祥林案、河南赵作海案、山东聂树斌案、内蒙古呼格吉勒图案等诸多“冤假错案”相继被爆出,直接损害了当事人人身财产权利,也伤害了社会大众对司法的信任、对社会主义司法制度的感情,造成社会中存在了对法院司法审判普遍公正的质疑,损害了司法权威。进一步改革完善司法审判机制,尤其是进一步完善刑事审判的程序、规则,从源头上防范冤假错案是社会大众对司法体制改革的期待之一。

3. 司法廉洁及司法不公问题

司法是维护法律实施和实现社会正义的最后一道防线,是人民群众维护自身合法权益的最后选择。但实践中,司法工作人员的司法廉洁以及司法能力等方面的缺陷影响了司法裁判的公平性和公正性,尤其是一些司法工作人

---

① 参见肖扬:《中国司法:挑战与改革》,载《人民司法》2005 年第 1 期。

② 参见王胜俊:《最高人民法院工作报告(2012)》,http://www.gov.cn/test/2012-03/19/content_2094709.htm。

员违法、违规办理关系案、人情案、金钱案,个别领导干部干预、过问、插手案件办案过程和办案结果的问题还比较突出。习近平总书记曾指出:"现在一个案件,无论是民事案件还是刑事案件,不托人情、找关系的是少数。尤其是到了法院审判环节,请客送礼、打招呼、批条子的情况很严重。现在常有一些所谓'捞人'的事,声称可以摆平什么腐败案件、操作改变死刑判决,要价很高,有的高达几百万元。是不是有这样的事?这些钱花到哪里去了?得好处的有多少人、多少环节?这不就是说花钱可以免罪、花钱可以买命吗?有的司法人员吃了被告吃原告,两头拿好处。这样的案例影响很坏!"①

三、人民司法体制改革的战略举措

党的十八大以来,我国司法改革取得了巨大成就。以改革内容来划分,司法体制改革的成就主要可以分为机构改革、人员分类改革、保障制度改革、审判机制改革等四个主要方面。

(一) 以提高司法效能为主要目标的人民法院机构改革

1. 设立最高人民法院巡回法庭

为进一步破除司法审判实践中存在的地方保护、行政保护干扰,统一重大案件裁判尺度,中央与最高人民法院决定设立最高人民法院巡回法庭。党的十八届四中全会审议通过的《中共中央关于全面推进依法治国若干重大问题的决定》提出:"最高人民法院设立巡回法庭,审理跨行政区域重大行政和民商事案件"。2014 年 12 月 2 日,中央全面深化改革领导小组第七次全体会议审议通过了《最高人民法院设立巡回法庭试点方案》。2015 年 1 月 28 日,最高人民法院审议通过了《关于巡回法庭审理案件若干问题的规定》。该文件规定,最高人民法院第一、第二巡回法庭分别设在广东省深圳市、辽宁省沈阳市,分别巡回广东、广西、海南三省区以及辽宁、吉林、黑龙江三省。在工作职责方面,最高人民法院巡回法庭作为最高人民法院派出的常设审判机构,其作

---

① 《习近平关于全面依法治国论述摘编》,中央文献出版社 2015 年版,第 68 页。

出的判决、裁定和决定与最高人民法院具有相同效力。2015 年 1 月,最高人民法院第一、第二巡回法庭正式揭牌成立;2016 年 12 月,最高人民法院又根据工作需要增设了第三、第四、第五、第六巡回法庭,分别巡回江苏、上海、浙江、福建、江西,河南、山西、安徽、湖北,重庆、四川、贵州、云南、西藏,陕西、甘肃、青海、宁夏、新疆等省区。

2. 增设互联网法院和知识产权法院

互联网经济与网络信息安全是新时代蓬勃发展的最新经济形式和权利义务领域,越来越多的民众生活和经济交往依赖互联网空间存在和发展。为维护网络安全,有效化解涉网纠纷,维护社会公众、市场主体合法网络权利,促进互联网和经济社会深度融合,2017 年 6 月,中央深改组通过了《关于设立杭州互联网法院的方案》。2017 年 8 月、2018 年 9 月,杭州互联网法院、北京互联网法院、广州互联网法院分别挂牌成立。为了规范互联网法院运行,2018 年 9 月最高人民法院颁布了《关于互联网法院审理案件若干问题的规定》。该文件规定,互联网法院可管辖依托互联网发生的网购、网络服务、P2P 借款、网络作品知识产权等纠纷,可通过线上方式完成审判环节。

为强化知识产权运用和保护,健全技术创新激励机制,保护经济创新省级发展,2014 年 8 月,十二届全国人大常委会第十次会议决定在北京、上海、广州设立专门的知识产权法院。此后,北京、广州、上海知识产权法院相继挂牌成立。最高人民法院颁布了《关于北京、上海、广州知识产权法院案件管辖的规定》《关于知识产权法院案件管辖等有关问题的通知》以及《关于知识产权法院技术调查官参与诉讼活动若干问题的暂行规定》,明确上述知识产权法院可在本辖区内审理知识产权案件,并进一步规范了审理技术类案件时的技术事实查明问题,建立起当前我国知识产权法院特殊诉讼制度的基本框架。

3. 推进法院内设机构改革

为进一步推进审判职能优化,实现人民法院内部管理扁平化,减少案件审理过程中的行政干预,提高司法审判活动效能,2018 年 5 月,最高人民法院与中央机构编制委员会办公室联合下发了《关于积极推进省以下法院内设机构改革工作的通知》。根据通知要求,各省、自治区、直辖市高级人民法院以下各级法院均对法院内设机构进行了调整,大规模缩减了非审执业务部门,对功能相似的机构、审判庭室进行了合并,减少了行政管理层级,鼓励设置专业化审判团队等。

（二）以落实司法责任为核心的人员分类改革

1. 法官员额制改革

为进一步优化司法资源配置,提高法院素质,推进法官职业化水平,切实提升审执工作质效,2014 年 10 月,党的十八届四中全会公布的《中共中央关于全面推进依法治国若干重大问题的决定》中明确提出,要将"推进法治专门队伍正规化、专业化、职业化,提高职业素养和专业水平"作为司法改革的一项重要目标。2015 年 2 月,最高人民法院公布的《人民法院第四个五年改革纲要》明确提出,要"建立法官员额制度",在考虑多种因素的基础上"科学确定四级法院的法官员额"。根据中央要求,全国法院系统设置了"员额人数控制在中央政法专项编制的 39% 以下"的员额红线。并根据法官员额制度要求,在省、自治区、直辖市高级人民法院设法官遴选委员会,建立员额法官遴选的工作程序和工作机制。2017 年 11 月,周强院长在《最高人民法院关于人民法院全面深化司法改革情况的报告》中指出,通过员额制改革,全国法院"从原来的 211990 名法官中遴选产生 120138 名员额法官"。通过这项改革,实现了 85% 以上法院人员向办案一线集中。员额制改革的有效推进为包括司法责任制在内的综合性改革提供了前提条件。2018 年 10 月,第十三届全国人大常委会第六次会议审议修订了《人民法院组织法》,修订后明确规定,"法官实行员额制。法官员额根据案件数量、经济社会发展情况、人口数量和人民法院审级等因素确定"。

2. 司法责任制改革

按照《中共中央关于全面推进依法治国若干重大问题的决定》中提出的"让审理者裁判,让裁判者负责"改革目标,进一步强化法官职责,确保法官公正权威高效行使审判权,2015 年 9 月,最高人民法院颁布了《关于完善人民法院司法责任制的若干意见》,该文件要求对人民法院司法工作人员职权内容、审判工作机制、法官考核管理制度、责任追究范围等方面进行了改革,其中包括明确随机分案为主的分案原则、明确独任法官裁判文书签发权限、强化法官考评监督、明确审判责任的范围和追责原则等。2015 年 8 月,最高人民法院制定了《人民法院落实〈领导干部干预司法活动、插手具体案件处理的记录、通报和责任追究规定〉的实施办法》,严格约束人民法院内部领导干部干预司法行为。2017 年 4 月,最高人民法院下发了《关于落实司法责任制完善审判监督管理机制的意见(试行)》。该意见要求,除审判委员会讨论决定的案件外,院庭长对其未直接参加审理案件的裁判文书不再进行审核签发,也不得以口头指示、旁听合议、文书送阅等方式变相审批案件。针对司法责任制落实过程中出现的院庭长监督管理缺位等问题,2020 年 7 月,最高人民法院颁发了《关于深化司法责任制综合配套改革的意见》。该文件进一步规范了院庭长与审判人员的审判权力和责任清单,院庭长对"可能涉及群体性纠纷、疑难复杂、类案冲突、违法审判"等四类案件的监督管理职责,进一步严格违法审判责任制度,完善法官惩戒与纪检监察衔接机制等司法责任制度,进一步推进司法责任制度全面落实。

3. 人员分类管理改革

为进一步明晰法院司法工作人员权责范围,有序推进员额制和司法责任制度改革,2015 年 2 月,最高人民法院公布的《人民法院第四个五年改革纲要》明确提出,"健全法官助理、书记员、执行员等审判辅助人员管理制度",在全国法院系统中按照工作岗位、职责,将中央政法专项编制人员按照员额法官、审判辅助人员、司法行政人员分类管理,科学确定法官与审判辅助人员团队协作机制,切实减轻法官事务性工作负担,提升审执工作效率。2016 年 6 月,最高人民法院会同中央有关部门印发了《法官助理、检察官助理和书记员职务序列改革试点方案》。该《试点方案》就法官助理、书记员职务序列改革提出明确意见,法官助理将作为法官的重要来源,以中央政法专项编制人员为主,按照综合管理类公务员进行管理;符合条件的编制内书记员要逐步转任法官助理,书记员原则上不再占用中央政法专项编制,主要实行聘用制管理。2019 年 2 月,最高人民法院公布的《人民法院第五个五年改革纲要》对人员分类管理制度进行了细化和完善,提出要进一步健全法官员额管理制度,完善人民法院综合业务部门人员交流机制和人才培养,审判辅助人员培训考核、培养选拔等机制。

(三) 以强化司法工作保障为核心的保障制度改革

1. 省以下人财物统一管理制度改革

为进一步强化人民法院人员、财物保障,2015 年 12 月,最高人民法院会同中央编办、中央政法委、最高人民检察院印发了《关于省以下地方法院检察院政法专项编制统一管理的试点意见》，明确提出省以下地方法院的机构编制管理工作，由省以下分级管理上收至省级统一管理，为在省以下地方法院摸清人员编制底数、有序推进员额制度改革和强化人员分类管理奠定了管理基础。在财物管理保障方面，最高人民法院坚持从实际出发，因地制宜，先期推进了吉林、安徽、湖北、广东、海南、青海等省份实行省级统一管理，部分省份则暂时还是以地市为单位实行统一管理。

2. 法官职业保障制度改革

2015 年 2 月，最高人民法院公布的《人民法院第四个五年改革纲要》明确提出要进一步健全法官履行法定职责保护机制，并在合理确定司法工作人员职责范围、划定责任范围、建立履职保护机制、完善控告申诉制度、规范惩戒程序等方面提出了具体要求。在此基础上，2019 年 4 月，十三届全国人大常委会第十次会议修订了《法官法》。修订后的《法官法》以专章的形式对"法官的职业保障"问题进行了明确规定，其中包括设立法官权益保障委员会、明确不得将法官调离审判岗位的情形、建立法官履职保护机制、健全法官及其近亲属人身安全保护机制、完善法官工资福利及退休待遇等。2020 年 7 月，最高人民法院发布的《关于深化司法责任制综合配套改革的实施意见》中，又进一步要求加强在法官权益保障委员会安全教育机制、健全与公安机关联防联动机制、完善法院干警伤亡补助制度等法官人身安全保障方面的改革措施。

（四）以增强司法工作实效为核心的审判机制改革

1. 立案登记制改革

为有效解决司法工作中切实存在的"立案难"问题，提升人民群众司法服务获得感，《中共中央关于全面推进依法治国若干重大问题的决定》中明确规定，要"改革法院案件受理制度，变立案审查制为立案登记制，对人民法院依法应该受理的案件，做到有案必立、有诉必理，保障当事人诉权"。2015 年 4 月，最高人民法院印发《关于人民法院推行立案登记制改革的意见》。意见明确要求，"对符合法律规定条件的案件，人民法院必须依法受理，任何单位和个人不得以任何借口阻挠法院受理案件"。2018 年，最高人民法院工作报告显示，全国各地各级人民法院基本做到了有案必立、有诉必理，当场登记立案率超过 95%，"立案难"问题得以扭转。

2. 繁简分流和速裁程序改革

为进一步缓解"案多人少"的办案压力,缩短案件办理周期,提高司法裁判工作效率,最高人民法院在全国范围推行了立案阶段繁简分流和刑事速裁程序改革。2016 年 9 月,最高人民法院制定实施了《关于进一步推进案件繁简分流优化司法资源配置的若干意见》,要求在立案环节根据案件繁简情况进行分流,实现诉调分流、简案快审、繁案精审。

为进一步提高刑事案件办理效率,有效弥合轻刑案件给社会带来的裂痕,更好地实现刑事案件的教育惩戒功能,2014 年 6 月,十二届全国人大常委会第九次会议通过决定,授权最高人民法院、最高人民检察院在北京等 18 个城市开展刑事案件速裁程序试点工作。同年 8 月,最高人民法院制定颁布了《关于在部分地区开展刑事案件速裁程序试点工作的办法》,该办法授权试点法院可"对事实清楚,证据充分,被告人自愿认罪,犯罪情节较轻,依法可能判处一年以下有期徒刑、拘役、管制的案件,或者依法单处罚金的案件,进一步简化刑事诉讼法规定的相关诉讼程序"。2016 年 11 月颁布了《关于在部分地区开展刑事案件认罪认罚从宽制度试点工作的办法》,该办法将刑事速裁程序的范围扩大到符合条件的三年有期徒刑以下刑罚案件。2018 年 10 月,十三届全国人大常委会第六次会议审议通过了《关于修改〈中华人民共和国刑事诉讼法〉的决定》,将速裁程序明确为正式的法定程序。

3. 以审判为中心的刑事诉讼制度改革

为提高刑事案件审理质量,确保案件审理结果的公平正义,《中共中央关于全面推进依法治国若干重大问题的决定》中提出,要"推进以审判为中心的诉讼制度改革"。自 2016 年至 2017 年,最高人民法院连续出台《关于推进以审判为中心的刑事诉讼制度改革的意见》《关于全面推进以审判为中心的刑事诉讼制度改革的实施意见》《人民法院办理刑事案件庭前会议规程(试行)》《人民法院办理刑事案件排除非法证据规程(试行)》和《人民法院办理刑事案件第一审普通程序法庭调查规程(试行)》,进一步完善了当庭调查为原则的证据合法性审查机制、非法言词证据排除规则、引导举证质证机制、督促鉴定人证人出庭等制度机制。

4. 婚姻家事审判制度改革

为维护婚姻家庭和谐稳定,依法保障未成年人、妇女和老年人的合法权益,促进社会和谐健康发展,2016 年 4 月,最高人民法院选取 118 个中基层法院开展为期两年的家事审判方式和工作机制改革试点。2018 年 7 月,最高人民法院颁布了《关于进一步深化家事审判方式和工作机制改革的意见(试行)》,进一步组建专门的家事审判、未成年人案件审理机构或团队,进一步强化家事案件调解工作,探索建立特别的家事调解、家事调查、心理辅导机制,并进一步加强家事法官的职业安全保障,完善极端化事件防控措施。

5. 人民陪审员制度改革

为进一步推进司法民主,切实完善人民群众参与国家司法活动机制作用,2015 年 5 月,根据中央深改组审议通过的《人民陪审员制度改革试点方案》和全国人大常委会《关于授权在部分地区开展人民陪审员制度改革试点工作的决定》,最高人民法院和司法部联合发布《人民陪审员制度改革试点工作实施办法》,进一步明确了扩大人民陪审员的选任范围,建立随机抽选人民陪审员参审机制,探索建立人民陪审员法律与事实审理相分离的表决机制,为人民陪审员参审案件提供经费保障等工作机制。2018 年 4 月,第十三届全国人民代表大会常务委员会第二次会议审议通过了我国首部《人民陪审员法》,对改革试点措施进行了具体明确,其中明确规定了必须要由人民陪审员和法官组成合议庭审判案件范围和人民陪审员选任、参审、保障机制。

6. 解决执行难改革

针对当前群众呼吁强烈的执行难问题,2016 年 1 月,最高人民法院与国家发展和改革委员会等 44 家单位联合签署《关于对失信被执行人实施联合惩戒的合作备忘录》。同年 4 月,最高人民法院颁布了《关于落实"用两到三年时间基本解决执行难问题"的工作纲要》提出要以信息化建设为抓手,完善执行体制机制,努力实现执行工作领域的深刻变革,用两到三年时间基本解决执行难问题。2019 年 7 月,中央全面依法治国委员会颁布了《关于加强综合治理从源头切实解决执行难问题的意见》,从中央层面上对切实解决执行难问题作出工作部署,要求建立健全网络查控系统和失信被执行人信息共享机制,推进执行联动机制建设;不断加大执行力度、规范执行行为、创新执行措施,加强和改进法院执行工作;进一步加快社会信用体系建设、完善市场主体退出机制和司法救助制度,从源头上治理执行难问题。2020 年,全国人大和最高人民法院正按照步骤推进《民事执行法》的立法工作,用国家法律的形式巩固解决执行难的改革成果,强化提升民事执行活动。

7. 信息化机制改革

为提高司法审判工作效率,2016 年 1 月,最高人民法院提出建设立足于时代发展前沿的"智慧法院"。2016 年 7 月,中共中央办公厅、国务院办公厅实施的《国家信息化发展战略纲要》将建设"智慧法院"列入国家信息化发展战略。2016 年,最高人民法院连续印发了《关于全面推进人民法院电子卷宗随案同步生成和深度应用的指导意见》《最高人民法院信息化建设工作领导小组 2016 年工作报告及 2017 年工作重点》《智慧法院建设评价指标体系(2017 年版)》《人民法院信息化标准制定工作管理办法》等多个文件。至2018 年全国各级法院以人民法院信息化 3.0 版为主体框架,基本确立了可以实现人民法院全业务网上办理、全流程依法公开、全方位智能服务的智慧法院信息系统。

四、人民法院司法体制改革的未来完善路径

回顾本次司法体制改革,应当看到司法体制改革已经取得了丰硕的阶段性成果。在坚持党对司法事业全面领导的基础上,中央和最高人民法院推进的司法体制改革涉及人民法院组织建设、队伍管理、司法裁判机制、工作保障等各个领域,对诸多长期存在的影响司法公正、效率、权威的深层次问题进行了深入改革,对党的十八大以来的司法改革成果最全面的评价和十九大以来司法改革的基本方向,解决司法工作中存在的问题,不断提升司法公信力不断提升,维护社会公平正义发挥了重要作用。

但是,我们也应当看到人民法院的司法体制改革还存在明显不足,与社会经济发展程度以及人民群众的新要求新期待相适应还有相当的差距,仍然需要进一步深化。尤其是中国特色社会主义司法制度尚不完善,围绕和服务经济社会发展的职能发挥还不充分,满足公正、高效、权威价值的司法工作机制还不够健全,部分长期存在的案多人少、司法廉洁等问题还没有完全解决等,均需要在将来的改革中予以解决。

（一）进一步完善中国特色社会主义司法体系

社会主义法治国家的建设决定了中国必须逐步建立完善的中国特色社会主义司法体系。中国特色社会主义司法体制的性质，一方面决定了司法体制改革只有在党的全面领导下才能有序推进和取得实效，另一方面也决定了司法体制改革的目标应当是建立和完善以坚定贯彻党的全面领导作为核心要素的中国特色社会主义司法制度的核心要素。本着先易后难的方针，人民法院的司法体制改革已经进入深水区，司法审判体制改革面临的是"更硬的骨头""更急的湍流"。党对人民法院的全面领导，既是有效推进司法体制改革的保障，也是确保司法人民属性的关键所在。因此，在司法体制改革过程中，应当突出强化人民法院司法制度中党的建设和党的领导。

强化人民法院司法制度中党的建设和党的领导，确保党的基本理论、基本路线、基本方略在人民法院各项工作中不折不扣执行；应当进一步强化人民法院党的组织建设和政治建设，切实加强司法队伍建设，提高司法工作人员业务水平，完善党的政治理念、核心价值观融入司法审执工作的具体机制，提升人民法院司法工作效果；应当进一步加强党风廉政建设，坚持全面从严治党，建立党内纪检监督、国家监察监督与司法工作监督相结合的廉政风险防控体系，从制度上、源头上构建预防司法腐败的体制机制。

（二）应当进一步完善确保司法公正的司法运行机制

1. 完善审判权力配置和监督机制

审判权力的合理配置是司法活动公正、高效、权威运行的前提和基础。司法体制改革通过法院员额制和人员分类管理，构建了"让裁判者审理，让审理者负责"的审判权力配置模式，各级法院、各审执团队员额法官掌握和行使审判权的样态已经形成。但在改革过程中，突出审执员额法官审判权力和司法责任的同时，也出现了员额法官司法活动监督缺位，各级法官院、庭长回避办案、回避监督管理责任的问题。在后续改革中，在全面贯彻"让审理者裁判，由裁判者负责"原则的基础上，还应该在合理确定院长、庭长办案工作量的基础上，进一步健全院长、庭长常态化办案机制；还应该进一步完善审判委员会制度，尤其要强化审判委员会总结审判经验、统一法律适用、研究讨论审判工作重大事项的宏观指导职能，健全审判委员会讨论决定重大、疑难、复杂案件法律适用问题机制;还应当进一步明确院长、庭长的权力清单和监督管理职责,健全员额法官履职指引和案件监管的全程留痕制度。

2. 完善司法职业保障制度体系

强化法院司法工作人员职业保障,是确保司法工作廉洁和公正的重要举措。笔者认为,在中国现实国情条件下,目前尚不具备以特别工资、福利待遇对待法院工作人员的条件。从改革后的保障水平来看,经过前期努力,各级各地人民法院法官的工资、福利待遇相较改革前有了明显提高,已在同级别公务员中处于较高保障水平,对提高司法工作廉洁起到了重要作用。但除工资福利外,司法职业保障中的履职保护问题也较为突出,甚至出现了员额法官因当事人信访压力或领导干部干扰等履职压力大选择退出员额的情况。因此,应进一步强化司法工作人员履职保障制度,特别应进一步健全审判执行人员履行法定职责保护机制,保护审执人员不因办案而被非法调动或免职;还应强化审执人员受到侵害救济保障机制和不实举报澄清机制,对坚持原则、秉公办案、严格执法的法院干警,坚决予以保护支持,对当事人信访不实的应当及时澄清,对恶意诬告陷害的应当追究法律责任,保障和维护法院干警人格尊严和合法权益。

3. 健全完善法官惩戒制度

司法责任制是本次司法体制改革的"牛鼻子",法官惩戒制度是司法责任制的核心要素。经过前期实践,最高人民法院和各省级法院正在推动建立法官惩戒委员会,作为落实法官审执司法责任的主体机构。但从实践情况看,对法官在行使司法权力过程的责任追究,仍以纪检监察机关及其派驻纪检监察组、人民检察院检察监督为主。人民法院建立的法官惩戒委员会的职能定位、惩戒范围、与纪检监察机关及人民检察院的功能区分,法官惩戒申诉程序和渠道应当进一步完善,确保全面落实司法责任制的同时,有效保障当事法官陈述、举证、辩解、异议、复议和申诉权利。

（三）应当进一步健全提高司法效率的司法运行机制

1. 探索建立均衡分案机制

"案多人少"是长期以来影响法院司法裁判效能的问题,本次司法体制改革中,人民法院通过人员分类管理,搭配设置专业化、类型化审判团队的方式进行破解,通过类案集中裁判的方式提高审执效率。从实践情况看,一定程度上缓解了人民法院"案多人少"的工作压力。但类案集中提高了类案审理效率,但却存在不同审执团队、不同审执部门之间存在案件数量不等、难易程度不均等问题,部分疑难案件梗阻在个别庭室、团队,一定程度上影响了案件办理的效率。因此应当基于"智慧法院"进一步健全"随机分案为主,指定分案为辅"的案件分配机制;应进一步完善案件繁简分流机制,强化立案信息收集,精准划分繁简案件,实现案件繁简分流、轻重分离、快慢分道;应进一步完善先行调解、委派调解工作机制,切实提升非诉服务效率,引导鼓励当事人选择非诉方式解决纠纷。

2. 健全诉讼便捷服务机制

为当事人提高便捷、高效的诉讼服务,是提升群众对人民法院司法工作满意度,增加人民群众司法服务获得感的重要举措,同时为当事人提供便捷、高效的司法服务也是畅通案件流转渠道、缩短办案周期的有效途径。目前,各地法院均积极探索各种便民措施取得了很好的成效。但从举措上看,各地法院的便民举措仍仅限于单个法院或单个行政辖区内部,跨区县、跨地市,尤其是跨省区的诉讼便民服务机制尚未完全建立。因此,在后续的改革过程中,应依托法院信息化建设,健全线上"一网通办"、线下"一站服务"的集约化诉讼服务机制,加快推进跨域立案改革,推动诉讼事项跨区域远程办理、跨层级联动办理,解决好异地诉讼难等问题。完善当场立案、网上立案、自助立案、跨域立案服务相结合的便民立案机制,实现诉讼服务"就近能办、同城通办、异地可办",切实减轻人民群众诉累,提升诉讼服务效率。

3. 加强和完善信息化建设

提高司法工作效率,信息化建设是关键。近年来,我国在法院信息化建设过程中取得了丰硕的成果。截至2018年,全国法院已基本建成了可互联互通的"智慧法院3.0"框架,全流程办案、在线庭审、电子送达等重要功能已嵌入使用。但在实践中,法院的信息化建设中多种功能使用率低的突出问题。究其原因,一方面,法院办公平台种类繁多,存在一定的重复现象,法官使用过程中部分平台存在闲置情况;另一方面,智慧法院建设,类案检索、远程办公、信息协助等功能,法院信息化基础设施短板明显。在后续司法体制改革中,应着力优化整合各类办公办案平台,推进智慧法院基础设施建设,提升全国法院信息基础设施配置水平、法院专网性能和网络安全防御能力,让真正有用的功能运转起来,避免重复建设、闲置浪费。

（四）应进一步健全强化司法权威的司法运行机制

1. 进一步调整和完善法官员额制度

司法队伍的专业化是提高司法权威的主体性要素。法官员额制度构建,目的是建设一支政治过硬、专业精深、经验丰富、知识广博的职业法官队伍。在改革中,通过"组织考核+专业笔试+遴选委员会"面试的方式遴选员额法官,这种方式在一定程度上可以实现优选、精选员额法官的功能作用。但实践中,受人员队伍结构影响,有的法院仍然处于改革前具有法官身份人员的消解转化阶段,而有的法院却出现了队伍断层,甚至有"只要员额名额报名即会被遴选"的现象。出现这样的问题,关键在法院队伍建设机制不健全,尤其是在中央政法专项编制内不同身份人员培养、转换、晋升渠道不畅通。因此,应进一步完善人员分流管理制度,将中央政法专项编制人员全部纳入预备法院培养机制,实现从书记员到法官助理的晋升渠道,增加编制内法官助理基数,为员额遴选奠定队伍基础。

2. 进一步调整和改革审级制度

审级制度是司法工作体制中的重要组成部门,是影响司法公正和司法效率的重要因素。前期的司法体制改革中仅小额诉讼对我国现行的"二审终审制"进行了调整。但就目前实践来看,目前的"一刀切"式的"二审终审制"已不能满足人民群众日益重视权利维护、追求公平正义和司法资源均等化需求,而且在长期"二审终审制"条件下,中级人民法院审驳职权过重,不当的案件驳改极容易倾向人民法院司法权威。因此,在后续的改革中,应当对我国审级制度架构进行合理重构,对二审法院职能定位和驳改权力进行重新界定,更好地解决人民群众的纠纷,进一步提高司法的廉洁性与公正性。

3. 完善司法公众参与机制

社会主义司法制度的力量源泉在于人民、本质在于服务人民,司法的人民性是我国社会主义司法制度区别于西方司法体制核心要素。畅通和完善人民群众参与司法活动的渠道,是完善我国司法制度、提高司法公信力的重要途径。在司法体制改革中,通过探索和完善人民陪审制度,由人民陪审员参审重大案件审理过程,引导人民群众参与司法、监督司法,有效提高了人民群众对法院司法活动的认可度和信任感。但在各地实施《人民陪审员法》的过程中,人民陪审员变相驻庭、陪审员荣誉化、陪审案件范围过小、陪审不参审等问题依然没有得到彻底解决。在后续改革过程中,应当进一步完善人民陪审员制度,建立人民陪审员参与司法活动机制,让人民陪审员不仅参与审理案件,还可以选择参与调解、监督执法过程,让人民陪审员与司法活动结合更加密切;应进一步创新人民陪审员参审方式,允许人民陪审员特定情况下远程参审,提高人民陪审员参审效率。

第九章　检察院司法改革战略与对策

司法体制改革是我国政治体制改革的重要部分,而检察司法改革又是司法体制改革的重要内容,检察司法改革对于推进检察工作发展、完善中国特色的检察制度具有重要意义,是推进国家治理体系和治理能力现代化的题中应有之义。近年来,检察机关贯彻落实中央司法体制改革各项部署,抓住司法责任制改革的"牛鼻子",以转隶为转机,强化理念革新,全面推进内设机构改革,实施"四大检察"协调发展等战略,各项检察工作取得重要进展。

一、检察司法改革的背景叙事

(一)从属于本轮司法改革

改革通常是指变革旧事物、旧制度,一般会涉及政治、经济、文化、社会等领域,改革是社会发展的强大动力。司法改革顾名思义是司法领域的变革,由于司法制度是一个国家政治制度的重要组成部分,是一个国家掌握政权的阶级实现其统治和管理社会的重要工具,司法改革往往与政治改革须臾不可分割,因此我国的司法改革是一场政治革命,是建设社会主义法治国家的重要举措。司法改革是对社会转型和发展中出现的新情况、新矛盾、新问题的直面回应,比如司法权配置不合理、司法权的地方化和行政化、独立公正行使司法权的多重障碍、人民陪审员与监督员制度的不完善、司法责任制度不够合理,人权保障不力等,①

---

① 参见陈业宏、唐鸣:《中外司法制度比较》,商务印书馆2015年版,第711页。

对于这些问题的变革具有重要意义,不但能够平衡司法内部非均衡困境,也关系到国家治理的合法性基础与执政党的执政基础,有利于矫治国家治理难题、协同推进国家治理体系建设。① 所以,从某种意义来说,司法改革并不仅仅是狭义的司法领域的改革,从党的十八届四中全会的《中共中央关于全面推进依法治国若干重大问题的决定》作出了以国家治理为主线的司法改革战略就可以看出司法改革涉及国家政治层面,关涉国家治理体系,司法与政治不是二元对立的格局,而是相互协同的战略伙伴关系,司法改革是一种全方位多角度的系统性变革,是一种重要的政治性变革,体现了国家主权者的意志。

从时间来看,我国的司法改革从新中国成立之后就一直断续存在,崔永东教授认为当代中国司法改革的历程分为新中国成立初期的司法改革、"文革"后的司法重建及司法改革的展开与推进三个阶段②,这一划分对于我们从整体上认识与理解我国的司法改革具有重要作用。同时崔永东教授又在《改革开放四十年来的司法改革实践与司法理论探索》一文中对我国司法改革实践的演进进行了概括,"司法重建—'司法技术性改革'—'司法体制性改革'",这一总结不但是改革开放以来司法改革实践历程的精辟描述,更对每一阶段司法改革实践的核心主题进行了精准归纳。③ 陈卫东教授认为我国的司法改革经历了从"法制建设"到"依法治国"再到"法治中国"的多个阶段,司法改革的脉络和重心也开始从一般层面的"司法改革"发展到"司法体制改革"。④司法改革作为政治改革的一部分,主要由中国共产党进行规划和设计,历次党的代表大会报告体现得尤为明显。第一次提出司法改革的当属党的十五大,这在理论界已达成共识⑤,之后,党的十六大报告对司法体制改革进行了规划,十七大报告对深化司法体制改革、十八大报告对进一步深化司法体制改革

---

① 参见廖奕:《国家治理现代化与司法改革顶层设计的均衡模型》,载《国家检察官学院学报》2015 年第 4 期。

② 参见崔永东:《司法改革与司法公正》,上海人民出版社 2016 年版,第 165 页。

③ 参见崔永东:《改革开放四十年来的司法改革实践与司法理论探索》,载《政法论丛》2018 年第 5 期。

④ 参见陈卫东:《改革开放四十年中国司法改革的回顾与展望》,载《中外法学》2018 年第6 期。

⑤ 参见张文显:《全面推进法制改革,加快法治中国建设:十八届三中全会精神的法学解读》,载《法制与社会发展》2014 年第 1 期。

都进行了规划,十九大报告从深化司法体制综合配套改革、全面落实司法责任制方面对司法体制改革进行了部署。① 在党的十八大之前所进行的司法改革大都缺乏总体规划,统筹安排不足,是政法机关内部的自我改革与各自为政,零散且不系统,未纳入国家政治权力变革的总体框架,大都是一些治标性改革措施,并未涉及司法体制的变革,所以也无法称之为真正意义上的司法改革。因此,党的十八大特别是十八届三中、四中全会确立的改革内容,往往称之为本轮司法改革。② 本轮司法改革带有全局性和系统性,特别是将司法改革纳入了"法治中国建设"的整体框架之中进行的全局性、深入性的改革,符合司法规律,有利于实现司法公正,因此此次司法改革有着不同于以往改革的深远意义。③ 可以看出,本轮司法改革有着不同于以往司法改革的鲜明特征,有必要对本轮司法改革的特点进行概括总结,进而分析检察公益诉讼制度与本轮司法改革的相关性。

通过十八届三中、四中全会通过的《中共中央关于全面深化改革若干重大问题的决定》《中共中央关于全面推进依法治国若干重大问题的决定》文本可以初步分析出我国本轮司法改革的显著特点,从两个文本来看,本轮司法改革的特点体现在以下几方面:一是改革理路的政治性。本轮司法改革是政治体制改革的重要内容,为此中央成立了深化改革领导小组,所有改革方案都必须由深化改革领导小组审批。此前的几轮司法改革大都是在中央政法委主导下各个政法机关的自我行动,本轮司法改革的很多内容超出了政法机关的内部范畴,改革则由中央顶层设计并统一部署。④ 二是改革内容的全局性。本轮司法改革的关键和重心在于体制改革,司法管理体制、人员分类管理、司法责任制等改革都带有全局性和系统性,属于体制、机制、制度上的深入变革,因此,本轮司法改革的内容是全局性、整体性和长远性的体制性变革,而不再是局部的、具体的和暂时的技术性改革。三是改革方法的科学性。本轮司法改革在方法论上采取了顶层设计统摄下的自上而下一体化改革路线,坚持试点

---

① 参见党的十六大、十七大、十八大、十九大报告。

② 参见陈卫东:《当前司法改革的特点与难点》,载《湖南社会科学》2016 年第 2 期。

③ 参见崔永东:《司法改革与司法公正》,上海人民出版社 2016 年版,第 168 页。

④ 参见陈卫东:《改革开放四十年中国司法改革的回顾与展望》,载《中外法学》2018 年第 6 期。

先行、总结完善、全国推进的改革方法,司法改革方案由深化改革领导小组通过后在全国进行分批试点,通过试点获得可复制可推广的经验,然后在全国总结推广。① 四是改革目标的宏观性。本轮司法改革除了完善司法制度外,还有一个宏观目标就是推进国家治理体系和治理能力现代化和法治化,这与以往司法改革不同,通过提出国家治理现代化的总体目标,实现了司法改革的目标升级。

纵观检察改革的各项战略都是迎着本轮司法改革浪潮而展开的,比如本次检察改革中的亮点——检察公益诉讼制度在立法上正式获得确认,检察机关成为社会公共利益的代表,并具有了公益诉讼起诉人身份。本轮司法改革之前,检察机关在实践中经不断进行公益诉讼的探索,但由于立法不明确、与传统诉讼理论的冲突等导致检察公益诉讼制度一直未能建立,这种困境终于在本轮司法改革中被打破。2014 年,党的十八届四中全会提出,探索建立检察机关提起公益诉讼制度。检察公益诉讼第一次在党的重要文件中出现,是党中央紧紧围绕法治国家、法治政府、法治社会一体建设目标作出的正确战略抉择,这一决策符合检察机关的宪法定位、符合我国的政治格局、符合公益的本质特点、符合诉讼规律,为公益保护开出了药方,公益诉讼至此有了"国家队"。按照本轮司法改革顶层设计、试点先行、总结完善、全面推进的改革进路,最高人民检察院注重顶层设计与依法进行,制定了试点方案,经全国人大常委会授权后开始试点,对试点案件的范围类型、诉前程序、原则要求、试点地区等作出了明确规定。检察机关通过近两年的试点取得了预期效果,凸显了检察公益诉讼制度的优越性,为全面推开检察公益诉讼提供了宝贵经验,也为制度的最终建立提供了实践支撑。2017 年 7 月,全国人大常委会修法,正式确立检察公益诉讼制度,检察机关提起公益诉讼全面实施。2018 年 7 月 6 日,中央全面深化改革委员会审议通过了《关于设立最高人民检察院公益诉讼检察厅的方案》,为推进公益诉讼专业化建设,更好地履行检察公益诉讼职责提供了组织保障。因此,检察公益诉讼制度的建立遵循了本轮司法改革的路径和规律,是改革的重要内容,也是一项极具中国特色的司法制度,其目的

---

① 参见陈卫东:《改革开放四十年中国司法改革的回顾与展望》,载《中外法学》2018 年第 6 期。

在于保护国家和社会公共利益,同时将侵害公共利益的难题纳入法治轨道,解决"公地悲剧"的治理难题,也是探寻出了一条推进国家治理体系和治理能力现代化和法治化的重要途径。所以,检察公益诉讼是党中央顶层设计推行的一项检察司法改革工作,通过立法机关对检察机关在公共利益问题上的赋权增能,推动了检察机关提起公益诉讼在本轮司法改革中予以试点、推行和确立,并最终走向完善。

(二) 转机于国家监察体制改革

监察体制改革是党中央作出的事关全局的重大政治变革,不仅是为了推动全面从严治党、推动反腐败斗争持续深入发展,更具有重要的制度、现实和创新意义。① 监察体制改革有利于完善公权力监督体系,由于监察体制改革关涉国家权力的重新配置,其影响之广可以预见,尤其是将检察机关的自侦职权转隶至监察委员会更对检察机关带来了切身之痛的冲击,但也为检察机关重塑性变革提供了时代背景和契机。

由于国家监察体制改革属于重大的政治体制改革,在国家权力层面产生了权力交接与转移,在全面从严治党方面形成了统一高效的监察体制和体系,在推进国家治理体系和治理能力方面形成了法治路径。因此从整体来说,监察体制改革是党中央作出的适合我国国情需要的一项重大战略部署,是推进中国特色社会主义制度完善与创新的制度实践,所有国家机关、党员干部及公职人员都应该顾大局并坚决拥护和支持。检察机关对党中央的重大决策部署一贯坚持线性回应,这是检察机关国家性的重要体现。但仍然有必要分析国家监察体制改革为检察机关带来的检察职权、机构等方面的具体深入影响,这是检察机关在新时代谋求转型发展、视转隶为转机所必须考虑的前提条件。从已有理论研究和检察机关自身情况来看,面临监察体制改革的时代背景,出现了"质疑论""悲观论""机遇论"等不同认识。比如对检察机关的宪法定位产生了质疑和动摇,认为监察体制改革过程中将检察机关的自侦权转移后,需要重新厘清检察机关的宪法定位和权力属性,职务犯罪侦查权是检察机关最

---

① 参见袁曙宏:《深化国家监察体制改革的四重意义》,http://fanfu.people.com.cn/n1/2018/0320/,最后访问日期:2019 年 6 月 28 日。

具刚性和监督属性的权力,是检察机关定位为法律监督机关的主要根据,监察体制改革后监察委员会事实上成为了真正意义上的法律监督机关。① 有的认为检察机关自侦职权转隶后,地位被削弱了,职能也大幅萎缩,检察机关的法律监督职能基本上已经被监察委员会吸收了,有必要进行改革。② 有的学者认为监察体制改革后检察机关失去了对监督对象直接进行处理的自侦权,致使法律监督丧失了支撑,进而导致诉讼监督进一步软化和弱化,检察制度面临严峻挑战。③ 有的却认为监察体制改革提供了强化法律监督职能的机遇,比如监察体制改革为检察机关破除"侦查为中心"的工作思维,回归宪法规定的法律监督机关定位,拓展法律监督领域,聚焦法律监督主责主业提供了契机。④ 总体来看,监察体制改革是国家作出的重大政治性变革,带来了国家机构和国家权力格局的重新洗牌。从 20 世纪 90 年代全国各地检察机关相继设立反贪局开始,职务犯罪侦查业务和自侦权力逐步成长为检察机关的核心部门和核心权力,在某种程度上成为了检察机关开展法律监督工作的根基、支撑和拳头,侦查至上、侦查中心在检察机关内部成为普遍的理念,重自侦轻监督的现象比比皆是,传统的民事检察、行政检察基本上不属于检察机关的中心业务,关注和重视程度不高,带来了检察机关业务发展的严重不均衡、不平衡现象。突如其来的国家监察体制改革打破了检察机关的业务发展局面,传统上被认为是检察机关的牙齿和拳头,为检察机关发挥法律监督职能提供足够威慑力的自侦权被剥离,对检察机关来说确实是迎头一击。客观分析,监察体制改革剥离了检察机关的职务犯罪职权后,对检察机关的职能、内设机构及相关业务都有一定的影响⑤,表面看似冲击巨大,实则是检察机关过度依靠自侦职权的惯性思维被打破后的一种不适应表现,主要是心理层面的影响。从我国

---

① 参见胡勇:《监察体制改革背景下检察机关的再定位与职能调整》,载《法治研究》2017 年第 3 期。

② 参见李声高:《国家监察权运行机制研究——兼论检察机关改革的方向》,载《时代法学》2017 年第 6 期。

③ 参见朱孝清:《国家监察体制改革后检察制度的巩固与发展》,载《法学研究》2018 年第 4 期。

④ 参见何盼盼:《回归宪法本位:监察体制改革对检察工作的影响与应对》,载《太原理工大学学报(社会科学版)》2018 年第 2 期。

⑤ 比如对刑事执行部门、控告申诉部门、技术部门、法警部门等都有一定的影响。参见胡勇:《监察体制改革背景下检察机关的再定位与职能调整》,载《法治研究》2017 年第 3 期。

检察制度的法律监督本质来看,监察体制改革未改变检察机关的宪法定位和检察权的属性,本次宪法修改也未对检察机关的定位进行修订,因此,辩证来看监察体制改革只是重新配置了职务犯罪侦查权力,对我国宪法体制和国家机构职权配置进行了完善发展,并未动摇检察机关的宪法地位和职权,反而为检察机关在新时代谋求转型发展提供了机会。

监察体制改革是对检察机关法律监督职权的重构,一方面,让检察机关从办理自侦案件的"决定者"和"实施者"的角色混同中解脱出来①,同体监督的逻辑错位不复存在,检察机关的行政属性随着自侦职权的剥离明显减弱,司法属性得到进一步固化,法律监督职权的行使并非一定要以自侦职权为支撑和倚重,两者的关联性是检察机关长此以往过于依靠自侦职权威慑力的自我思维,所以,自侦职权的剥离并未从根本上动摇检察机关的法律监督定位。另一方面,既然监察体制改革分离了检察机关近三分之一的职权和人员,相应的内设机构也面临着业务萎缩的尴尬境遇,为此检察制度需要巩固和发展,法律监督权需要进行重构,很多学者也提出了建设性意见,比如姚建龙认为监察体制改革后,检察机关应该完善以公诉权为核心的检察制度,积极推进公益诉讼改革。② 朱孝清认为检察制度的巩固需要通过保留部分侦查权、赋予检察监督以约束力来增强监督刚性,同时坚持内涵式和外延式双轮驱动的发展战略,围绕人民对美好生活的需求逐步拓展检察职能,提请合宪性审查,维护宪法权威;拓展司法审查,维护公民权利,拓展行政检察,促进依法行政。③ 这些建议具有重要的理论意义,为检察机关坚持宪法定位、巩固和发展法律监督职能提供了路径指引。

检察机关视转隶为转机,摆脱了侦查中心主义的痼疾,厘清了自身存在已久的同体监督这一体制性矛盾,能够更充分地践行国家法律监督机关的角色定位④。为此,最高检张军检察长在 2019 年两会工作报告中首次提出推进刑事、民事、行政、公益诉讼四大检察业务均衡发展,这是新时代推动全国检察机

---

① 参见袁博:《监察制度改革背景下检察机关的未来面向》,载《法学》2017 年第 8 期。

② 参见姚建龙:《监察委员会的设置与检察制度改革》,载《求索》2018 年第 4 期。

③ 参见朱孝清:《国家监察体制改革后检察制度的巩固与发展》,载《法学研究》2018 年第 4 期。

④ 参见何盼盼:《回归宪法本位:监察体制改革对检察工作的影响与应对》,载《太原理工大学学报(社会科学版)》2018 年第 2 期。

关转型发展的战略规划,也是检察权重塑的基础,是检察机关回归法律监督定位、强化法律监督主业、推进内设机构改革的逻辑支撑。根据法权平衡理论,为了保持国家机构横向权力结构的平衡性,国家机关之前的权力分配要保持适当平衡状态。① 因此,既然检察机关的自侦职权被剥离了,就要通过赋权增能在法律上赋予检察机关新的职权。检察制度的巩固和发展既要走内涵式发展道路,充分发挥已有刑事、民事和行政检察职能,又要走外延式扩张道路,不断拓展新的法律监督路径和选择,比如检察公益诉讼,以保持中国特色检察制度的生命力。所以,作为本轮检察改革最重要的亮点公益诉讼,就是检察机关在国家监察体制改革、司法体制改革背景下为平抑自侦权被剥离后检察机关职权的功能性失衡而采取的法律监督业务改革战略,由法律赋予检察机关作为公共利益的代表行使保护国家利益和社会公共利益的起诉权,不但从属于本轮司法改革的潮流,更是转机于自侦职权转隶后检察机关业务增长的现实需要。

二、检察司法改革的战略及其实施

2013 年以来的本轮司法改革被称为体制性改革,检察机关在本轮司法体制改革的浪潮中采取了若干改革战略,并深入推进和实施,取得了一系列改革成果。

(一) 检察司法改革战略的目标

2013 年以来的本轮检察司法改革全面贯彻落实党中央关于司法改革的各项部署,先后制定了《关于深化检察改革的意见(2013—2017 年工作规划)》《2018—2022 年检察改革工作规划》,基本完成了中央部署的改革任务并对未来的改革目标进行了规划,从两份检察改革工作规划中可以得出检察司法改革在不同阶段的战略目标是不同的。

其中 2013—2017 年作为全面深化检察改革的关键五年,这一时期检察改

---

①　参见袁博:《监察制度改革背景下检察机关的未来面向》,载《法学》2017 年第 8 期。

革的任务在于全面推进实施司法改革各项部署,完成改革任务,因此其目标主要包括健全依法独立公正行使检察权的体制机制,加强和改进党对检察工作的领导,落实检察机关的宪法地位;健全检察机关与其他政法机关既相互配合又依法制约的体制机制,完善法律监督的范围、程序和措施,在权力运行制约和监督体系中的作用得到充分发挥;健全检察权运行机制和自身监督制约机制,增强法律监督的针对性、规范性和公正性、权威性,提高司法公信力;健全人权的司法保障机制和执法为民的工作机制,切实维护人民群众的合法权益,提升检察工作的亲和力和人民群众对检察工作的满意度;健全符合检察职业特点的检察人员管理制度,提高检察人员政治业务素质和公正执法水平。①

党的十九大提出深化司法体制综合配套改革、全面落实司法责任制,并对今后一个时期的司法改革工作做了总体部署,维持最高人民检察院在第一阶段(2013—2017 年)检察改革基本任务完成的基础上,制定了未来五年(2018—2022 年)的改革规划,并对这一时期的检察改革目标进行了规划,主要体现为构建以刑事检察、民事检察、行政检察、公益诉讼检察为主要内容的检察机关法律监督职能体系,构建与国家治理体系和治理能力现代化要求相符合,与建设中国特色社会主义法治国家相适应的新时代检察体制和工作机制;深化司法体制综合配套改革,全面落实司法责任制,健全与司法责任制相适应的检察权运行监督制约机制,形成与"谁办案谁负责、谁决定谁负责"要求相适应的检察权运行体系;加强检察官队伍正规化专业化职业化建设,健全检察人员分类管理制度规范,形成检察官、检察辅助人员、司法行政人员各归其位、各司其职、各行其道的检察人员分类管理体系;推动检察机关内设机构改革,健全和规范检察机关组织机构,落实省以下地方检察机关人财物统一管理改革要求,构建科学高效的检察组织体系;加强法律监督能力建设,培育双赢多赢共赢监督理念,全面提高检察队伍政治素质、业务素质、职业道德素质,推进检察工作与科技信息技术深度融合,完善检察人员专业能力专业素养提升体系。② 这一时期的检察司法改革战略目标符合新时代检察机关的定位,

---

① 参见《关于深化检察改革的意见(2013—2017 年工作规划)》,载《检察日报》2015 年 2 月 26 日。

② 参见《2018—2022 年检察改革工作规划》,正义网,2019 年 2 月 12 日,最后访问日期:2020 年 9 月 22 日。

符合国家治理和社会治理的现实需求,符合党的十九大的部署要求。

(二) 检察司法改革战略的主要特点

1. 坚持党对检察改革工作的绝对领导

本轮司法改革强化顶层设计,中央为推动司法改革的顺利进行,从路线指引和组织体制方面采取了一系列重大措施。党的十八大明确提出,"进一步深化司法体制改革,坚持和完善中国特色社会主义司法制度,确保审判机关、检察机关依法独立公正行使审判权、检察权。"十八大作出的战略部署,为今后检察改革指明了方向,此后十八届三中、四中全会对于新一轮司法改革做了具体的部署,从四个方面推进司法改革的不断深化:司法人员分类管理制度,司法责任制,司法人员职业保障制度和省以下地方法院检察院人财物统一管理。为进一步推进司法改革的实施,党中央发布了若干纲领性文件,包括《关于全面推进依法治国若干重大问题的决定》《关于深化司法体制和社会体制改革的意见及贯彻实施分工方案》《关于司法体制改革试点若干问题的框架意见》,为检察改革的顺利实施提供了路线指引和基本方向。① 党中央除了在路线方面进行战略规划外,还在组织体制方面采取了一些重大举措,比如 2013 年 12 月,成立了中央全面深化改革领导小组,亦将司法改革作为领导小组讨论的重要内容。2018 年 3 月,中共中央又将深改组升格为中央全面深化改革委员会,进一步增强其议事决策权能和对司法改革工作的领导。② 党中央对于司法改革的统一领导和战略部署为检察改革的实施和推进提供了保障。

司法改革在全面依法治国中居于重要地位,是实现国家治理体系和治理能力现代化的重要内容。党的十八大以来,习近平总书记对深化司法改革作出一系列重要指示,明确了改革的方向、目标和重点任务,为改革提供了根本遵循。检察机关作为党领导下的司法机关,作为本轮司法改革战略规划的实施者始终坚持党的领导,始终坚决贯彻落实中央司法体制改革各

---

① 参见范明志:《深化司法体制综合配套改革的时代意义》,载《人民法院报》2017 年 11 月 17 日。

② 参见郑涛:《中国司法改革七十年的逻辑与进路》,载《哈尔滨工业大学学报(社会科学版)》2020 年第 2 期。

项部署,最高人民检察院党组书记、检察长张军多次指出,要把习近平新时代中国特色社会主义思想融汇在检察血脉中,坚持党对检察工作的绝对领导,确保检察权牢牢掌握在党和人民手中。其中,在 2019 年 3 月 12 日最高人民检察院工作报告中,张军检察长指出,做好今年检察工作,最根本的是坚持以习近平新时代中国特色社会主义思想为指导,深入学习贯彻党的十九大精神和习近平总书记在中央政法工作会议、省部级主要领导干部专题研讨班上的重要讲话精神,坚持党对检察工作的绝对领导,坚决维护习近平总书记核心地位,坚决维护党中央权威和集中统一领导,自觉在思想上政治上行动上同以习近平同志为核心的党中央保持高度一致。在 2020 年 5 月 25 日最高人民检察院工作报告中,张军检察长指出,一年来,我们践行党和人民要求,充分发挥检察职能作用,更好更优服务经济社会发展有新的进步。这根本在于以习近平同志为核心的党中央坚强领导,根本在于习近平新时代中国特色社会主义思想科学指引。① 党的十九大也再次强调,"党政军民学、东西南北中",党是领导一切的,中国特色社会主义最本质的特征就是中国共产党的领导,中国特色社会主义制度的最大优势也是中国共产党的领导。因此,作为中国特色社会主义制度的检察制度也是党领导下的政治制度,检察工作要在党的领导下进行,特别是检察改革更离不开党的领导,坚持党的领导是当前和未来检察改革战略实施的根本保证和指引,也是当前和未来检察改革取得突破性进展的根本保障。

2. 坚持服务大局服务中心的改革方向

检察改革工作始终坚持以人民为中心的发展思想,注重解决检察工作发展为了谁的问题,坚持把检察工作放到党和国家工作大局中谋划,充分发挥检察职能,为大家服务为人民司法,主动适应人民日益增长的美好生活需要,服务、促进"五位一体"总体布局和"四个全面"战略布局的落实。围绕着维护国家政治安全和社会秩序,扫黑除恶专项斗争,服务打好三大攻坚战,平等保护各类企业合法权益,依法维护食品药品安全,强化诉讼活动法律监督,维护公共利益等党和国家工作大局,检察机关采取了有力措施,取得一系列成绩,这

---

① 参见《最高人民检察院工作报告》2019 年 3 月 12 日,《最高人民检察院工作报告》2020 年 5 月 25 日,载 www.spp.gov.cn/spp/gzbg/201903/t20190319_412293.shtml,最后访问日期:2020 年 9 月 25 日。

在最高人民检察院的工作报告中可以看出。特别是在 2018 年检察机关充分发挥参与社会治理职能,最高人民检察院发出了防治校园性侵的"一号检察建议",与公安部、教育部共建教职工入职前查询相关违法记录制度,与教育部、国家卫健委等 8 部委共建未成年人被侵害强制报告制度,把对孩子的保护做得更实、更细。在 2019 年,为进一步解决人民群众的揪心事、烦心事,最高检带领全国各地检察机关在改革中建立了群众来信件件回复制度,用真情落实群众来信,获得了人民群众的广泛认可和肯定。2020 年面临新冠疫情的严峻形势,最高人民检察院坚决贯彻习近平总书记重要指示和党中央决策部署,在中央政法委领导下,带领各级检察机关主动服务疫情防控大局,依法打击惩治各类涉疫刑事犯罪,积极办理涉疫情公益诉讼案件,与相关部门共同发布指导意见,助力复工复产,为统筹推进疫情防控常态化和经济社会发展提供司法保障;会同公安部发布典型案例发挥规范司法、警示犯罪、教育社会的积极效果;在这场抗击疫情的严峻斗争中,各地检察机关坚持自身防疫与依法履职两手抓,深入社区参与一线联防联控,以法与情写就中国抗疫故事检察篇章,在依法战"疫"中守初心、担使命。① 检察机关采取的这些实实在在的工作举措,特别是在检察改革中采取的系列举措都反映了检察机关为经济社会发展大局服务、为人民司法的基本方向。

3. 注重司法改革理念的革新与指引

理念在《辞海》中的解释有两条:一是看法、思想、思维活动的结果;二是理论、观念,常常指思想。检察司法改革的理念就是检察改革应当坚持的思想、理论和观念,属于司法政策、检察政策的范畴。理念具有重要的指导作用,检察司法改革的理念是指导一切检察改革战略实施的基本准则。指引检察司法改革的理念很多,比如双赢多赢共赢、在监督中办案、在办案中监督,协调发展,补充司法等,而双赢多赢共赢理念在新一轮检察改革中发挥了非常重要的指引作用,对其进行重点阐释。

最高人民检察院检察长张军曾多次强调,检察机关作为法律监督机关,与被监督者并非紧张的对立关系,而是一种良性的互动融合关系,双方根本目的

① 参见《最高人民检察院工作报告》2020 年 5 月 25 日,载 www.spp.gov.cn/spp/gzbg/201903/t20190319_412293.shtml,最后访问日期:2020 年 9 月 25 日。

具有一致性,都是为了解决共同的难题,实现社会公平正义和公共利益的维护,确保严格执法,共同维护宪法法律的统一正确实施。① 双赢多赢共赢理念是刑事、民事、行政和公益诉讼等全部法律监督领域的总体要求,其精髓在于和谐圆融,摒弃零和博弈思维,包容互鉴、同舟共济,最终达成共存共赢②。从哲学层面来看,双赢多赢共赢蕴含联系和对立统一的方法论,法律监督应运用联系的观点将监督者及被监督者、其他参与者和关联方都纳入整体范围,所有主体的目标有趋同性,落脚点在"赢",也就是所有相关方都能互利共赢;对立统一要求法律监督不能仅从矛盾对立面看待问题,还应该关注矛盾统一,双赢多赢共赢理念更强调矛盾的统一,其着眼点在"共"赢,即法律监督者与被监督者表面上看似是互相博弈的对立面,实则双方具有共同的价值追求,在根本目的上是一致的。本轮检察改革中确立的检察公益诉讼制度充分践行了双赢多赢共赢的司法理念,比如在检察行政公益诉讼中,检察机关通过对违法行使职权或者不作为行政行为进行监督,维护特定领域的公共利益,共同解决政治国家维护公共利益的"失灵"和能力不足问题,检察机关与行政机关并不是你赢我输的零和博弈关系,双方双赢多赢共赢的基点是通过启动检察监督程序与行政机关共同解决疑难复杂问题,推动依法行政,让行政机关从法律监督中受益,最终达到依法行政和维护公共利益的二元目标,实现共享共赢的格局。检察民事公益诉讼是由检察机关针对特定领域侵害社会公共利益的违法行为,在法定诉权主体不行使诉权的情况下以诉讼形式启动监督程序,从程序法理上看是检察机关与侵害社会公共利益主体的对抗行为,实则也蕴含了共赢之理念,因为法律监督之共赢绝不拘泥于公权力机关之间,更是检察权与人民幸福感、满意度的共赢③。检察民事公益诉讼主要限定于破坏生态环境和资源保护、食品药品安全等领域,未来还可能扩展到与人民群众切身利益息息相关的其他案件领域,检察公益诉讼制度具有鲜明的人民性,实现了"以人民为中心"的基本要求,让人民群众有更多的获得感、幸福感、安全感,让人民群众

---

①　参见张军:《树立双赢多赢共赢的监督理念　共同推进严格执法公正司法》,载《人民日报》2018 年 5 月 10 日。

②　参见史笑晓:《以双赢多赢共赢理念提升法律监督品质之路径探索》,载《人民检察》2019 年第 9 期。

③　参见史笑晓:《以双赢多赢共赢理念提升法律监督品质之路径探索》,载《人民检察》2019 年第 9 期。

满意,才是真正的"共赢"。

　　除了检察公益诉讼之外,在检察司法改革中,各级检察机关按照"讲政治、顾大局、谋发展、重自强"的总体要求,积极采取措施推动落实双赢多赢共赢的监督理念。比如最高检提出了做优刑事检察、做强民事检察、做实行政检察、做好公益诉讼检察的"四大检察"全面协调发展战略,任何一个检察职能都不能落下和单打独斗,需要全面协调发展,这是取得双赢多赢共赢效果的重要路径。比如检察官的客观公正立场,进入新时代,人民群众对公平正义的要求更高,检察官特别是刑事检察中的检察官要秉持客观公正立场,既要追诉犯罪又要保护无辜,做到以事实为依据、以法律为准绳,不偏不倚、不枉不纵,才能维护好法律尊严和权威,才有可能达到双赢多赢共赢的办案效果。再比如最高检察院提出的"案—件比"案件质量评价指标体系,是贯彻落实双赢多赢共赢监督理念的必然要求,"案—件比"是观测评价检察机关办案运行态势,反映每一个办案环节是否将工作做到极致的重要指标,对于防止产生不必要的办案环节具有重要意义。最优"案—件比"是1∶1,老百姓一个"案",进入检察程序后一次性办结,司法资源投入最少,当事人感受相对更好,1∶1的"案件比"对检察办案树立了更高目标,不仅能够满足新时代人民群众对法治公平正义的更高要求,还能够推动检察办案的规范化,提升办案质效,最终推动了整个国家的法治建设,因此可以说"案—件比"的质量评价指标体系是新时代检察改革中的一项亮点工作,对于实现双赢多赢共赢的监督目标具有重要价值。此外,检察机关通过综合运用抗诉、检察建议等多种手段参与社会治理,例如我们熟悉的最高检"一号检察建议"有力推动了学生教育和学校管理;在检察办案中积极探索运用司法听证、诉前程序等多种方式,注重加强检察公共关系建设等多方面的措施都有力推动了双赢多赢共赢监督理念的落实。① 进入新时代,法律监督的理念逐渐从"零和"博弈转化为双赢多赢共赢,理念与时代同频共振,每一项检察司法改革也在践行着双赢多赢共赢的理念,理念决定出路,这是未来实现检察工作创新和可持续发展的重要路径,对于推动国家法治建设,实现国家治理体系和治理能力的法治化具有重要意义。

---

① 参见李文峰:《法律监督新理念:双赢多赢共赢》,载《人民检察》2020 年第 17 期。

（三）检察司法改革战略的实施

1.检察司法责任制改革任务基本完成

司法责任制改革是本轮司法改革的"牛鼻子",而司法改革的核心是司法责任制,检察司法责任制是指检察官因其不当行权并产生严重后果而承担责任的制度,其目的在于达到"权责统一"（权力与责任统一）,实现司法的公平公正。① 司法责任制改革实现了司法的亲历性与判断性,"审理者裁判、裁判者负责"是司法裁判的客观规律,司法责任制改革符合了司法运行的客观规律。② 为此,最高人民检察院按照党的十八届三中、四中全会部署的司法体制改革任务,制定了《关于深化检察改革的意见（2013—2017 年工作规划）》,明确了检察改革中司法责任制改革的指导思想、基本原则和改革任务,在 2017年基本完成。2018 年启动的检察司法体制综合配套改革将从办案组织设置、完善领导职务检察官办案制度、规范办案权限和业绩考评等方面有序推进,确保司法责任制改革的"精装修"任务全面完成。

从 2013 年到 2017 年,检察机关认真落实中央统一部署的检察人员分类管理、员额制改革、检察官办案责任制、检察官职业保障制度等改革任务,先后启动第一批和第二批改革试点并扎实推进各项改革任务,目前已经基本完成。

检察人员分类管理。2013 年 3 月最高人民检察院发布分类管理制度改革意见,将检察人员明确划分为三类:检察官、检察辅助人员、司法行政人员,2014 年在上海等 7 省市检察机关开始第一批试点。2015 年进一步推动试点改革工作,当年 10 月,最高检发布了检察官单独职务序列试点方案。2016 年6 月,最高人民检察院与中央组织部、中央政法委等又共同发布检察官助理和书记员职务序列改革试点方案。2017 年 3 月,最高人民检察院制定建立健全检察人员职务序列的指导意见,指导各地检察机关分类定岗、规范管理。③ 截至 2017 年年底,全国检察机关检察官、检察辅助人员、司法行政人员分类管理格局基本形成。

---

① 参见崔永东:《司法改革与司法公正》,上海人民出版社 2016 年版,第 9 页。

② 参见龙宗智:《加强司法责任制:新一轮司法改革及检察改革的重心》,载《人民检察》2014 年第 6 期。

③ 参见《最高人民检察院关于人民检察院全面深化司法改革情况的报告》,正义网,2017年 11 月 2 日,最后访问日期:2020 年 9 月 22 日。

推行员额制改革。根据中央提出的对检察官实行员额制管理的要求,全面推开检察官员额制改革,建立检察官遴选委员会,以省为单位,按照不超过政法专项编制39%的比例,遴选出业务水平高、司法经验丰富的员额检察官在一线办案。通过"以案定额"和"以职能定额"相结合,明确将员额配备给办案部门,配备给必须由检察官行使职能的岗位,向基层一线倾斜。① 截至2017年年底,从原有16万名检察官中遴选出员额内检察官8.7万名,入额检察官全部配置在办案一线,实行员额动态管理②。在深化司法责任制综合配套改革中,又制定检察官员额退出办法,建立员额省级统筹、动态调整机制,推动员额制改革的"精装修"。

检察官办案责任制全面实施。紧扣"选人、授权、明责"三个环节,改变检察机关以往的"三级"审批办案模式,全面落实"谁办案谁负责,谁决定谁负责"的司法责任制要求。通过制定人民检察院司法责任制的若干意见,健全司法办案组织,明确检察机关建立独任检察官和检察官办案组两种基本办案组织形式,通过制定检察官权力清单,明确检察委员会、检察长、检察官的职责权限和司法责任。突出检察官办案主体地位,检察官依法履职受法律保护,在职权范围内对所办案件作出决定、对办案质量终身负责。③ 在检察官办案责任制改革任务完成后,最高人民检察院坚持放权不放任,深化司法责任制综合配套改革,全面开展案件流程监控和质量评查,对司法办案进行动态监督,不断完善检察官办案责任制。

检察人员职业保障制度基本建立。最高人民检察院与中央有关部门共同推进职业保障改革,先后出台实施检察人员工资制度改革试点实施办法,下发绩效考核奖金分配指导意见,中央引发了保护司法人员依法履行法定职责的规定,保障检察官和检察官助理、书记员依法履职,增强职业尊荣感。全国检察机关分别建立了三类人员单独职务序列,完善各类人员等级评定和晋升工作,落实按期晋升和择优选任相结合的晋升机制,健全与单独职务序列相配套

---

① 参见《最高人民检察院关于人民检察院全面深化司法改革情况的报告》,正义网,2017年11月2日,最后访问日期:2020年9月22日。

② 参见《最高人民检察院工作报告》2018年3月9日,载 https://www.spp.gov.cn/spp/gzbg/201903/t20190319_412293.shtml,最后访问日期:2020年9月26日。

③ 参见《最高人民检察院工作报告》2016年3月13日,载 https://www.spp.gov.cn/spp/gzbg/201903/t20190319_412293.shtml,最后访问日期:2020年9月26日。

的政治、生活待遇①,注重未入额检察人员的职业发展,完善检察辅助人员、司法行政人员管理制度,各类检察人员职业保障政策基本落实。

2. 检察机关内设机构重塑性变革全面完成

内设机构是影响检察权运行和检察职能发挥的重要因素,对于检察工作的发展和检察制度的完善具有重要意义。通过梳理我国检察机关内设机构改革的历史沿革,主要分为以下阶段:第一,初创时期,20 世纪 50 年代,新中国成立初期,最高人民检察院的内设机构主要设置有办公厅、第一处、第二处、第三处、人事处和研究室,其中各处按照其职能进行划分,全国各地检察机关也参照设置,后来随着监督职能的强化,最高检在 1955 年将内设机构改为一般监督厅、侦查厅、侦查监督厅、审判监督厅、劳改监督厅。第二,探索阶段,1978年检察机关恢复重建后最高检内设机构主要设置了刑事、经济、法纪、监所、信访检察厅以及其他非业务的综合检察厅。到 1996 年左右,最高检根据工作需要先后设置了铁路运输检察厅、民事行政检察厅、控告申诉检察厅、反贪污贿赂局等机构,而刑事检察厅则在 1997 年因法律修改而分设为审查逮捕厅和审查起诉厅,实现了批捕与公诉职能相分离。② 第三,完善稳定阶段,这一阶段始于 2000 年,当年中央下发了"两高"机构改革的意见,最高检开始了内设机构的改革工作,主要业务机构由公诉厅、侦查监督厅、监所检察厅、反贪污贿赂总局、反渎职侵权检察厅、职务犯罪预防厅、民事行政检察厅、铁路运输检察厅、刑事申诉检察厅、控告检察厅及法律政策研究室、办公室、政治部、计划财务装备局等综合部门构成③,全国各地检察机关也是据此相应进行了内设机构的设置,一直持续到 2012 年,全国检察机关的内设机构相对稳定。第四,适应时代要求的重塑性变革阶段,从 2012 年开始最高人民检察院开始在未成年人检察业务中实行捕诉合一试点,此后为适应业务发展和机构改革需要,部分地区检察机关开始捕诉合一改革并最终在全国检察机关全面实施。除了捕诉合一改革外,检察机关在本轮司法改革的潮流中开始了内设机构的重塑性变革,本次内设机构改革坚持扁平化管理与专业化建设相结合的原则,2016 年

---

① 参见崔永东:《中国法治战略研究年度报告 2018》,人民法院出版社 2019 年版,第163 页。

② 参见周新:《我国检察制度七十年变迁的概览与期待》,载《政法论坛》2019 年第 6 期。

③ 参见周新:《我国检察制度七十年变迁的概览与期待》,载《政法论坛》2019 年第 6 期。

为解决全国检察机关机构设置不合理、名称不统一、运行不规范等问题,最高检下发了《省以下人民检察院内设机构改革试点方案》①。此后随着国家监察体制改革的进行,检察机关的职能发生了重大变化,最高检察院提出以转隶为转机,坚持"一类事项原则上由一个部门统筹、一件事情原则上由一个部门负责",以专业化建设为标准,自上而下推进检察机关内设机构改革,2018 年 12 月,最高人民检察院率先完成内设机构改革,按照业务类别和职能共设置 10 个检察业务厅。根据捕诉合一要求优化刑事检察部门,为了解决检察机关"重刑轻民"的难题分设了民事和行政检察部门,为履行好社会公共利益的代表职责,切实担负起维护公共利益的使命,落实中央全面深化改革委员会第三次会议精神,推进国家治理和社会治理的法治化,专设公益诉讼检察机构,在最高检察院完成内设机构改革的同时 2018 年年底开始全国各地检察机关部署开展内设机构改革工作,2019 年基本全面完成,形成了刑事、民事、行政、公益诉讼"四大检察"并行的法律监督总体布局和工作机制。

3."四大检察"业务平衡发展的格局基本形成

张军检察长根据我国社会主要矛盾的变化,以及人民群众在民主、法治、公平、正义、安全、环境等方面有更高水平、更丰富内涵的需求提出了实现检察工作平衡、充分、全面发展的工作思路,解决刑事检察与民事检察、行政检察、公益诉讼检察工作发展不平衡等问题,努力实现检察工作平衡、充分、全面发展。② 新时代经济社会发展对检察工作平衡、充分、全面发展提出了新的需求和要求,发展中的矛盾和问题不仅仅以刑事案件形式进入检察环节进行依法惩处,还会有民事、行政、公益诉讼领域的案件需要检察机关履行法律监督职能作用,这都需要检察工作全面平衡发展。

我国宪法明文规定,检察机关是国家法律监督机关,"四大检察"是在"国家法律监督机关"的宪法定位之下,由刑事、民事、行政三大诉讼法和法律明确授权,自 1989 年《行政诉讼法》和 1991 年《民事诉讼法》之后,就分别明确了检察机关的民事、行政诉讼监督权并规定了具体程序,而公益诉讼也在最新的民事和行政诉讼法及检察院组织法中正式确立。可见,宪法法律赋予的检

---

① 参见高一飞:《检察改革四十年的回顾与思考》,载《四川理工学院学报》2018 年第 6 期。

② 参见郑赫南、闫晶晶、姜洪:《首席大检察官释放哪些创新发展新信号——张军检察长在大检察官研讨班上的讲话解读》,载《检察日报》2018 年 7 月 26 日。

察监督职能是全方位、多元的,法律监督不是单纯的刑事法律监督,而是诉讼领域以及与诉讼相关领域全面的法律监督。刑事、民事、行政以及公益诉讼检察职能都要全面协调充分履行。自侦、预防职能转隶前,检察机关普遍存在重自侦、轻其他监督职能的现象。随着国家监察体制改革落地落实,检察机关作为司法机关,适时进行"检察工作平衡、充分、全面发展"的战略转型,以机构改革为突破口,开启"四大检察全面协调充分发展"、办案与监督相统一、"四轮驱动"的基本工作格局,是实现法律监督主业实质性回归的有效方式,也是检察机关参与国家治理的重要抓手。

办案是检察机关履行法律监督职责的基本方式。构建新时代刑事、民事、行政诉讼监督和公益诉讼检察监督全面协调充分发展格局,全面履行各项法律监督职责,必须以办案为抓手。将四大检察职能贯穿于办案中,在办案中监督、在监督中办案,发挥案件的延伸拓展作用。2018 年 6 月张军检察长在黑龙江调研时讲话指出,"抓业务讲效果还要做到全面办案,全面办好刑事、民事、行政、公益诉讼案件。要通过全面办案,解决检察机关办案不平衡不充分问题,也就是履行宪法规定的法律监督职责不平衡不充分问题。今后检察机关办案要全面办案,发展要刑、民、行政、公益诉讼全面发展。"2018 年 7 月 26日,张军检察长在大检察官研讨班上的讲话,要按照习近平总书记"注重培养专业能力、专业精神"要求,以党和国家机构改革的原则为指导,突出专业化建设,坚持"一类事项原则上由一个部门统筹、一件事情原则上由一个部门负责",综合考虑提高办案质量效率、提升检察官专业素养专业能力、强化落实监督制约、落实司法责任制以及与侦查、审判、纪检监察、司法行政机关工作联系衔接等各方面因素。在刑事检察方面,重新组建专业化刑事办案机构,统一履行审查逮捕、审查起诉、补充侦查、出庭支持公诉、刑事诉讼监督等职能。设立专门的民事检察、行政检察和公益诉讼检察机构或办案组。在 2019 年全国检察长会议上,张军检察长明确提出了"做优刑事检察、做强民事检察、做实行政检察、做好公益诉讼检察"的工作目标,并对实现目标的方法路径作了总体安排部署,至此检察机关形成了"四大检察"全面协调发展的战略格局。

"四大检察"业务格局的形成有力推动了各项业务的发展,特别是刑事检察业务和公益诉讼检察制度改革取得重大进展。刑事检察工作在检察机关法律监督工作格局中一直处于重要地位。司法体制改革以来检察机关积极推进以审判为中心的刑事诉讼制度改革,充分发挥审前主导和过滤作用,探索建立了重大疑难案件侦查机关听取检察机关意见和建议制度。根据全国人大常委会授权决定,与最高人民法院等共同发布认罪认罚从宽制度试点办法,为进一步推动认罪认罚从宽制度的落实,最高人民检察院会同最高人民法院、公安部、国家安全部、司法部制定了《关于适用认罪认罚从宽制度的指导意见》,健全了认罪认罚从宽案办理机制。大力推进量刑建议精准化、规范化和智能化,修订完善《关于常见犯罪的量刑指导意见》《关于规范量刑程序若干问题的意见》两个规范性文件。2019 年 12 月,检察机关办理的刑事案件中适用认罪认罚从宽处理的达 80%以上。通过认罪认罚从宽制度的实行,对于促进繁简分流、节约司法资源、提升诉讼效率、惩治犯罪、保障人权、化解社会矛盾、促进社会和谐、减少社会对抗和戾气具有重要意义,实现了办案的法律效果、政治效果和社会效果有机统一。

2015 年 7 月,最高人民检察院印发《检察机关提起公益诉讼试点方案》后检察公益诉讼制度开始在全国 13 个省、自治区、直辖市检察院开展为期 2 年的试点,2017 年 7 月全国人大常委会修改《民事诉讼法》《行政诉讼法》后,检察公益诉讼制度正式入法并全面实施。从时间上来看,检察公益诉讼制度是一项年轻的诉讼制度,截至目前也不过 5 年多的时间,但自试点以来,检察机关以双赢多赢共赢理念为指引,在法定公益诉讼领域办理了一大批案件,有力维护了社会公共利益和国家利益,探索出了一条中国特色的公益保护之路,检察公益诉讼制度改革效能逐渐显现出来。从办案数据来看,其中 2018 年全年共立案办理民事公益诉讼 4393 件、行政公益诉讼 108767 件。其中,涉及生态环境和资源保护 59312 件、食品药品安全 41118 件、国有财产保护 10025 件、国有土地使用权出让 2648 件、英烈权益保护 57 件。通过办案,督促治理被污染损毁的耕地、湿地、林地、草原 211 万亩,督促清理固体废物、生活垃圾 2000 万吨;督促查处、回收假冒伪劣食品 40 万千克,假药和走私药品 9606 千克;督促追收国有财产 257 亿元;追偿修复生态、治理环境费用 30 亿元,违法者必须为恢复受损公益"买单"。① 2019 年全年办理民事公益诉讼 7125 件、行政公

① 参见《最高人民检察院工作报告》2019 年 3 月 12 日,载 www.spp.gov.cn/spp/gzbg/201903/t20190319_412293.shtml,最后访问日期:2020 年 9 月 28 日。

益诉讼 119787 件，同比分别上升 62.2% 和 10.1%，同时对 2018 年办理的 10 万余件诉前检察建议落实情况"回头看"，发现逾期未回复、实际未整改、整改不彻底的 8751 件，跟进督促履职。2019 年发出诉前检察建议 103076 件，同比上升 1.8%；回复整改率 87.5%，同比上升 15.8 个百分点，绝大多数问题在诉前得以解决，以最小司法投入获得最佳社会效果。对发出公告和检察建议后公益受损未能解决的，提起公益诉讼 4778 件，同比上升 48%。法院已审结 3238 件，支持起诉意见 3225 件。积极、稳妥拓展办案范围，对法律明确赋权领域之外人民群众反映强烈的公益损害问题，探索立案 7950 件，检察机关充分践行了公共利益代表的职责使命。① 检察公益诉讼制度成为借力诉讼轨道整合国家和社会力量维护社会公共利益的重要途径，对推进国家和社会治理具有重要意义，是本轮司法改革的重要成果。

4. 检察综合配套改革稳步推进

党的十九大提出"深化司法体制综合配套改革，全面落实司法责任制，努力让人民群众在每一个司法案件中感受到公平正义"。为落实党中央部署，2018 年 12 月，高检院印发《2018—2022 年检察改革工作规划》，就完善司法责任制及其相关配套改革，建立权责一致的检察权运行新机制作出具体安排。2020 年 3 月 28 日，中央办公厅印发《关于深化司法责任制综合配套改革的意见》，就深化司法责任制综合配套改革作出全面部署。此后高检院积极研究制定贯彻落实的意见措施，形成《实施方案》。先后从办案组织和办案团队建设、完善担任领导职务检察官办案制度、规范检察官办案权限、完善检察官业绩评价机制等方面推进司法责任制综合配套改革落地生根。为深化人员分类管理，印发实施了《人民检察院检察官遴选工作办法》《省以下人民检察院检察官员额动态调整指导意见》《人民检察院检察官员额退出办法》，建立了科学合理、符合司法规律和办案实际的检察官遴选、配置、调整、管理及退出机制，推动与检察官单独职务序列相适应的待遇保障、养老保险及检察官惩戒制度，完善检察官业绩评价机制，及时确定检察官助理和书记员职级序列。为健全司法权运行监督管理机制，印发《关于加强司法权力运行监督管理的意见》

---

① 参见《最高人民检察院工作报告》2020 年 5 月 25 日，载 www.spp.gov.cn/spp/gzbg/201903/t20190319_412293.shtml，最后访问日期：2020 年 9 月 25 日。

《人民检察院检务督察工作条例》《关于建立过问或干预插手检察办案等重大事项记录报告制度的实施办法》《人民检察院司法办案廉政风险防控工作指引》,加强对检察官司法办案的监督制约,这些综合配套改革措施的实施使检察人员分类管理、检察官办案责任制不断完善,检察官单独职务序列及工资制度逐步健全,检察人员职业保障政策基本落实,检察官员额退出办法、员额省级统筹、动态调整机制逐步建立,检察机关领导干部办案制度逐步确立,综合配套改革措施取得阶段性成效。

三、对未来检察司法改革的建议

党的十八大以来的本轮司法改革,检察机关以司法责任制为核心,积极推进各项改革战略实施,取得重要进展。进入新时代,伴随着人民群众对民主、法治、公平、正义、安全、环境等方面的更高需求,检察机关面临新的机遇和挑战。特别是在国家监察体制改革完成后,检察机关完成了重塑性变革,内设机构系统性重塑,形成了“四大检察”协调发展的局面,如何在新时代实现检察工作创新发展,推动中国特色检察制度不断完善发展,为人民群众提供更丰富优质的法治产品和检察产品,是未来检察司法改革不得不面临的课题。党的十九大提出深化司法体制综合配套改革、全面落实司法责任制,并对今后一个时期的司法改革工作做了总体部署,这为未来一段时间的检察司法改革提供了路径指引,也为未来检察司法改革的规划提供了指南。

坚持党对检察司法改革工作的绝对领导。检察机关是党领导下的司法机关,检察工作的创新发展离不开党的领导,未来的检察司法改革更应该在党的领导下有序推进。进入新时代,在司法体制综合配套改革中,随着改革进入深水区,部门利益协调和社会资源调配成为决定改革成败的关键,这都需要党对改革方向的把控和对各方主体的统筹。从新中国成立初期的中央政法小组到中央深改组,再到中央全面深化改革委员会,正是党的领导确保了司法改革的正确方向。① 通

---

① 参见郑涛:《中国司法改革七十年的逻辑与进路》,载《哈尔滨工业大学学报(社会科学版)》2020年第2期。

过坚持党的领导,全面、充分履行宪法和法律赋予检察机关的法律监督职责,构建以刑事检察、民事检察、行政检察、公益诉讼检察为主要内容的检察机关法律监督职能体系,提升司法办案专业化、组织体系科学化、检察队伍职业化水平,构建与国家治理体系和治理能力现代化要求相符合,与建设中国特色社会主义法治国家相适应的新时代检察体制和工作机制。① 因此,在未来检察司法改革的规划和实施中必须坚持党对检察工作的绝对领导,这是实现新时代检察工作创新发展的根本保证。

坚持司法为民和遵循司法规律。进入新时代,人民群众对民主、法治、公平、正义、安全、环境等方面提出了新的需求,检察司法改革理应坚持以司法为民的基本价值取向,以人民需求作为处理检察司法改革重大问题的依据,接受人民监督,积极回应人民群众的新需求和新期待,通过改革为人民群众提供更多更优质的法治产品、检察产品。此外,检察改革作为司法改革的组成部分,需要遵循司法规律,既要遵循司法的中立、公开、公正等一般规律,还应该坚持检察工作和检察权运行的特殊规律,坚持中国检察制度的自身特色,处理好一般和特殊的关系,推动检察制度的创新发展。

坚持统筹推进与试点先行。党的十九大已经确立了深化司法体制综合配套改革的重要任务,因此检察司法改革就应该围绕司法休制综合配套改革统筹推进有关举措,具体来说,需要完善检察机关法律监督体系,从"四大检察"业务的主要方面,围绕做优刑事检察,做强民事检察,做实行政检察,做好公益诉讼检察部署配套改革举措,发挥好检察机关参与国家和社会治理的重要作用,推动国家治理体系和治理能力现代化和法治化。在检察权运行体系方面,主要围绕办案组织设置,担任领导职务检察官办案制度,规范检察官办案权限和完善检察官业绩考评机制等方面推进改革举措。在检察人员分类管理体系方面,主要从检察官入额遴选制度、员额动态调整机制,检察官单独职务序列管理制度,检察人员职业保障制度等方面实施符合司法责任制要求的改革措施,进一步完善检察人员分类管理体系。在检察机关组织管理体系方面,重点围绕法律监督机构的健全展开,深化与行政区划适当分离的司法管辖制度改

---

① 参见《2018—2022 年检察改革工作规划》,正义网,2019 年 2 月 12 日,最后访问日期:2020 年 10 月 5 日。

革,探索建立对最高人民法院巡回法庭、知识产权法院、互联网法院、金融法院等的法律监督机制,逐步完善检察机关的法律监督格局。① 本轮司法改革中,检察机关通过顶层设计和试点有利先行推动了各项改革措施,取得了重大成就,这也是未来检察改革中的重要路径选择,通过先行试点、全面推开的方法稳步推进各项改革措施,顶层设计与先行试点相结合的改革理路具有一定的优势,在未来的改革中也必将会发挥重要作用。

---

① 参见《2018—2022 年检察改革工作规划》,正义网,2019 年 2 月 12 日,最后访问日期:2020 年 10 月 7 日。

第十章　司法改革的上海样本

伴随着我国社会主要矛盾已经转化为人民日益增长的美好生活需要和不平衡不充分的发展之间的矛盾,党的十九大审时度势,提出以人民为中心,深化司法体制综合配套改革,让人民群众感受到公平正义的法治战略目标。2017 年 8 月 29 日,中央深改组会议审议通过的《关于上海市开展司法体制综合配套改革试点的框架意见》(以下简称《框架意见》)。上海法院立足改革先行者、排头兵的站位,牢牢把握改革的正确方向,坚持党的领导、坚持司法为民、遵循司法规律、坚持问题导向、努力协同推进、坚持科技引领,不折不扣落实中央及市委的框架意见、分工方案,有计划、有重点、分步骤、有秩序地推动改革,取得了显著成效。

一、紧扣试点目标,实施成效显著

围绕总体目标,确认改革思路。上海司法机关围绕"加快建设公正高效权威的社会主义司法制度,维护人民权益,让人民群众在每一个司法案件中都感受到公平正义"的总体目标,着力巩固深化完善各项改革举措、跟踪问效,着力解决影响司法公正、制约司法能力的深层次问题,着力推进制度创新、形成可复制可推广的经验,努力实现审判放权与监督的规范运行、司法职权与资源的科学配置、诉讼服务与公开的优化升级、员额管理与保障的稳步推进、现代科技与审判的深度融合、司法公正与效率的全面提升,强化改革系统集成,全面落实司法责任制,打造人工智能司法应用高地,实现司法质量、司法效率、司法公信的全面提档增速。

针对试点方案,精细任务分解。为贯彻落实中央、市委和最高法的决策部署,2017 年 11 月,上海高院研究制定了《关于贯彻落实〈关于上海市开展司法体制综合配套改革试点的框架意见〉的实施方案》(以下简称《上海高院实施方案》),将改革任务细化分解为 8 大类 72 条 136 项;上海市检察院逐项落实市委确定由检察机关承担的 94 项改革任务(其中作为责任单位的 87 项,作为参加单位的 7 项),并结合检察工作实际自主提出 32 项改革任务,重点从规范司法权力运行、优化司法职权配置、推进以审判为中心的诉讼制度改革、深化繁简分流、坚持司法为民宗旨、完善人员分类管理、坚持科技强院、优化司法环境等方面规划和推进综合配套改革工作。整体协调推进,改革效果显著,受到领导和社会的广泛好评。

二、上海市司法改革的实践路线

(一) 先行顶层设计,后行机构改革,再行机制完善

顶层设计是全面推进司法体制综合配套改革的首发。上海高院紧紧抓住制度建设,制定出台 130 余项改革配套制度,形成了涵盖八大方面的司法体制综合配套改革制度框架体系。上海市检察院组建工作专班,研究制定《上海市检察机关落实司法体制综合配套改革试点任务的实施方案》,体现顶层设计的配套性;上海法院精细规准 8 大类 72 条 136 项改革任务,体现顶层设计的系统性;上海市法检系统制定完善司法责任制的实施意见、专业法官检察官遴选制度等相关实施意见,形成司法系统改革联动,体现了顶层设计的协同性。

机构改革是全面推进司法体制综合配套改革的平台。一是全面整合重构司法机关内设机构改革。上海基层法院按照"7+3+1"模式(立案庭、刑事审判庭、民事审判庭、商事审判庭、审判监督庭、执行局、执行裁判庭 7 个审判业务庭+政治部、办公室、司法行政装备科 3 个综合管理部门+1 个法警队)设置 11 个常设内设机构。选择 8 家基层法院增设金融、知产、未成年人与家事审判等 12 个独立建制的特色审判业务庭,通过"加挂牌子"方式,在部分法院实

行对环资、互联网案件的专门审理。上海市检察院以基层院"6+4+X"内设机构设置模型为基础,形成三级院改革方案。同时,在各级检察院设立了金融知识产权、未成年人检察、公益诉讼等150个新型专业化办案组。在办案组内合理配置办案权限,保障检察官依法相对独立行使办案决定权。

二是跨行政区设置集中管辖办案机构。上海法院依托上海铁路运输法院和三中院,对行政、环资等特殊类型案件实施跨行政区划管辖。目前,已经初步形成了行政案件、环资案件、食药案件、破产案件的跨行政区划审判格局。其中,一审行政案件已由上海铁路运输法院和(浦东、闵行、静安)三家基层法院集中并交叉管辖,实现了跨区"异地"审理的全覆盖。上海检察院推进跨行政区划检察院改革试点向基层法院延伸,将破坏环境资源、危害食品药品安全刑事案件交由上海铁检院集中办理;推动刑事执行检察院建设,设立了沪东、沪西两个刑事执行检察院。

机制完善是全面推进司法体制综合配套改革的保障。一是深化知识产权审判体制机制改革,依托(浦东、徐汇、杨浦、普陀)四家基层法院和上海知产法院,完善知识产权民事、行政和刑事"三合一"审判机制。建立技术调查官制度,对技术调查官的选任、管理、参与诉讼活动工作规则形成行之有效的配套制度。二是探索金融、海事和自贸区审判体制机制改革,依托(浦东、黄浦、虹口、静安)四家基层法院和上海金融法院,对金融案件实行集中管辖。成立上海金融法院,对金融案件实行"民事""行政"二合一审判。同时,依托上海海事法院和自贸区法庭,实施海事案件"长臂管辖"和涉自贸区案件集约化审理机制,服务上海"四个中心"建设。

(二) 完善监督机制,强化司法公开,促进审判质量

完善司法监督机制是促进审判质量提高的重要方面。上海市检察院升级改造案件质量评查系统2.0版,每件评查案件均有单独评查案号,评查过程通过案卡和文书全面记录,评查反馈、审批均网上进行,实现评查过程全面留痕。同时试行重点案件跨院交叉评查活动,打破地域、院际界限,加大案件质量评查监督力度。运用数据分析平台对受案量较大的19类罪名进行可视化分析,基本覆盖社会治安动态情势,形成大数据驱动型的法律监督创新模式。

上海市高院从独任制、合议庭、审判委员会、专业法官会议、审判管理监

督、审判责任追究机制等重点领域入手,持续推进以审判权为核心,以审判管理权和审判监督权为保障的审判权力运行机制改革。一是建立审判执行重点岗位风险防控模型和"上海法院廉政风险环节监督提示系统",实现纪检监察与审判监督一体化运行。二是研发"上海法院审判执行监督预警分析系统",针对审判执行过程中的 21 个重点风险环节,通过分析审理时长异常度、裁判结果偏离度、专业法官会议意见采纳情况等风险指标,对审判权运行中的风险实时预警。上铁法院启用庭审智能督察系统助力审判监督系统后,仅试运行一个月分析案件累计 2784 件,发现异常庭审 15 件,有效解决了人工督察耗时长、抽查率低、覆盖面窄等问题,大幅提高了审判管理质效。该系统运用人工智能技术,从庭审言行、庭审仪表、突发状况、设备故障等四个方面自动分析实时庭审、录像文件,可对法官中途离席、制服穿着不当、当事人争吵、视频模糊等异常现象进行实时监测和准确识别,并及时提示,促进庭审审务督察的及时、全面、有效。

为保障当事人宪法赋予的知情权、参与权、监督权,上海法院建成了以审判流程公开、庭审活动公开、裁判文书公开、执行信息公开为重点的十二大司法公开服务平台建设。其中,"上海法院律师服务平台",对接 19 个省市律师信息,全国 18 万名律师可跨省域使用该平台提供的诉讼服务。2018 年,共有500 余人次律师参与接待,为 6200 余人次提供法律咨询,便民利民效果明显;以数字化、智能化为特征的"上海法院 12368 诉讼服务平台"和"上海法院诉讼服务中心",提供了咨询、调解、分流引导、心理疏导等多窗口、多功能的服务项目。2018 年 5 月 28 日,上海法院 12368 微信公众号 2.0 版开通,实现了从"网上立案"到"掌上立案"的技术升级。在立案大厅显著位置树立易拉宝推广"上海法院 12368"微信公众号;在导诉台、立案窗口展示"上海宝山法院"微信公众号二维码、自助预立案二维码及诉讼费缴纳二维码,主动引导、"手把手"指导当事人和律师微信立案。开通至今,该院共收到网上立案 7427件,网上立案成功率 96.43%。探索建设在线调解平台对接 C2J 法官辅助系统,不仅使之具备知识搜索、类案推送等功能,而且针对道路交通损害赔偿等6 类案件建立了在线多元化解决要件指引。2018 年,宝山法院运用 12368 诉讼服务分平台共受理 12368 来电 7929 件次,同比上升 49.83%,当场接通率98.59%。最终实现包括在线评估、规则指引、纠纷案例预判、在线调解、司法确认、在线公证、司法鉴定、诉调对接等多种功能的融合。

（三）简化司法流程，建设智慧法院，提升司法技术

1.简化司法流程是便利司法的建设目标。推进多元化纠纷解决机制改革，发挥诉调对接中心的诉前分流作用。加强与行政机关、行业协会、法律志愿者、仲裁机构、人民调解组织的合作衔接，初步建成多行业多渠道的矛盾纠纷联动化解机制，以及横向到边、纵向到底的"市—区—街镇"三级诉调对接中心平台。2018年1—12月底，全市基层法院诉调对接中心共收26.82万件，调解成功8.66万件，委托调解分流率（委托调解成功结案数/一审民事结案数）达35.11%，过滤分流功能逐步凸显；加大速裁审理力度，深化民商事案件繁简分流。2018年，全市法院案件（扣除行政、民商特别程序）简易程序适用率87.6%，当庭裁判率42.12%。其中，市一中院着眼案件繁简分流大格局，建立分调裁一体化机制，制定《诉调对接中心工作规则》，由原先的人民调解员自行选案变更为简审团队挑选出适宜调解的案件委托调解，在系统对繁普简三类案件进行自动识别和分案的基础上，加强诉调对接中心与简审团队的工作衔接，确保案件调裁流畅流转，有效提高了案件调撤率。去年该院人民调解员调解案件的调撤率呈明显上升趋势，月人均结案数从每人4.5件提升至每人10件以上，诉调对接中心全年共调解结案416件，调解案件数量及调撤率呈总体上升趋势，取得较好效果。

2.建设智慧法院是现代司法的基本方向。上海高院率先研发运用上海刑事案件智能辅助办案系统（"206系统"），已完成盗窃罪、集资诈骗罪、内幕交易罪等71个罪名的证据标准指引制定工作，把大数据、人工智能等新技术嵌入刑事案件办案系统中，发挥提示、把关、监督作用，使办案全程可视、全程留痕、全程监督，减少司法任意性，防范冤假错案，也为公检法互相配合、互相监督提供了载体；建立大数据审判辅助系统，先后开发C2J法官办案智能辅助系统、裁判文书智能分析、移动智能终端办案APP、简易快审软件、法律文书自动生成、"全快搜"智能查询等辅助系统，为法官办案提供精细化、智能化服务；建立大数据审判管理系统，构建由六大信息应用系统、标准化专业化中心数据为支撑的"上海市高级人民法院大数据信息系统"，提供从案件流程管理、人事管理、案件质效评估、法官业绩档案管理、权重系数到廉政风险环节监督提示等完整的审判管理和监督功能;建立大数据司法公开和服务体系,依托大数据、云平台、移动互联等技术,构建了全方位、多层次、互动式的司法公开体系。过去五年间,共向当事人推送案件节点信息 345.95 万余条,网络庭审直播案件 4463 件,网上浏览量 1.77 亿人次,上海连续三年蝉联中国司法文明指数第一。发布诉讼服务机器人 2.0 版"法宝",提供在线立案、智能化诉讼咨询、信息查询等诉讼服务(目前群众选择智能服务和人工服务的比例已经达到 1∶3),通过"互联网+""人工智能+"实现服务群众诉讼"全方位、全天候、零距离、无障碍";建立大数据司法分析体系。在全市法院开展 29 项审判大数据分析专题项目建设,初步建成为审判执行管理、诉讼服务、信访管理、资源配置、适法统一等提供决策支持的大数据分析平台框架。已接入国家人口基础信息库、法人单位信息资源库,与国家机关、银行等 33 家协同单位初步对接数据共享机制,逐步推动数据互联互通、信息共享共用、业务衔接联动;加大刑事案件智能辅助办案系统研发应用力度,成立上海检察大数据中心,搭建检察办案数据的"中央厨房",完善数据挖掘、分析、管理、发布等机制;建设涉罪人员综合信息平台,建立公、检、法、司数据随案移送共享机制,智慧检务建设提速升级;智能辅助办案系统辅助庭审,开启法庭审理 AI 新时代,并于 2019 年 1 月 23 日下午在上海市第二中级人民法院合议庭公开开庭审理殷某抢劫案过程中首次适用并取得成功。审判过程中与案件对应的相关证据,均由系统自动抓取归类后在法庭上向案件各方及旁听人员公开列示。庭审结束后,在记录文本上附加电子签名,完成庭审笔录制作。

三、关于上海市司法改革的整体思考

(一) 重构组织体系、激发内生动力

设置科学的司法机构体系是提高司法质量的组织保障。司法改革要因地制宜,紧密结合各地具体情况,以优化司法机关职权配置为原则,构建各尽其职、配合有力、制约有效的工作机构体系。内设机构改革方面,以办案为导向,既要构建以审判业务、综合管理和法警队为主体的常设机构,又要根据辖区特点,创设满足地方需求的特色审判业务庭。在管辖机构设置方面,要以保障依

法独立公正行使司法权为原则,与行政区划适当分离,构建行政案件、环资案件、食药案件、破产案件为主的跨行政区划司法管辖格局。

检法系统在纵向机构上下贯通方面的调整,理顺了上下级司法机关的职能对口与专业归口,简化了司法流程。如检察系统三级联动改革、法院系统上下对齐改革;横向上的跨区域集中管辖办案机制改革,打通了管辖权之间的壁垒,破解了司法地方化的诟病。如检察系统的集中办案、法院系统的跨区域管辖;内部机构设置的改革,重构权限与职能的对应关系,解决了职能压茬、权限交叉、管辖不明的老问题,从根本上根治了"不愿管""不敢管""不会管"等痼疾;司法责任制与司法官遴选制度改革,特别是专业委员会的社会参与,推动了人员、职务与责任的统一,强化了权责利一体化的改革力度,突出了责任制的"牛鼻子"作用。

(二) 强化理论建设,推动战略探索

伟大实践离不开科学理论的指导。面对新时代、新矛盾、新需求,在司法改革实践中,必然出现许多崭新的时代命题,需要从科学理论中寻求解答的逻辑起点。诸如司法管理与去行政化、司法社会性与人工智能辅助、司法主观能动性的发挥与司法责任追究、司法机关的职责分工与程序协同等新问题,需要相应的司法学术研究作为理论支撑。这是上海司法改革实际中亟待解决的问题,也是全国司法改革实践无法回避的现实问题。当前我国正在全面推行司法体制改革,需要尽快建立并完善司法学学科体系建设,及时总结司法实践经验,探寻司法规律,构建中国特色社会主义司法学理论体系,为推动新时代司法体制改革和完善中国特色社会主义司法制度提供理论支撑。

司法改革战略是司法改革的宏观思路、顶层设计,是司法改革的"指南针",对司法改革具体方案的落实有重要的指导意义。当前,司法改革战略应当坚持以党的领导为经,以法院、检察院通力配合为纬,以试点推进为方法,以去行政化和地方化、加强职业化为支撑,全面提升司法公信力。另外,还要重视司法改革方法的研究,司法改革方法是将司法改革战略落到实处的操作路径,如问题导向、凝聚共识、试点先行与全面推开相结合、建构与试错相结合等都是司法改革的方法,今后除继续坚持上述改革方法外,还要努力探索新的改革方法,并确保这些方法更有实践成效、更能符合司法规律。

（三）精组队伍建设，释放主体潜能

上海法院在总结前期员额制改革经验基础上，严格执行"以案定额""岗额适配"的基本原则，深入推进人员分类管理改革。一是建立法官员额动态调整机制，根据各院案件增长、人员变动等因素，通过调整人员编制统筹调配法官员额，向案件量大的基层法院倾斜，实现员额岗位与履行审判职责及司法责任匹配，与办案绩效挂钩。二是在全国范围内率先启动法官助理遴选初任法官工作，通过业绩考核、业务考试、文书写作、模拟庭审等贴近审判实践的方式选拔初任法官，充实办案一线。三是在全国率先探索"法官业绩档案系统"和"案件权重系数"，客观反映法官真实工作量，依托审判质量效率评估体系对法官审判绩效进行量化考核，实现绩效考核奖金与办案业绩挂钩，并将考核结果与入额遴选、晋升评优、惩戒退出等衔接。

上海检察系统实行以案定额和以职定额相结合的员额动态管理机制。严把入口关，提高业务素质门槛，从法官助理中遴选初任法官，侧重案件权重系数，量化业绩考核，与入额遴选、晋升评优、惩戒退出相衔接；坚持"以案定额""岗额适配"为原则，跨院遴选，打通院际壁垒、突破论资排辈藩篱，构建部门之间"人随案流"的员额动态平衡机制；实施司法人员履职保障制度和单独职务序列管理，打造正规化、专业化、职业化的司法队伍。积极推进"跨院遴选""检察官助理遴选"，打通院际壁垒、突破论资排辈藩篱；严格实行先定岗再入额，让不愿办案、不能办案者知难而退，让愿意办案、敢于办案者迎难而上；探索员额配置再优化，形成部门之间"人随案流"的员额动态平衡；进一步调整细化检察官权力清单。成立检察官办公室，突出了检察官办案主体地位，检察官办案独立性进一步增强、办案质效进一步提升。

（四）创新司法流程，提升司法公信

创新司法流程是提升司法公信的内容之一。在深化司法改革中，既要研究如何给司法人员充分"放权"，确保独立行使司法权，又要研究如何防止司法权滥用。建立符合司法规律的监督制约机制是落实司法责任制、提高司法公信力的程序保障。司法改革的目的就是要满足人民对公平正义、清正廉洁司法供给的需要。以大数据驱动型的法律监督模式，实现对案件的可视化的全程实时预警分析，是规范司法权力运行、落实司法责任制、避免司法不公和

司法腐败的有效措施。

新时代的背景下，人民对高质量的司法需求量日益增长，司法资源相对有限，唯有充分调动社会资源以及深化诉讼制度改革，推进案件繁简分流、轻重分离、快慢分道，方能有效缓解司法供给与司法需求矛盾。充分发挥司法机关诉前职能作用，重视诉前分流作用，构建多行业多渠道矛盾纠纷联动化解机制；有针对性地提高司法效率，既要坚持简案快审，又要坚持繁案精审；借助社会化力量，司法辅助事务社会化。

司法改革既要靠制度供给创新，也要靠信息技术提升能级。以大数据、人工智能为代表的现代科技同司法工作深度融合，既能极大地提高办案效率，又能有效减少司法任意性，防范冤假错案；既能实现全流程、全节点实时监督和管理，又能提高司法透明度、提升司法质效，增强司法公信力；既能实现司法机关内部管理的科学化、系统化、集成化，又能使公检法司等部门之间数据共享、无缝对接、高度协同，使得司法活动更加科学、精准，是构建优化协同高效司法机构职能体系的必由之路，是新时代司法改革的有效途径。

第十一章　法院改革的成都样本

成都,据史书记载"一年成聚,二年成邑,三年成都",故名成都。别称蓉城、锦城,简称"蓉",是四川省省会、副省级市、成渝地区双城经济圈核心城市,是国务院批复确定的中国西部地区重要的中心城市,是国家重要的高新技术产业基地、商贸物流中心和综合交通枢纽。共辖 12 个市辖区、5 个县级市、3 个县,截至 2019 年年底,常住人口 1658.10 万人,城镇人口 1233.79 万人,城镇化率 74.41%,总共 14335 平方千米。成都地处中国西南地区、四川盆地西部、成都平原腹地,境内地势平坦、河网纵横、物产丰富、农业发达,属亚热带季风性湿润气候,从汉朝开始就有"天府之国"的美誉。

成都市设有 1 个中级法院,在 20 个行政区和高新区、天府新区共设 22 个基层法院、82 个人民法庭。截至 2019 年年底,全市法院共有政法专项编制 2929 人,现有在编人员 2747 人、员额法官 1220 人。成都市法院成立于 1950 年,于 1955 年更名为成都市中级人民法院,现为正厅级单位,共有政法专项编制 541 人,现有在编人员 507 人、员额法官 220 人;内设 25 个庭级部门,审判业务部门 14 个,审判综合部门 5 个,行政综合部门 6 个。2018 年全市法院受理案件 394749 件,同比上升 11.21%,其中成都中院受理案件 52615 件,同比上升 14.95%。全市法院人均结案 320.58 件,同比增加 29.26 件。

近年来,成都法院牢固树立"五大发展理念",紧紧围绕坚持"司法为民、公正司法"工作主线,坚持"忠诚、公正、廉洁"工作主题,坚持"务实、精进、卓越"工作总基调,切实履行司法职能,深化改革创新,提升服务实效,推进诉源治理,夯实队伍基础,各项工作不断取得新成效。在审判执行上,坚持办案数量、质量、效率、效果有机结合,开展"四位一体"抓办案质效提升年主题实践活动,确保办案政治效果、法治效果、社会效果有机统一。创新审判监管,确保公正高效。推进审判监督管理改革,全面推行"归档结案"新标准,"均衡结案"新机制,"静默化"监管新模式。全面加强类案指导,提炼审判经验,制定劳动争议、交通肇事等 24 类审理指南。强化科技支撑,开发"比案推简"等智能辅助办案系统,运用大数据技术,自动推送案件适用的法律法规、司法解释、法律文献、类案文书等信息,自动生成法律文书模板,强化对法官裁判行为的支撑和保障。在司法服务上,坚持全力服务大局、真心服务群众。贯彻新发展理念,围绕自贸区建设等重大战略,制定出台《关于贯彻落实市委十三届三次全会精神优化提升营商法治环境服务保障高质量发展的实施意见》等,服务保障高质量发展。成立四川自贸区法院(天府新区法院),助推四川自由贸易试验区建设。在郫都法院设立中西部首家互联网法庭,实现涉网案件全程线上审理。建立政府法院联席会议常态化、行政诉讼司法白皮书、行政机关负责人出庭应诉"三项机制",主动分析涉行政机关矛盾纠纷态势,当好党委政府的法治参谋助手。扎实开展扫黑除恶专项斗争,对黑恶势力犯罪出重拳、下重手、零容忍。制定《关于贯彻新发展理念为全市实施乡村振兴战略推进城乡融合发展提供司法保障和司法服务的意见》。构建"六位一体"诉讼服务体系,打造为接件办件的柜台、服务沟通的前台、减负解纷的平台、缓解供需的总台。完善 23 个诉讼服务中心、73 个诉讼服务点、305 个社区诉讼服务站,构建集 12368 热线、"阳光司法"APP 等为一体的"网络理事"平台,建立立案诉讼服务异地办理体系,推动"和合智解"e 调解平台进社区,方便群众足不出户化解纠纷。

　　近年来,成都法院在司法改革上,形成了一批在全省、全国有影响的"成都经验""成都品牌"。论述成都司法改革可以从很多方面展开,这里我们主要还是按照学界对司法改革的提炼总结进行论述。有学者总结司法改革的成效,认为本轮司法改革的成效可以总结为以下八个方面:淡化行政化、弱化地方化、促进职业化、增强公开化、增进人道化、推进科技化、提高理论化、提升社会化。[①] 对于成都司法改革,我们也主要从这八个方面进行介绍,一方面予以

---

　　① 参见崔永东:《本轮司法改革(2014—2018 年)的经验总结、问题分析与未来展望》,载《上海政法学院学报(法治论丛)》2019 年第 4 期。

科学分类,另一方面也可以按照学界设定的标准对成都司法改革进行总结、反思。

一、淡化行政化

(一) 摆顺党务、审务和政务的关系

人民法院首先是政治机关,必须旗帜鲜明地讲政治,坚持党的领导,把党的领导作为开展工作的根本保障。同时人民法院还是专门审判机关,必须尊重司法规律。人民法院还必须处理好内外部政务关系。因此,摆顺党务、审务和政务的关系至关重要。如果三者关系混淆或者混乱,会造成人民法院思想上的混乱、工作上的无序,最后落入行政化的窠臼。成都法院的司法改革,牢牢把握党的领导基本原则,不断加强和改进党的领导来统筹各方面的工作,又以各方面的工作切实加强和改进党的领导。成都法院的司法改革,深刻把握司法规律,在司法规律的基础上探寻各项改革,又以各项改革进一步理解和领悟司法规律。成都法院的司法改革,认真理解行政工作在人民法院工作中的地位和作用,使其与党务、政务相得益彰。

党务工作以党组会为核心,党组统揽全局、协调各方、统筹推进各项司法改革工作。审务会以审判委员会为核心,发挥以下功能:指导、监督全市法院审判工作和执行工作;总结审判经验;研究全市有关审判、执行工作方面的制度、规范;研究并发布对审判工作具有指导意义的典型案例或参考案例;研究审判管理和审判改革中的重大问题等。政务工作以院长办公会为核心,服务、保障和推进各项司法改革工作。成都法院正是在摆顺了人民法院党务、审务和政务的基础上,才为全市法院的司法改革提供了前提和基础。

(二) 整合内部机构,实现扁平化管理

成都法院较早开始思考人民法院内部管理的科层化问题。成都法院在进行内部机构改革之前,以院党组书记为课题负责人成立了两级法院参与的课题组,调研在改革前存在的管理科层化问题,并且认真分析了科层化和当前司法改革和司法实践的冲突。研究报告指出:"我国法院系统长期存在的行政

权与审判权交叉运行的现状,对审判权的独立运行带来了负面影响。毫无疑问,法院内设机构及人员配备的重整将成为新时期司法改革中极为关键的一环。如何最有效地利用司法资源,并在此基础上保障司法公正独立,是法院改革者必须思考的问题。"①经过比较研究,最终成都法院确立了内设机关改革的三项原则:构建分权模式下的"大庭制"扁平化审判体系;优化集权模式下"主办责任制"行政事务管理体系;实行以"技能分级制"为核心的人员配置新模式。② 积极稳妥推进全市法院内设机构改革,实现专业化审判与扁平化管理相统一,党务政务主管与主办责任制相结合。

　　成都中院从 2017 年上半年开始进行内设机构改革。首先是推行"大庭(部)制"改革。审判业务按商事、民事、刑事、行政设四个审判大庭,将原设十余个审判业务庭归并入四个内设单位,并作适当调整(如"三审合一"的环境资源庭归入行政审判部),承担审判业务;单设执行局;设诉讼保障、诉讼监督两部,含立案、审判执行监督、诉讼服务、信息技术、审判管理、法律政策研究等业务单元,属于综合审判部门;设政治和司法政务部,负责法院的政治和行政工作。改革后,按业务下沉、管理上收的精神,由分管副院长直接对大部实施审判监督管理,审判委员会专职委员或原审判庭庭长任大庭(部)副职。虚化审判庭职能,建设专业化审判团队,提升审判团队作为一级管理主体。减少一个管理层级,形成"院—审判部门—审判团队"管理模式,推进"扁平化管理"。执行业务按照"一体化"模式运行;司法政务与行政工作仍然按行政机制,实施层级管理。在四个大审判庭(部)分别设置党支部,审判庭(部)负责人担任支部书记,各审判团队成立党小组;在各大庭(部)设综合保障团队,作为大庭(部)负责人的办事机构,协助实施审判监督管理。为全面推动改革,法院制定了改革实施的总体方案,同时就"大庭(部)制"改革背景下院庭长职责、各庭(部)组织结构、工作职能与实施要求、审判管理监督的各项工作等,制定实施了一系列新的工作规程。学者评价成都中院的这项改革认为:1. 大庭(部)

---

　　①　成都市中级人民法院课题组:《回归审判独立的理性界址:现行法院内设机构运行的问题与思考——以 c 市两级法院为样本》,载《中国应用法学》2017 年第 6 期。
　　②　参见林遥、李任舟:《择善与兼容:人民法院组织管理模式的择定逻辑——从科层化与扁平化的伯仲之辩切入》,载齐树洁、张勤主编:《东南司法评论》(2019 年卷),厦门大学出版社2019 年版。

制依据法律关系和基本职能划分,符合机构设置规律,部门划分逻辑清楚;2.贯彻大部制改革精神,弱化中层机构的业务管理功能,降低行政化因素,符合司法责任制改革的精神;3.围绕内设机构改革的综合配套改革,具有积极意义。①

(三) 深化"一体三维"司法责任制改革,落实"让审理者裁判、由裁判者负责",打造司法责任制综合配套改革"西部样本"

四川作为全国司法体制改革第三批试点省份,成都作为四川省的第一批试点市,从 2016 年 3 月开始改革试点,已有四年多时间了。司法责任制改革作为司法体制改革的"牛鼻子",从一开始就按综合配套的思路在推进,在改革伊始就明确提出"一体三维"的改革目标导向。所谓"一体",即司法责任制改革的价值取向,就是提升司法质量、司法效率和司法公信力;"三维",就是把放权法官、服务法官、管理法官统一于"四位一体"抓办案全过程。"三维"让法官自主裁判、愉快办案,让群众安心。

放权法官,就是全面落实"让审理者裁判、由裁判者负责"的总要求,让法官实现"五个自主",现在成都法院 99.5%的案件由合议庭或独任法官自主裁判。服务法官,就是按照"一体两面"的路径建设办案服务保障中心,第一阶段将法官手中的 108 项审判辅助事务剥离集中集约办理,解决群众联系法官难、办事不方便等问题;第二阶段再次将法官手中的非办案核心事务第二次集中集约办理,整体交由中心的 11 个小微组织承办,真正让法官觉得"办案是件很愉快的事"。管理法官,就是强化对涉及国家安全、外事外交、社会大局稳定等敏感事项的"四类案件"监管,纳入组织化、平台化、公开化的院庭长管理平台进行管理;建立"静默化监管"新机制,对办案流程的 183 个工作节点、68 个监管节点进行全覆盖监管;研究出台了 23 个类案指导意见,建立了解决同案不同判问题的制度机制;引导全体员额法官落实"五个责任主体"要求。为适应司法责任制改革新要求,探索建立"司法供应链"管理新模式,明确提出建设办案质效管理中心、办案服务保障中心、内外沟通协调中心"三大中心",确保人民法院办理的每一个案件"都不带病出院、都不带病入库(归

---

① 参见龙宗智:《法院内设机构改革的矛盾及其应对》,载《法学杂志》2019 年第 1 期。

档)",努力让人民群众在每一个司法案件中感受到公平正义。2019年成都法院受理各类案件44.83万件,占四川全省受案数的三分之一;结案率达到90.12%,人均结案305件,比全省人均结案数高出70%;办案时限减少26天,改发率下降。司法办案的法律效果、政治效果、社会效果进一步提升群众的司法获得感、幸福感、安全感。①

二、弱化地方化

本轮司法改革的两个基本理论逻辑,一是司法权属于判断权,二是司法权为中央事权。学者认为本轮司法改革主要体现在人财物归省级统管、设置跨行政区划法院、设立最高人民法院巡回法庭等举措,尤其是巡回法庭制度设立的最大意义就在于克服司法领域中的地方保护主义,换言之,即消除司法中的"地方化"因素。② 成都市两级人民法院,作为地方性人民法院,要接受当地党委的领导、由当地人大产生受其监督、工作的开展也离不开当地政府的支持,这种表面上的矛盾通过成都法院的实践予以很好处理。

(一) 跨区域设立法院或确定法院管辖

7月12日,四川天府新区成都片区人民法院(四川自由贸易试验区人民法院)经最高人民法院、省委编委批准正式挂牌成立,两块牌子一套人马。该院主要管辖:1.四川天府新区成都片区人民法院按照基层法院受理案件范围,管辖天府新区成都直管区范围内的各类案件。有其他特殊管辖规定的案件,按照特殊规定确定管辖。2.四川自由贸易试验区人民法院按照基层法院受理案件范围,管辖四川自由贸易试验区除川南临港片区以外区域的民商事案件。辖区范围内原由铁路运输法院管辖的案件,仍由铁路运输法院管辖。该院本身就采用的区域管辖和跨区域管辖相结合的方式。2020年4月28日,四川

---

① 参见成小法:《央视直播:成都中院院长解读司法责任制综合配套改革"西部样本"》,载成都市中级人民法院微信公众号,最后访问日期:2020年10月5日。

② 参见崔永东:《本轮司法改革(2014—2018年)的经验总结、问题分析与未来展望》,载《上海政法学院学报(法治论丛)》2019年第4期。

省人民政府以川府函〔2020〕84 号批复设立成都东部新区。2020 年 5 月 6 日，成都东部新区正式挂牌，构建"双城一园、一轴一带"空间布局。东部新区的案件由成都高新技术产业开发区人民法院管辖，使东部新区建设一开始就在司法保障上面具有去地方化的相对优势。

（二）行政案件的相对集中、交叉管辖

2020 年 1 月 10 日开始，成都法院行政案件除主城区外的 14 个区（市）县实行行政案件"首尾相接、循环交叉"管辖，同时废止了第一阶段试点由双流、龙泉驿、新都 3 个法院集中管辖 14 个区县行政案件的管辖模式。试点交叉的 14 个法院分为四组，分别实行"首尾相接，循环交叉"。具体分组：1. 双流、新都、龙泉驿；2. 金堂、青白江、彭州；3. 温江、崇州、都江堰、郫县；4. 新津、大邑、邛崃、蒲江。以双流、新都、龙泉驿为例，双流法院管辖新都区域的行政案件，新都法院管辖龙泉驿区域的行政案件，龙泉驿法院管辖双流区域的行政案件。其余三组管辖顺序依此类推。交叉管辖既考虑到破除地方干预又就近方便群众，同时相比较之前的集中管辖，更能优化审判资源配置。

三、促进职业化

推进政法队伍专业化、职业化建设是司法改革的重要目标，成都法院坚持党的领导，尊重司法规律，在司法改革中不断推进司法机关和司法队伍的职业化。

（一）专门审判（法）庭的设立

经最高人民法院和四川省委编办批准正式设置，成都知识产权审判庭于 2017 年 1 月 9 日揭牌，主要负责跨区域受理四川全省范围内知识产权类的新型案件。经四川省高级人民法院批复同意，成都市郫都法院互联网法庭于 2018 年 6 月 22 日正式挂牌运行，这是西部首个互联网法庭，将集中管辖郫都区辖区内的一审涉互联网民商事案件，开启了涉互联网案件专业化审判的新篇章。成都法院积极推进金融审判专业化、国际化、智能化改革，即推进金融审判人员专业

化、办案专业化以及机制运行专业化;推进以国际视野加强金融审判战略研究、培养和引进金融审判人才、研判金融审判反映的问题;加强信息技术硬件基础建设,推进"线上""线下"立体融合发展以及打造成都金融审判大数据智库。目前,成都中院已成立专业化金融审判组织,审理该院管辖的金融类民商事案件;青羊区法院按照类案审理1∶3∶3模式构建专业化金融审判团队,建立专家陪审员、调解员数据库,引入网络公司智审系统,实现了金融类案的全流程线上办理;邛崃市法院设立了全市首个独立的金融审判庭,依法审理除派出法庭辖区以外的金融类案件;锦江区法院成立专业化派出法庭春熙法庭和水井坊法庭,专门审理金融案件;高新区法院特设涉金融案件的"绿色立案通道",定期发送金融类案件的司法建议书;青羊区法院、双流区法院建立了法院、金融机构的工作联席机制,多次召开了涉金融类案件审执工作联席会等。成都法院设立专门合议庭,建立买卖合同类、金融证券类、知识产权类、建设工程类等41个专业化审判团队,对案件进行专业集中审理。法院以"前台+后台"模式,建立4个金融专业审判团队,按主观分流和二次分流原则实行繁简分流。同时积极探索破产案件"简化审"机制和统筹"执转破"案件办理机制。

(二) 事务性工作剥离

成都法院在前期大量调研基础上,分清法院核心事务、辅助性事务,通过购买社会化服务,实现非审判核心事务性工作的剥离,实现集中化、集约化处理,让法官从烦琐的审判辅助事务中抽出身来,专司审判执行工作。成都中院自2016年起,逐步将文书送达、庭审记录、档案装订等非"核心业务"外包出去,初步构建出审判辅助事务的制度化剥离体系,取得了较好的效果。[①]

(三) 打造配备实习法官助理"成都样本"

四川省成都市中级人民法院深度聚焦员额制改革之后审辅力量不足的突出问题,建立院校共建的司法实践基地,协同培塑卓越法律人才,打造实习法官助理"成都样本"。目前全市14家法院和11所在川高校签订战略合作协

---

① 参见熊有智、黎锦扬、苏禹:《确保社会服务可控　助力审判质效提升——四川成都中院关于加强审判辅助事务社会服务的调研报告》,载《人民法院报》2018年5月3日。

议,同步面向全国高校招录实习法官助理,已与全国 29 所高校联合培养 8 期共 629 名实习法官助理,人均辅助办理案件 46.2 件,64 名实习法官助理按程序成为政法干警,有效助力审判执行工作,促进法律人才培养,实现多方共赢。该项改革成功入选最高法司法改革领导小组印发第八批、第九批《人民法院司法改革案例选编》。① 在成都市的实践基础上,2020 年 3 月四川省高院、省司法厅、省律协联合出台了《关于开展申请律师执业人员到法院担任实习法官助理的实施意见(试行)》。根据该意见,申请律师执业人员可根据当地律协安排,申请到法院实习法官助理,担任实习法官助理的任职时间按 1∶1 折抵申请律师执业人员的实习期。

四、增强公开化

审判公开一直是成都法院的亮点工作,早在本轮司法改革开始之前,成都法院就开始了"开放式 6+1"审判公开模式探索。"6"是指在互联网上公开的立案排期信息、庭审现场、裁判文书、主要证据、执行信息、鉴定拍卖等六类面向社会公众全面公开的审判信息。"1"是指个案信息公开系统,是面向案件当事人一对一、点对点地彻底公开其所涉案件信息。其中,"开放式 6+1"审判公开模式将不涉及国家机密、商业秘密等的判决书全部、及时上网,并链接所有的证据和视频,实现审判信息的彻底公开。本轮司法改革,成都法院司法公开网统一了公开平台。成都法院紧扣审判流程公开、裁判文书公开、执行信息公开"三大司法公开平台"建设主线,运用互联网思维和现代信息技术,不断延伸公开范围、拓宽公开渠道、提升公开层次,在原有的成都法院审判公开网基础上打造全市法院统一的司法公开网,全面实现"集中公开、直观展现、现代技术、有机链接、方便查询、资源共享"的司法公开大格局,实现全市两级法院审判流程、裁判文书、执行信息的公开透明,便捷社会公众获取司法信息,提高司法透明度,以公开促公正、以公正树公信。通过考核、通报方式,不断巩固司法公开取得成果和成效。

---

① 参见《人民法院司法改革案例选编(八)》。

五、增进人道化

成都法院在本轮司法改革中不断增进对人的尊重和保护、不断增强对人民群众的服务,都体现了司法人道化。

(一) 家事审判改革

从 2017 年 1 月 1 日成都中院被四川省高院确定为家事审判方式和工作机制改革试点法院。近年来,成都中院以家事审判方式和工作机制改革为抓手,有力推进诉源治理和基层治理工作,维护家庭稳定,有效化解家事矛盾纠纷,全方位保护儿童及未成年人合法权益,力求给孩子一个充满快乐幸福和谐的家庭。确立"成都市家事审判方式和工作机制改革联席会制度",与市委政法委、市检察院、市教育局、市公安局、市关工委等 14 个部门和单位,形成合力保护家庭、儿童、妇女和未成年人利益。

(二) 提出并破解"司法供应链"重大课题

2017 年全市法院院长座谈会上,成都中院提出构建和管理"司法供应链"重大课题,以准确把握国家、社会、群众、当事人等多元社会主体的各个侧面的司法需求,从人、流程、事务等三个关键方面着力,补强现行司法供给短板,实现司法供给和司法需求的有效对接。

(三) 以大数据主动提升司法为民水平

成都中院提出要坚持以人民为中心,利用大数据分析手段和信息技术,主动分析、把握社会多元主体的司法新需求,及时总结评估"司法产品"的公信度、接受度、满意度和群众获得感,积极、优质、高效回应各类主体的多元司法需求。

(四) 司法诉讼服务社区全覆盖

形成立体化全天候普惠式诉讼服务体系。2015 年以来,"线下"建成 23

个诉讼服务中心、73 个诉讼服务点、305 个社区诉讼服务站。

六、推进科技化

成都法院以"智慧法院"建设为抓手,在本轮司法改革过程中,审判、审判监督和审判管理在科技上都得到了很大提升。

(一) 高端设计司法智库大数据中心,服务审判和公众

成都法院以问题、需求和目标为导向,提出全面深化建设线下"智能法院",整合再造一个线上"网络法院",构建立体线上线下"融合法院",打造成都法院司法智库大数据中心的"三位一体"智慧法院成都建设模式,以信息化服务干警、服务办案、服务决策、服务管理、提升服务社会的精准性、智能性、便捷性,形成了成都智慧法院"网络化、阳光化、智能化"等典型特征。将"互联网+"理念和大数据、人工智能技术完全融于法官办案、法院管理、诉讼监督、诉讼保障、诉讼服务和数据共享立体方面。聘请中国"十大科技创新人物"、国内大数据顶尖专家、电子科技大学的专家学者,对成都法院的大数据中心进行高端设计,拉开了成都智慧法院建设的序幕。陆续构建司法智库大数据中心、建设成都法院信息化综合运维管理平台、建立信息化专家咨询决策制度等。通过整合成都两级法院案件相关数据和购买第三方数据资源等方式,共收集案件基本数据、办公数据、流程节点数据、日志数据、干警培训数据、裁判文书信息、工商企业信息、成都地区被执行人信息、失信被执行人信息,服务法官审判执行和社会公众,从而彻底改变法院信息化运维工作被动的局面。成都法院还积极探索信息共享机制,融入社会治理。成渝双城经济圈战略、成德眉资一体化提出后,成都法院还在积极探索跨区域的信息共享机制,为区域经济社会发展提供坚实的司法保障。

(二) 建立六大平台,法院工作全面"智慧化"

成都法院先后通过特色和个性软件系统开发,融合本地化要求,逐步构建了办案、办公、管理、辅助、后勤等五大智能平台,不断提升党务、审务和政务智

能化程度。一是智慧审判平台：以刑事庭审实质化、民事庭审优质化、行政诉讼优化审改革、繁简分流机制改革等为核心，围绕"四位一体"工作要求，更新再造覆盖审判工作全融合、全流程的智慧审判平台。二是智慧执行平台：建立统一的执行指挥中心及业务应用系统，构建执行情报中心，建立人民法院和社会联动的执行案件当事人信用体系。三是智慧政务平台：助力大庭（部）制改革，将办案流程规范要求有序全面融入到日常行政流程中。四是智慧审判管理（监督）平台：将信息化技术运用于法院审判、执行、政务、质效、庭审监督管理和案件质量评查等各方面，实现管理监督指导依据足、权力行使有监督、案件质效有保障。五是智慧诉服平台：深化网络理事平台建设，为剥离的事务性工作构建线上处理平台，构建司法供应链。六是智慧决策平台：全面提升法院智慧服务能力，在更高水平上实现审判监督管理体系和审判监督管理能力现代化。如成都崇州法院融合人工及法官智慧，自主研发法律问答机器人"小崇"，以微信、桌面机器人和一体机为应用场景，具有初步人工智能功能并且不断得到升级，为群众预估预判诉讼风险提供行为指引，为基层预测预防纠纷提供精准治理，为法院统一裁判尺度提供精准服务。成都法院还引入淘宝、京东网络司法拍卖平台，严防围标串标和司法腐败，为当事人节约佣金。利用信息化手段与48家单位建立联合惩戒机制。依法制裁拒不执行、阻碍执行等行为，取得了良好效果。成都法院在线诉讼实践得到了学术界的关注和高度评价。①

（三）从网上到掌上，"智慧"地服务公众

成都法院通过强化互联网思维，着力考虑如何缩短人民法院和社会公众的距离，在现有覆盖法院全业务的内部网络法院的基础上努力延伸至互联网，探索创新服务方式。全国首创"和合智解"e调解平台。创造性打造了"互联网+"调解平台，同步建设与线下衔接的调解空间，开启多元化解纠纷、多方参与的"O2O"调解创新模式。构建电子商务网上法庭，当事人可以通过互联网在线完成诉讼参与全流程。法院诉讼服务从"网上"延伸至"掌上"，形成诉讼

---

① 参见左卫民：《中国在线诉讼：实证研究与发展展望》，载《比较法研究》2020年第4期；杨焘、杨君臣：《人工智能在司法领域运行的现状及完善对策研究——以成都法院为样本进行分析》，载《科技与法律》2018年第3期。

服务联动格局,满足不同层次群众的司法需求,提升对司法的获得感、参与度。同时,成都两级法院建立了全覆盖的"三大审判"和执行办案的涉案款物管理系统,实现公、检、法系统之间涉案款物的网上移交、网上处置和全程监管。

七、提高理论化

成都法院在司法改革中坚持理论联系实践,产研学相结合,一方面成都法院用理论指导实践,另一方面也在实践中发展着理论。

(一) 刑事庭审实质化改革

结合贯彻最高法院"三项规程",成都市法院与市检察院、公安局、司法局联合制定关于深化刑事庭审实质化改革具体实施意见和加强刑事案件证人出庭作证意见等文件,推进认罪认罚从宽,促进刑事案件律师辩护全覆盖试点,推动庭审实质化普遍化常态化运行,最大限度防范冤假错案。当庭认证率、当庭裁判率、服判率分别为 73.8%、53.48%、92.7%。改进证据调查方法,遵循宣接言词原则,以人证出庭、物证宣接出示为证据调查的基本方式,进而带来证据审查判断方式和事实认定机制的改变。证据调查方式变革的背后,是事实判断的逻辑转变,促成实质化庭审模式逐渐成形。传统庭审调查的逻辑认为,侦查证据更加真实可悟,因此,证据调查采用阅送和核实送宗的方式,以证据的印证分析为审查判断证据的基本方法,完全根据证据的印证状况来认定案件事实。庭审实质化的逻辑则认为,侦查证据并不完全值得信赖,通过直接言词方式的调查,在运用印证分析方法基础上借助个别化的证据审查判断方法更容易查明案件事实真相。① 在庭审实质化实践中成都中院全面探索举证、质证、对质、非法证据排除等实践,有效提升了刑事审判质效。② 成都中院多次参加国家社科基金有关庭审实质化课题。

---

① 参见马静华:《庭审实质化:一种证据调查方式的逻辑转变——以成都地区改革试点为样本的经验总结》,载《中国刑事法杂志》2017 年第 5 期。
② 参见何良彬:《庭审实质化改革背景下的对质规则研究》,载《西南民族大学学报(人文社会科学版)》2020 年第 9 期。

（二）民事庭审优质化改革

"以审判为中心"是党的十八大提出的一系列司法改革举措的关键,也是诉讼制度改革的重要内容,其改革命题毫无疑问应当辐射到民事诉讼。成都法院契合改革的方向,系统分析和梳理当前民事审判方式存在的诸多问题并将其作为改革的着力点,经过近一年时间的研究思考,并邀请法学专家参与论证和指导,最终形成了以庭审优质化为重点的民事审判方式改革方向。① 民事审判改革围绕要素化、类型化进行,提高审判效率和效果,要素式审判机制要求在民事诉讼过程中开示法官的审理思路,聚焦争议要素的对抗性,引导当事人围绕争议要素举证、质证,完善庭前与庭审衔接,做好司法语言研究,做好审助配合,发挥要素式审判在民事庭审改革中的积极作用。② 成都民事审判改革的另一项重点为繁简分流,成都法院较早探索诉前分流,探索法官经验为主导的繁简分流模式,破解简易复杂案件判断难题。成都法院第一批纳入民事案件繁简分流试点。成都中院将该项试点工作,与"司法供应链"管理新模式改革、诉源治理改革、司法责任制改革、审判组织改革、"三大庭审"和执行"一体化"改革、智慧法院改革等成都法院自主部署的司法体制机制综合配套改革与此次改革试点协同推进。"知识产权类案快审机制"被国务院作为第二批全面创新改革试验案例在全国推广。成都法院的民事审判改革同时注重细节,比如成都法院出台关于规范管辖权异议制度,在调研基础上认为,对这一当前影响民事审判效率突出问题的全面分析基础上,明确提出了办理管辖权异议案件应设置前置审查环节的思路。同时,在处理结果上应增设管辖权异议申请不予审查的情形,当事人对此不能上诉,法院对不予审查的,要及时通知申请人。通过程序设置规制以管辖权异议程序恶意拖延诉讼的不良行为,提高民事审判效率,③并在此基础上制定了相关规章制度。

（三）行政诉讼优化审改革工作

成都中院在行政审判中发现行政诉讼存在行政诉讼庭审程序烦琐冗长、

---

① 参见胡建萍、曾耀林:《民事庭审的优质化》,载《人民司法》2016 年第 19 期。

② 参见林遥:《民商事类型化案件要素式审判机制研究——以 C 市法院民事庭审优质化改革情况为样本分析》,载《法律适用》2018 年第 15 期。

③ 参见郝廷婷、龚成:《滥用民事管辖权异议程序的规制路径——兼谈管辖权异议案件前置审查环节的设置》,载《法律适用》2018 年第 3 期。

当事人权益保障不足、行政争议化解效果不好等突出问题。为全面落实"以审判为中心"诉讼制度改革要求,成都中院开展行政诉讼优化审改革工作。注重庭前分流、完善庭中程序、提升庭后效果作为改革重点,全面推进庭前繁简分流、庭中法庭调查辩论一体化、类型化要件式审理,强化裁判文书制作说理改革、庭后各方协调、判后释疑及司法建议延伸工作,形成了《行政案件简易程序审理规则(试行)》《行政案件庭审情况应对指南》《行政案件繁简分流办法(试行)》等制度性文件,大大缩短了庭审时间和办案天数。部分基层法院已建立了行政案件诉前协调机制、部分类型案件快审模式、要素式审判信息平台。成都中院牵头形成了调研课题"看得见的正义——成都法院行政诉讼优化审改革的实践探索"。

(四) 理论成果丰硕

成都中院在司法改革推进过程中,注重理论总结和规律发现。公开出版作品有《人民法院法官助理职业技能教程》(共二版,系我国第一本针对法官助理的教程)、《诉源治理——新时代"枫桥经验"的成都实践》、《理性实践规则刑事庭审实质化改革的成都样本》、《优化、协同、效能——人民法院内设机构改革的成都实践》、《法院内设机构与司法管理改革》,另参与多项国家级、省部级课题。

八、提升社会化

诚如学者指出:"社会司法的存在,打破了国家对司法的垄断,弥补了国家权力在调整基层社会秩序方面的缺陷。社会司法体现的是一种社会意志、社会权力和社会利益,而国家司法体现的是一种国家意志、国家权力和国家利益。社会司法实质上是社会对司法问题的一种回应,这一回应的结果是社会组织突破了国家对司法的垄断。面对社会司法的挑战,国家司法也作出了回应,这一回应的结果便是国家司法权力的部分社会化。"[1]司法与社会的联系

---

[1]　崔永东:《社会司法的理论反思与制度重建》,载《学术月刊》2017 年第 6 期。

必不可分,司法会影响社会,同时社会也会影响司法。成都法院的司法改革,就是通过司法行为影响社会,然后通过社会力量和司法权形成合力,为治理体系和治理能力现代化提供坚强法治保障。成都法院司法改革提升社会化最主要的典型就是"诉源治理"。

成都法院重视"司法供应链"前后端联系加强。加强与"司法供应链"前端公安、检察、相关政府职能部门及各类调解组织等的信息互通共享、及时有效沟通;加强与"司法供应链"末端党委宣传部门、传统媒体、新媒体等的双向互动、互信合作;推进健全党委领导、政府负责、社会协同、公众参与、法治保障的社会治理体制,切实深化需求驱动、全程贯通、内外协调、多边共赢的"司法供应链"体系,充分借力合力,发挥好法院在维护社会大局稳定、意识形态领域安全和参与社会治理、树立正确价值导向等方面的作用,大力提升服务保障全面体现新发展理念城市的能力水平。

正是这种协调观下,成都法院全面推出并实践了"诉源治理"。最高人民法院司法改革领导小组印发《人民法院司法改革案例选编(五)》,成都法院部署开展的"诉源治理"入选。2016 年 7 月,成都中院正式推进"诉源治理",以法治化思维、专业化优势、开放化体系、多元化方式、智能化支撑,推动形成共建共治共享矛盾纠纷的预防与化解大格局,让纠纷止于未发、解于萌芽,取得了减少诉讼案件增量,节约司法资源,案件审判质效和司法公信力双提升的良好效果。2017 年与 2015 年相比,成都 21 个基层法院有 17 个受理案件增幅放缓,增幅平均下降 25.64 个百分点。2018 年 1 月至 9 月,成都两级法院受理案件增幅同比再下降 13.71 个百分点。主要经验有:

1. 推动"三层"统筹,滤纠纷于诉外。聚焦重点产业、重大项目和纠纷多发领域,推动优质解纷资源共同参与纠纷的预防和化解。一是共谋解纷策略。主动服务特色主导产业发展和重大项目建设,助推主管行政部门、行业组织及相关社区协力推进涉产业项目纠纷的源头治理。二是共搭解纷平台。大力推动道交、劳动、房产、物业、家事等矛盾纠纷多发领域的联调共治,合力搭建多个专业化"一站式"纠纷联动预防化解平台。2016 年,在全国首创"和合智解"e 调解平台,平台汇集 86 个调解组织、479 名调解员,群众足不出户即可将纠纷便捷化解。截至 2018 年 9 月,已受理纠纷 1.89 万件,调解成功 1.36 万件,成功率达 72.09%。三是共增解纷力量。与成都市司法局联合推进律师参与调解工作,建立律师调解名册和工作细则;与成都市综治办、成都市司法局共建"人民调解员培训学校",培育壮大人民调解力量。

2. 推进"三治"融合,化纠纷于社区。融入成都市城乡社区发展治理、推动基层善治,将"诉源治理"纳入当地党委政府中心工作,打造高品质和谐宜居城乡社区。一是引导社区自治。在乡村"熟人社区",培育发展"五老"调解员、说事评理员,构建以社会自治手段化解民间纠纷的新机制。在城市"陌生社区",探索开展"社工调解",并依托社区网格化治理机制,将排查、调解纠纷纳入社区网格员职责,推动调解工作向社区院落、楼栋、家庭延伸。二是指导社区法治。创建"无讼社区"机制,整合人民法庭与司法所人员、人民调解员、社区工作者深入社区开展法治服务。建立"基层法治指导员"制度,选拔资深法官结对街道社区,提供"一对一"法治指导。开办社区"法治诊所",推动常发多发纠纷不出居民小区。三是教导社区德治。通过举行"牡丹讲坛"、设立"晓双工作室"等形式,每月选派法官走进基层社区开展法治教育讲座,"以案说法、以事普法、以理送法",大力传播法治文明、社会主义精神文明和传统和谐文化,促进乡风文明、社区和谐,净化了部分民间涉法纠纷滋生的土壤。

3. 促进"三调"并进,解纠纷于调解。主动对接、协同和引入优质调解资源,努力做强人民调解、做实行政调解、做优司法调解"三大防线",有效引导纠纷通过调解方式化解。一是做强人民调解。加强对人民调解员的业务培训和指导,设立7个基层调解指导站,创新开办"人民调解员培训学校"线上平台,让人民调解员业务培训常态化。2016年以来,成都两级法院共指导人民调解3375件,调解成功率达92.2%。二是做实行政调解。充分发挥相关行政职能部门发挥解决所管理领域矛盾纠纷的主渠道作用。如成都两级法院搭建的道路交通事故纠纷"一站式"专业化纠纷预防和解决平台自2013年建成以来,通过公安机关、保险行业协会在前端共调解80余万件纠纷,有96%以上的纠纷化解在诉前。三是做优司法调解。在法院诉讼服务中心设立"律师工作站",选聘包括行政调解、行业调解、人民调解等118个特邀调解组织和包含法学专家、律师、仲裁员、公证员等608名特邀调解员,积极参与司法调解。近两年,成都两级法院共开展调解14.73万件,引导5.35万件涉诉纠纷向特邀调解、专业调解分流。

4. 坚持"三环"同抓,止纠纷于诉内。构建法院内部各环节、各审理阶段、不同审级之间的"案源治理"新机制,实现案件从立案、审判到执行各个环节的分流过滤与分层递减,促进生效裁判自动履行,减少二审案件、执行案件和涉诉信访,切实将进入诉讼的纠纷优质高效化解在诉内。一是夯实一审案件"案源治理"。有效适用小额诉讼程序,强化一审事实认定、证据裁判和法律适用功能,构建上诉案件中立评估机制、防范恶意诉讼机制和"上诉犹豫期"引导机制,将上诉较多的类案、案件上诉较多的承办法官纳入"重点案件、重点人员"管理,减少上诉案件。如成都中院牵头彻底化解 3 个历史遗留复杂案件,一次性解决由三个案件当事人分别就同一问题提起的总共 458 件各类一审、二审、再审案件。二是强化执行案件"案源治理"。建立诉讼中当事人主动履行引导机制、判后自动履行和不执行生效裁判风险及责任告知制度,促进当事人即时履行、自动履行。同时,加强立案、审判、执行联动,强化财产查控和保全,提前化解执行难案,助推"基本解决执行难"决战攻坚。三是狠抓涉法涉诉信访案件"案源治理"。探索信访化解与再审审查有机结合的工作模式,结合再审审查案件特征,通过案件审查听证做好释法明理,加强裁判文书说理,源头上减少涉诉信访问题。近两年,成都两级法院涉法涉诉信访案件分别同比下降 12.89%、23.32%。①

成都法院的司法改革,并非没有问题,比如学者所指出的理论支撑不足、凝聚共识不够、权力监督不够、"排非"不到位、保障制度不足、职业化有待完善、去行政化、去地方化有待深入、对营商环境的司法保障不足,②这些问题都或多或少存在。但整体上成都法院的司法改革主动融合中央顶层设计与中基层法院实践,聚焦司法责任制改革、以审判为中心的诉讼制度改革、司法体制机制综合配套改革"三大核心",明确任务、确定目标。坚持以提升司法质量、效率和司法公信力为根本价值追求,以放权法官、服务法官、管理法官为基本内容的"一体三维"改革导向,压实院庭长办案、管理、监督三项职责,明确员额法官办案、管理、廉洁、作风、报告五个责任主体,"让审理者裁判,由裁判者

---

① 以上内容来源于最高人民法院司法改革领导小组印发的《人民法院司法改革案例选编(五)》,关于"诉源治理"的更多参考,可参见四川省成都市中级人民法院课题组:《内外共治:成都法院推进"诉源治理"的新路径》,载《法律适用》2019 年第 19 期;余涛:《"无讼社区"建设的实践及意义——以四川大邑县为案例》,载《社会治理》2019 年第 6 期。

② 参见崔永东:《本轮司法改革(2014—2018 年)的经验总结、问题分析与未来展望》,载《上海政法学院学报(法治论丛)》2019 年第 4 期。

负责"得到全面落实。在全国率先开展刑事庭审实质化、民事庭审优质化、行政诉讼优化审"三大庭审"和执行"一体化"改革,同步推进"简案快办、难案精审"繁简分流机制改革。以庭审为中心的刑事、民事、行政诉讼改革,以问题为导向,各有重点。坚持发展新时代"枫桥经验",积极推进基层社会治理创新,在全国率先进行诉源治理,全市法院形成了蒲江"五老调解"、大邑"无讼社区"、新津"法治诊所"、武侯"社区法治指导员"等 10 余种基层治理新模式。在全国首创"和合智解"e 调解,让当事人在有网络的任何地方,都可进行解纷咨询,接受多元调解。改革以来,全市法院累计前端化解各类纠纷 80 余万件,全市法院新收案件增幅回落 11.19 个百分点。成都法院的司法改革、司法责任制改革被誉为"西部样本";以审判为中心的诉讼制度改革,差序推进、特点各异;司法体制机制综合配套改革,使人民法院离政法队伍革命化、正规化、专业化、职业化目标越来越近,人民群众也从改革中得到了更多的获得感。成都法院必将在"司法体制改革的任务是深化司法体制综合配套改革,全面落实司法责任制"方面不断增强各种能力,实现"努力让人民群众在每一个司法案件中感受到公平正义"的司法追求和目标。

第十二章　检察院改革的绍兴样本

党的十八大以来,习近平总书记高度重视社会治理问题,提出了一系列关于社会治理的新观点新论断新思想。2019年6月4日,中央政法委秘书长陈一新同志首次提出"新时代市域社会治理现代化"的概念。"市域"即我国宪法确定的"地级市",作为五级行政层级中的中间层级,市域层级的社会治理起到对上执行和落实国家治理重要政策,对下推动和引导基层治理的具体实施的重要作用。

相较于国家治理方针的宏观性,市域治理能够发挥市一级立法优势,将国家性的大政方针在市一级落地落实;相较于省域治理的概括性,市域治理能够发挥地域优势与特色,更具针对性地开展"因地制宜"式的市域治理;相较于县域治理的微观性,市域治理能够集中调配整合社会治理资源,协调多元主体参与到共治共建共享的社会建设中来。

"市域社会治理现代化"是基于新时代我国社会主义矛盾发生历史性变化,在纵向架构中突出地市级承上启下枢纽地位、在横向架构上突出社会治理并以防范化解重大风险为支点,在方式上突出社会治理并以防范化解重大风险为支点,在方法上以政治、自治、法治、德治、智治等手段相结合,在主体上充分依靠群众,发挥地市级党委政府统筹谋划作用,以党委、政府、社会、市场、公众等多元主体合作共治的国家治理动态策略。当前,"市域社会治理"无论从理论层面还是实践层面均处于探索阶段。在我国社会主要矛盾由"人民日益增长的物质文化需要"转变为"人民日益增长的美好生活需要"、全面深化改革的时代背景下,市域社会治理必然围绕解决阻碍、制约、背离实现"人民日益增长的美好生活需要"这一目标的经济、政治、文化、社会和生态方面的既有问题以及改革过程中遇到的新情况、新问题展开。

绍兴检察机关作为市域社会治理的主体之一,在司法体制改革和深入推进全面依法治国的现实背景下,立足于为推进市域治理现代化提供绍兴检察样板、为"重要窗口"建设彰显绍兴检察担当这一目标要求,聚焦法律监督,围绕"四大检察",深耕主业主责,结合地域特点和绍兴检察机关工作实际,积极推进绍兴检察改革,适应检察工作新格局,在监督内容改革、监督方式改革、监督体制改革、监督能力改革等方面探索创新举措,取得了新进展、形成了新亮点。

一、监督内容改革,突出中心大局、公共利益

绍兴检察机关深入学习贯彻习近平新时代中国特色社会主义思想和党的十九大、十九届四中全会精神,紧紧围绕省市委决策部署和上级检察院工作要求,牢牢把握刑事、民事、行政、公益诉讼"四大检察"全面协调充分发展的新机遇,以开展"十个专项"工作为抓手,努力推进自身转型发展,全力服务保障中心工作,维护社会公共利益。

(一)深入推进扫黑除恶专项斗争,担负市域平安建设使命

绍兴检察机关以工作举措落实、推进过程扎实、案件办理严实的"三实"理念深入推进扫黑除恶专项斗争的开展,提升办案质效,切实担负市域平安建设使命。聚焦本地区较为突出的非法高利放贷、暴力讨债,操纵、经营"黄赌毒",以及工程项目建设过程中煽动闹事、"村霸"、"市霸"等黑恶势力犯罪,认真履行批捕、起诉职能,从严打击,从重惩处。

在办案中加强立案监督,坚持深挖彻查,依法纠正漏补、漏诉,坚决"打伞破网",建立保护伞线索每案必审制度,凡办理的涉黑涉恶案件,必须对"保护伞"问题审查情况在审查报告中予以分析说明,尤其是针对司法人员保护伞案件,必须严厉查处。针对扫黑除恶专项斗争进入"深挖根治"决战的决胜之年、涉黑涉恶案件进入起诉审判高峰期的情况,切实加强对基层法院案件办理的指导,严把案件质量,推动依法规范办案,确保案件起诉质量。集中力量办

理大案要案,抽调精干力量,集中办理系统性、行业性、领域性的黑恶案件,加强对黄赌毒案件的全链条打击。建立重点案件挂牌督办机制,对群众关注度高、社会影响大、疑难复杂的涉黑恶犯罪,市检察院单独或与市公安局联合挂牌督办,强化对刑事立案后的涉黑案件和重大恶势力犯罪集团、新型疑难恶势力案件的提前介入。坚持扫黑除恶与"打财断血"联动,部署开展涉黑涉恶罪犯财产刑执行专项检察,结合财产刑执行信息查询系统,对专项斗争开展以来已决涉黑涉恶罪犯的财产刑执行案件进行全面建档核查清理。全面落实在办理涉黑涉恶案件中"审查留痕"制度,在讯问犯罪嫌疑人、询问证人等过程中,就案件是否涉及"保护伞"及相关腐败问题进行核查,并在审查报告中报告是否存在涉黑涉恶线索、"保护伞"线索等。对近三年以来办理案件涉黑涉恶及背后"保护伞"线索进行专项排查,规范化管理线索排查、审查、移送、跟踪、归档等工作。切实以长效常治作为工作着力点,把"一个案例胜过一打文件"的要求落实到工作当中,加强典型案例的总结提炼,挖掘案件价值意义,充分应用多种载体形式,切实做好以案释法工作,引导广大群众牢固树立法治意识。针对案件中暴露出来的相关部门和企事业单位在社会治理和行业管理中存在的问题和漏洞,制发系统性、专题性的高质量检察建议,如,就案件中反映出的出租房乱象、流动人口管理、基层组织建设等问题,向当地镇党委、政府提出综合治理建议。

2019 年以来,全市共批捕涉黑恶犯罪 214 件 716 人,起诉涉黑恶犯罪 227 件 1354 人,监督公安机关立案 15 件,追捕、追诉 110 人。2020 年以来,追加认定涉黑涉恶案件 13 人。始终坚持深挖彻查,移送"套路贷"等涉黑恶及"保护伞"线索 49 件,帮助全省、全国排查并移送"套路贷"线索 180 批,深入开展"打财断血",引导公安机关追缴、查封、扣押、冻结黑恶势力组织及其成员的涉案财产 5325.48 余万元、房产 40 处、车辆 29 辆。推动出台一批"长效常治"的制度机制,剖析重点行业领域监管漏洞,共制发检察建议 20 件,从源头上遏制黑恶势力滋生蔓延,促进行业治理,切实巩固和发展专项斗争成果。

(二) 精准服务疫情防控阻击战,打好"三大攻坚战"

打好疫情防控阻击战是当前以及今后一个时期我们首要的政治任务。前段时间,绍兴市检察院已经出台了服务保障疫情防控的 12 条工作意见,第一时间部署了依法严惩干扰、影响疫情防控的"食药环假"违法犯罪,提前介入并办理了制售"问题口罩"、编造虚假信息、非法狩猎等一批涉疫犯罪案件,启动了浙江省检察院挂牌督办的涉疫情民事公益诉讼案件,严厉打击妨害疫情防控的各类违法犯罪,在快捕快诉、依法严惩的同时,注重准确适用法律,坚决防止"一刀切"和过度执法。坚持综合施策,全面提高依法防控依法治理能力,切实促进社会综合治理。在抓好疫情防控的同时,精准服务打好"三大攻坚战"。切实按照中央要求和上级检察院的部署,结合工作实际,认真思考如何深度参与、精准发力。积极参与到金融风险化解当中,落实好最高检"三号检察建议",坚持依法办案、追赃挽损、维护稳定相结合,切实开展 P2P 平台非法集资犯罪专项打击,对重大、敏感以及新型的非法集资犯罪案件加强督办指导,把追缴涉案资产作为核心要务,开展对集资类案件追赃挽损专项监督。推进建立金融犯罪行政执法与刑事司法衔接工作机制,与市金融办、银监会、人民银行等金融监管部门建立联席会议机制,畅通相关金融信息数据的查询通道,与人民银行联合出台加强合作防范打击金融领域虚假诉讼的意见,与银保监会联合出台健全预防和惩治虚假保险理赔合作机制的规定,推动完善金融监管。对利用 P2P 平台虚构高额收益,诱骗群众投资的非法集资犯罪批捕、起诉 474 人,同步做好追赃挽损、释法说理,有效防范金融风险,维护社会稳定。

积极参与到惩治吞噬扶贫资金等微腐败当中,积极配合纪委监委加大打击力度,推进建立司法救助与民政救济、社会救助等衔接机制,充分发挥各种救助制度的集合效应,帮助遭受犯罪侵害的群众解决生活困难。深入推进国家司法救助专项活动,加大对未成年人、残疾人、军人、贫困户等的司法救助力度,积极增强救助工作主动性,切实保障特殊群体利益,联合市扶贫办建立协作机制,向未成年被害人发放司法救助金 13.8 万余元,向因案返贫又得不到赔偿的刑事案件受害人、近亲属发放司法救助金 183 万余元。

持续推进污染防治攻坚,严厉打击破坏环境资源犯罪,持续开展破坏资源犯罪专项立案监督,切实加强生态领域公益诉讼办案力度,推进检察参与生态环境损害赔偿修复制度。2019 年以来,全市检察机关共立案公益诉讼案件 349 件,发出诉前检察建议 171 件,发布诉前公告 68 件,全面加强古城环境保护、"黑色"加油站、"白色垃圾"、扬尘污染等问题综合整治。针对环境资源类公益诉讼案件取证固证不规范问题,分别会同法院、自规部门出台环境污染类案件、野生动物资源类民事公益诉讼案件证据指引,提升公益诉讼办案规范化水平。探索建立公益诉讼白皮书制度,2020 年 6 月,绍兴市检察院发布《绍兴市生态环境和资源保护检察公益诉讼白皮书》,切实在综合治理中提升生态环境和资源保护领域检察公益诉讼效果,促进政府治理能力和治理体系法治化、现代化。

(三) 全面护航民营经济,营造良好市域营商环境

绍兴检察机关以"依法打击侵犯企业利益行为、妥善处理涉企刑事案件、创新服务企业路径"的全方位护航模式切实服务保障民营经济健康发展。

1. 依法惩治侵犯民营企业合法权益行为

充分发挥刑事检察职能,着力解决企业"内鬼"、知识产权犯罪立案门槛高、调查取证难等问题。开展企业内部人员职务犯罪专项立案监督,加强与公安机关的对接沟通,协商建立专人办理机制。如柯桥区检察院为解决印染行业职务侵占案件频发,建立检察官、公安合力办理的专业化办案组、切实引导侦查取证。针对这一有益经验做法,绍兴市检察机关积极加强与公安机关的沟通协调,建议逐步推进建立涉企的金融、涉税、建筑、职务犯罪等专业办案组,健全同步提前介入机制,提高案件办理的效率和质量;加大对侵权假冒行为的惩戒力度,加强与市场监督管理、公安、法院等部门的协作配合,建立线索通报、联合执法、检验鉴定结果互认等工作机制,做好知识产权案件集中管辖制度的推进工作;严厉打击黑恶势力、村霸在企业破产、改造过程中强揽工程、敲诈勒索、串通投标、寻衅滋事、故意伤害等危害民营企业发展和企业家人身财产安全的犯罪。充分发挥民事检察职能,强化对以虚假民事诉讼损害民营企业合法权益行为的监督,切实维护民营企业的合法权益。绍兴检察机关在智慧系统的助力下,实现虚假诉讼监督案件数的几何式增长,对串通制造虚假诉讼申报破产债权、逃避债务的行为予以一体化打击防控。充分发挥行政检察职能。依法审查法院对行政机关申请强制执行的涉企行政行为是否尽到审查义务,法院在对民营企业采用查封、扣押、冻结等强制措施过程中是否存在执行措施不当侵害民营企业合法权益等情形;依法全面审查涉企行政诉讼申请监督案件,对案件中发现的行政违法情形具有普遍性、规范性文件存在应引

起有关部门重视的问题等,依法制发检察建议,强化行政检察监督。充分发挥公益诉讼检察职能。对侵害民营企业合法权益且损害国家利益和社会公共利益案件,充分运用诉前程序,督促负有监督职责的行政机关自我纠正不作为、慢作为、乱作为。

2. 妥善处理涉企刑事案件

(1)大力探索、推进涉企刑事案件宽缓化处理。针对按照刑法标准,入罪门槛较低,与当前经济现状不相适应的常见涉企轻罪案件,提出宽缓化处理的理念,从源头减少司法办案负面产出,获最高人民检察院张军检察长肯定。在制度层面上,会同公安、法院召开全市打击经济犯罪联席会议,出台《关于办理骗取贷款类经济犯罪法律适用问题的座谈会纪要》,明确对于为了生产经营向金融机构贷款,手续有一定虚假,但没有造成损失的,一般可以不作为犯罪处理。与绍兴市中级法院、公安、税务局会签《关于办理虚开增值税专用发票案件相关会议纪要》,统一全市涉税案件不起诉适用标准,明确虚开税款额50万以下,同时具有缴清虚开的税款、滞纳金、认罪认罚、五年内没有因逃避缴纳税款、虚开发票等税务违法行为而受到刑事追究、行政处罚的,一般应当作相对不起诉处理;打通办案中税款补缴程序,规范行刑衔接,切实解决了全市各地涉税案件不起诉标准不统一、发案后当事人补缴税款"受阻"影响对当事人从轻处理、行政处罚与刑事司法衔接不畅等问题。疫情发生以来,聚焦帮助企业复工复产,全市共对 71 件 104 人涉企虚开增值税专用发票案作相对不起诉。在检察实务中,切实强化法律监督,从源头上把控涉企轻罪案件的入口关。加强立案监督,提前介入侦查活动,引导公安机关在办理涉企刑事案件时严格把握罪与非罪的界限;重点审查涉企刑事案件立案、分案的理由,防止公安机关将经济纠纷拔高为刑事犯罪处理;加强诉讼内控,对于涉企轻罪案件,在综合全案情况的基础上严格把握起诉权。

(2)推动适用认罪认罚从宽制度,促进繁简分流。对因认罪认罚不需要判处刑罚,且符合相对不起诉条件的民营企业犯罪案件,依法作出不起诉决定;对已经进入诉讼程序的涉企案件,依法从快办理,防止久押不决、久拖不决;对符合条件的涉企轻罪案件,依法适用简易程序、速裁程序,最大限度避免因依法办案影响企业生产秩序、工作秩序,切实维护涉案民营企业及企业家的合法权益。

（3）慎用逮捕、查封、扣押等强制性措施。从行为危害性、涉案企业家的认罪态度、企业经营状况、职工情况等多方面综合考虑羁押必要性，对于不符合逮捕条件的，坚决不捕；落实好捕后羁押必要性审查制度，一旦发现不符合逮捕条件，及时变更强制措施；严格区分涉案财物和非涉案财物，对于确实需要采取查封、扣押、冻结措施的，在条件允许的范围内为涉案企业预留生产经营所需的流动资金和往来账户等。

（4）助力完善涉企在矫人员请假管理制度。针对辖区内社区矫正对象因洽谈业务等外出请假限制导致企业无法正常投入生产经营，出现经营困难的问题，绍兴检察机关主动与市司法局对接，建议并支持市司法局在继续落实好疫情防控相关政策，全面排摸社区矫正对象复工返厂的实际需求，与法院、公安、人社局联合签发《疫情防控期间做好社区矫正"三服务"的若干意见》，放宽涉企在矫人员请假条件，因企业复工复产需要外出，可按特许请假的要求审批，进一步保障服务民营经济。

3. 创新服务企业路径

拓宽检企对话渠道，设立民营企业法律服务"绿色通道"，推动建立良好的检企互动沟通机制。探索推广民营企业风险提示机制。诸暨市检察院在全省率先探索民营企业经营风险提示工作机制，对办案中发现的企业管理漏洞制发风险提示函，帮助明确法律红线和风险，并探索建立法律风险智库。绍兴市检察院将这一机制在全市各基层检察院推广，通过运用检察建议、司法建议、以案释法、白皮书等方式切实引导、帮助企业提高管理能力和风险防范能力。此外，通过对绍兴特定行业特殊风险的分析研判，撰写问题信息，做好行业风险提示，针对适应"一带一路"建设、互联网金融制度改革等经济新形势，契合金融、知识产权等企业特定需求，加大开展知识产权法律风险防控等专题宣讲，提高企业、公众对相关法律知识的知晓度和覆盖面，提升行业安全生产经营的风险防范意识。

（四）做好检察环节诉源治理，落实矛盾纠纷化解

诉源治理是浙江省委的重大决策部署，绍兴检察机关积极探索，把推动检察环境诉源治理作为创新发展新时代"枫桥经验"的重要切入点。

切实落实信访"最多访一地"和"群众来信件件有回复"，7日内程序性回复、3个月内办理过程或结果答复,做到100%。探索矛盾纠纷多元化解机制,实行信访代办制、首办责任制、预约接访制,落实院领导包案制度,积极开展公开听证等公开审查方式,同时引入第三方律师等力量,切实促进信访矛盾化解。2019年以来,全市共接受群众信访8139件,检察长接待群众来访392(人)次,安排律师参与答疑、化解纠纷120余次,预约检察官说理50余次。新昌县检察院在办理王某某机动车交通事故责任纠纷民事申诉和司法救助案召开听证会,借助人民调解员、派驻值班律师等力量,促使当事人握手言和、息诉罢访,相关做法被新华社客户端、浙江日报报道,该案获评全省"群众信访件件有回复"典型案例。创新检调对接机制,越城区检察院积极组建由"四大检察"职能部门检察官参与的检察调解团队,根据不同矛盾化解需求,加强与警官、法官、律师组成的司法调解团队,及民政、扶贫等部门组成的社会救助团队的联动对接,开展针对性化解。同时建立检调联动协作机制、双向通报反馈机制,实现"部门单访"向"开门联防"转变,做到访情第一时间互通互达。推进12309检察服务中心入驻矛调中心,出台《绍兴市检察机关12309检察服务中心入驻县级社会矛盾纠纷调处化解中心(信访超市)实施意见》,全市6个基层检察院已于2020年6月底全部完成入驻。诸暨市检察院将"检调对接和解工作室"搬入矛调中心,强化全天在岗、实时约岗、在线联岗"三岗"配置,确保矛盾化解检察不缺位。新昌县检察院在矛调中心设立配备多媒体示证系统的规范化临时检察听证室,探索就地听证。充分发挥矛调中心"联动优势",加强与其他入驻部门的协作配合,建立常态化信息互通机制,从中抓取涉检信息,运用"访调诉一体"办案模式,提供精准、优质检察服务;探索搭建资源集成、条块协同的实体平台,完善联合接访、联合调处、联合督办机制,努力构建社会治理共同体。全市基层检察机关在矛调中心接访、受理案事件417件,召开公开听证会4次,主导、参与重大疑难信访案事件6件,发现和接受公益损害与诉讼违法线索116件。

持续深化检察机关"少捕慎诉",加大对本地区高发的犯罪类型调查研究,出台盗窃、轻伤害、"醉驾"等多发易发轻微刑事案件的逮捕、起诉标准,统一"少捕慎诉"政策适用执法尺度。加强社会危险性条件的审查把关,积极探索拟不捕不诉典型案件听证会、起诉必要性审查,同步做好不批捕、不起诉案件释法说理,切实完善不起诉后刑行衔接、修复补偿、财产处置等机制,着力降低审前羁押率和轻罪起诉率。2019年以来,全市的不批捕、不起诉率分别为24.5%、20.87%,特别是"醉驾"案件,不诉率达48.21%。加强与其他部门的协调配合,与公安建立沟通协调机制,减少不必要的复议复核数量,进一步规范立案侦查管辖权。

持续做好未成年人检察工作,从满足新时代人民群众更高需求的高度看待未检工作,及时更新司法理念,扎实推进未成年人检察司法保护,切实把国家法律保护全面落实到位,真正形成全社会保护合力。严厉打击侵犯未成年人案件,受理侵害未成年人犯罪案件857件1350人,综合运用司法救助、心理疏导等措施,加大对未成年被害人的保护救助。坚持依法惩治与精准帮教并重,对涉轻罪未成年人不批捕96人,不起诉298人。积极探索完善社会支持体系,牵头11家单位出台工作意见,组建未成年人保护联动中心,积极推动建立涉未犯罪案件"一站式询问"机制、未成年人社区矫正协作机制、教育行业从业人员准入机制等,绍兴市检察院还联合团委、爱心企业、社会公益组织建立各类观护帮教基地30余个,同步建立检察机关主导,学校、社区、企业广泛参与,相关部门和家庭密切配合的"1+X"观护帮教新模式。持续推进法治进校园,覆盖人数超过70余万人,两级院7名检察长带头上法治课,45名检察官担任法治副校长。

二、监督方式改革,突出智慧治理

在全面依法治国深入推进、多重改革浪潮翻涌的当下,快速适应检察工作格局调整,于落地落实"四大检察"之中深化法律监督,不仅是检察事业转型现实之需,更是检察机关长远发展之要。现代科技的快速发展,尤其是大数据、人工智能的深度应用,给检察机关深化法律监督开启了新的思维模式。如何加强大数据应用,将信息技术的发展成果切实转化为检察事业转型发展的强大动力,已经成为当前检察机关正在面对和亟须解决的重大课题。

(一) 破题:从深化法律监督的瓶颈问题出发

现阶段,随着司法体制改革的不断深化,检察机关反贪局、反渎局整体转隶,检察职能发生重大调整,检察工作面临前所未有的新挑战。面对新形势、新任务,最高人民检察院化"转隶"为"转机",提出构建刑事、民事、行政和公益诉讼全面协调充分发展的"四大检察"法律监督总体布局。在这样的背景要求下,深化法律监督是检察机关的必然选择,但长久以来,由于法律监督处于"坐等"线索上门的被动监督状态,法律监督刚性不足,检察法律监督的权威没有树立。

提升监督的主动性,是深化法律监督的题中之义,也是检察工作全面协调充分发展的先决条件和基础动力。想要加强监督的主动性,案源线索尤为关键。但在实践中,法律监督线索不通畅,获取线索办法不多,已经成为制约检察机关深化法律监督最主要的瓶颈问题。主要表现在两方面:一方面,检察机关办案过程中发现线索较为困难,尽管检察机关每年有大量批捕、公诉的案件,但即使经过认真仔细的审查,从批捕、公诉案件办理过程中主动发现监督线索仍然数量少,难度大,而控告、申诉办案虽然是检察机关获得监督线索的重要渠道,但监督线索依赖当事人的来信来访,线索获取比较被动。另一方面,检察机关还存在大量法律监督盲区,如实践中检察机关受理审查起诉的案件数远低于同期公安机关立案的案件数,法院裁判文书上网率偏低,法院执行信息更是难以获取,行政机关虽与检察机关建立信息共享机制但执法信息同步抄送不够全面及时等问题较为普遍,公安、法院、行政机关存在大量执法司法行为没有进入检察机关的监督视野。在案源线索获取困难的同时,修改后的刑事诉讼法保留了对司法工作人员 14 个职务犯罪罪名的侦查权,这使得检察机关对案源线索的需求更为迫切,更需要主动出击查找线索。正因如此,主动出击,解决监督案源线索这个源头问题尤为重要,是检察机关深化法律监督,提升监督权威的第一步,也是关键一步。

近年来,检察机关在强化主动监督上也有大量的探索,如浙江省检察机关成立公益损害与诉讼违法举报中心,绍兴市检察机关部署开展"从刑事案件中发现民事检察监督案件线索、民事执行监督、依职权监督"的"三个专项监督"活动等,这些探索极大丰富了检察机关主动监督的线索来源,但线索来源的可持续性依然制约着工作的开展。而随着互联网大数据技术的不断发展,给检察机关进一步破解法律监督线索来源匮乏这个源头问题提供了新的思路。以智慧检察为引领,走主动监督之路,是检察机关聚焦法律监督主责主业,推动检察工作转型发展的必由之路。

(二)谋篇:智慧检察的内涵与实现路径

1. 智慧检察的内涵

智慧检察是检察机关对检察大数据应用的新一轮开创性探索,与现有的智慧检务相比,主要有两方面的区别:

第一,功能定位不同。现有的智慧检务软件,如上海的"206 系统"、贵州的司法办案辅助系统、浙江杭州的智慧公诉辅助系统等,其功能定位主要在于辅助办案,开发的软件多为辅助性的软件系统。而在智慧检察模式下,大数据建设应用的重点从辅助办案向强化检察法律监督深度转型,软件的功能在于引领检察机关开展法律监督,是一种主导性的软件系统。

第二,研发的目标方向不同。在智慧检务模式下,由于软件功能定位在于辅助办案,其功能无论是文书内容自动抓取辅助阅卷,瑕疵证据智能分析排除,还是量刑建议智能研判,在研发目标上,追求的都是节省办案时间、人力、物力成本,目的在于提高办案的效率,缓解案多人少矛盾。而在智慧检察模式下,大数据建设应用的目标在于将海量的信息数据通过分析研判,转化为检察机关可以监督的案件,其目的是破解法律监督案源线索匮乏这一源头难题。

鉴于以上分析论证,智慧检察的研发应用必须包含两部分内容:

(1)基础:海量的监督数据

数据的价值,很多人给予极高的赞誉,如有的人认为"数据是新的石油","掌握了数据你将无往不利"[1]等,检察的监督大数据同样具有极高的价值和功用。没有海量的监督数据做支撑,智慧检察的数据研判就无从谈起,而监督数据能否实现全覆盖,则是决定检察机关能否扫除监督盲区的关键因素。因此,收集和管理监督数据,是智慧检察建设应用的基础环节。

那么,如何收集和管理监督数据? 检察机关应该从盘活内部资源和融合外部数据两个方面下功夫。一方面,检察机关并非没有数据资源,只是相当一

---

① 张嘉军:《司法大数据的价值功能、应用现状及其应对》,载《郑州大学学报(哲学社会科学版)》2018 年第 1 期。

部分的数据仍处于沉睡状态,没有被激活,最典型的就是全国检察机关统一业务应用系统中大量的办案数据。① 通过开发内部办案数据这座"富矿",充分采集、挖掘、整合检察机关办案数据资源,将之运用到分析研判中,将为检察机关提供大量的监督信息。另一方面,检察机关与公安、法院、行政机关之间还存在数据壁垒,大量被监督者的工作情况尚未纳入检察机关的视野,检察机关应积极寻求党委政府的支持,加强与公安、法院、行政机关之间的沟通协调,尽快打通数据交换的通道,实现数据互联交换、开放兼容。

(2)核心:有效的智慧分析研判软件

检察机关应用智慧检察加强法律监督的基本路径应为:收集海量基础信息数据——分析筛选将海量数据降至可人工审查的量级——人工研判分析后进行新一轮筛查,最后得到可精准监督的线索。这个过程中,将数据降至可人工审查的量级是最关键的环节。

如何实现将数据降至可人工审查的量级? 必须有一个行之有效的智慧分析研判软件做支撑。智慧分析研判软件,其内在核心是强大的数据模型算法,海量的监督大数据,表面看起来,纷繁复杂,看似无关,但通过数据碰撞、数据挖掘、关联追溯等数据模型算法,可以帮助发现其深层次的联系,从海量的数据中,筛选出异常的、高风险的监督线索,为后续人工审查,开展精准化监督提供方向。

2. 智慧检察的实现路径

在检察实践中,如何实现智慧检察的内涵理念,检察机关应始终坚持效果导向,从三个方面出发,深层次实现智慧检察的效用。

(1)上下联动,打造智能研判工作体系

在智慧检察研发应用中,要始终坚持体系化思维,构建上下两级检察院联动的智慧检察应用工作体系。在研发中,市级检察院可成立智慧检察工作领导小组,统筹智慧检察研发工作,建立法律监督平台数据库,涵盖所有监督数据信息,并结合"四大检察"法律监督总体布局的需要,设置子模块,加强系统性研发。同时,应充分发挥检察技术部门与业务部门各自优势,在具体研发过

---

① 参见季美君等:《大数据时代的检察机关遇到的挑战和应对》,载《人民检察》2017 年第 1 期。

程中,业务部门指定专人参与研发,加强业务人员与技术人员全过程、实时动态的对接,确保智慧软件开发的针对性。在软件应用过程中,市级检察院应负责对全市的数据进行比对分析,发现和挖掘线索并移送相应基层检察院,基层检察院负责具体案件的调查审查并反馈市级检察院以完善软件应用,共同推进智慧检察的应用工作。

(2)"监""侦"兼顾,促进工作共同提升

要深刻认识监督与侦查相互促进、共同提升的关系。一方面,在智慧检察软件研发应用过程中,应强调侦查思维的融会贯通。所谓侦查思维,其核心是对信息研判的能力,通过对现有信息的筛选、推理、判断和加工,寻找某种因果关系来证实线索。检察机关在研发应用智慧软件过程中,应将具有信息研判和侦查经验的复合型人才配备到技术研发部门,加强对智慧检察软件排查结果的分析研判,不断挖掘监督线索。另一方面,智慧检察获得的法律监督数据资源,也能反哺侦查工作,从而从最终效果层面实现主动监督、刚性监督。如通过对公安机关下行案件、民事诉讼活动等监督数据中异常数据完成初查,从中可发现司法人员利用职权侵犯公民权利和损害司法公正的案件线索。同时,利用收集到的诸如户籍、车辆、工资等数据信息,也能为侦查工作的开展提供便利。

(3)新旧结合,丰富线索来源渠道

在注重创新运用智慧检察挖掘线索的同时,还应持续抓好日常举报、走访律师等传统线索获取方式,特别是发挥 12309 检察服务中心、公益损害与诉讼违法举报中心等的线索管理、综合指挥作用,挖掘有价值、可经营的高质量线索。通过大数据挖掘线索和传统线索获取相互配合,不断丰富监督线索来源和渠道,为办理高质量监督案件提供良好基础。

(三)落笔:"四大检察"格局下绍兴智慧检察的实践与探索

近年来,浙江省绍兴市检察机关以加强智慧检察建设、扩展监督案件线索为突破口,积极探索,勇于创新,智慧检察正逐渐成为提升监督主动性、树立检察监督权威的源头供给和线索保障,以智慧检察引导法律监督的检察工作新模式正初步形成,探索研发的智慧检察监督平台,作为全国首款全覆盖的智慧法律监督解决方案,涵盖 11 个线索挖掘功能模块,实现刑事、民事、行政和公

益诉讼检察及职务犯罪侦查全覆盖,获评"2020 年全国智慧检务十大创新案例"。

1. 民事检察领域

民事诉讼监督是检察机关谋划转型发展的重点领域,也应该是检察机关让人民群众在每一个司法案件中感受到公平正义的主攻方向。但长期以来,民事监督线索匮乏,严重制约了民事诉讼监督工作开展。与匮乏的监督线索形成鲜明对比的是,法院民商事案件体量非常巨大,绍兴全市法院三年来有30 余万份民商事判决、裁定,能否将庞大的法院案件量转变为法律监督案源量,这是绍兴市检察机关研发"民事裁判智慧监督系统"的思维起点。

裁判文书是汇聚民事诉讼信息的载体,也是监督的依据,"民事裁判智慧监督系统"以裁判文书为切入点,依托中国裁判文书网、浙江法院裁判平台等系统,将 80 余万份民商事裁判文书全部采集入库。通过对文书内容模块分割,从中抽取结构要素信息,根据输入的检索点,采用抓取特征法、数据碰撞法、统计分析法、自定义筛选法等四类算法智能分析,将异常文书量降低至人力可以处理的量级。这个过程中,如何设置检索点是核心环节,绍兴市检察机关在总结过去监督经验基础上,归纳提炼出 80 多个具体监督点,以借贷纠纷类案件为例,针对近年来通过虚假诉讼将非法债务形式上合法化,进而以虚假证据欺骗法院,获得胜诉的"套路贷"案件频发,但针对单个案件法院很难发现的情况,预设检索条件为"原告为同一人""短时间密集起诉"等,通过智能检索,形成对"原告为同一人"案件在数量和时间上的紧密关系网,准确锁定可疑案件。通过"民事裁判智慧监督系统"智能分析,对海量信息进行筛选,过滤掉 99% 的无用数据,从中发现 1% 即 3000 余个异常诉讼和存在高风险的系列案件,实现了从漫无目的到有的放矢、从海量数据到有限线索的转变,为后续人工排查提供准确方向,极大提高了监督的精准度。

运用"民事裁判智慧监督系统"开展检察监督,是一种软件筛查和人工审查相结合的工作模式,通过大数据技术检索的结论还仅仅是可疑,仍需通过统计比较分析、关联审查、基础信息核查、初步调查等步骤进一步人工审查,将可疑案件线索转化为可监督案件。通过"民事裁判智慧监督系统",绍兴市检察机关在率先探索的借贷纠纷背后虚假诉讼领域梳理出线索 1000 余件,当年即提出抗诉和再审检察建议 186 件,法院采纳改变结果 68 件,对其中涉嫌刑事犯罪的批捕 29 人、起诉 23 人。典型的如彭某某虚假诉讼监督案,绍兴市上虞区检察院在办理一批通过"民事裁判智慧监督系统"发现的彭某某虚假诉讼监督案件时,通过深入调查,发现该案可能涉嫌非法拘禁、敲诈勒索等黑恶势力犯罪,遂移送公安机关立案侦查,现该案 14 人涉嫌组织、领导、参与黑社会性质组织案经上虞区检察院提起公诉,已获判决,其中程某某数罪并罚,被决定执行有期徒刑二十一年,程某某数罪并罚,被决定执行有期徒刑十六年,其他成员数罪并罚,分别被决定执行十年六个月至一年不等刑期,该案被写入最高检工作报告。在抓好利用大数据加强民事诉讼监督的同时,绍兴市检察机关还主动加强外部合作,会同公安、法院出台《关于建立防范和打击虚假诉讼联动衔接机制的意见》,开展公检法联动整治,扩大虚假诉讼监督的效果,以此为突破口,绍兴市的民事检察抗诉和再审建议在半年时间内数量上升了三倍。

在借贷纠纷领域虚假诉讼监督突破的基础上,绍兴市检察机关又加强了其他领域虚假诉讼的分析研判。如针对利用劳动报酬优先受偿权,损害其他债权人合法权益的情况,利用软件,对同一被告单位涉大量劳资纠纷案件进行分析,审查之前有无大额诉讼、诉讼进程是否异常、工资额度、主张工资的依据是否正常、原告是否本单位职工、是否本单位高管等情况来发现异常情况,进而发现虚假诉讼的嫌疑。又如,针对串通交警、保险公司骗取交通事故理赔金的情况,通过对交通事故保险赔偿"同一律师代理大量案件""调解方式结案多""调解数额大幅打折"等检索点分析筛选,从中发现交通事故保险理赔虚假诉讼的线索。通过"民事裁判智慧监督系统",民事领域监督案源渠道充分打开,民事诉讼检察监督实现了从个别、碎片、偶发、被动的监督向全面、整体、系统、主动的监督转变。

2. 刑事检察领域

刑事拘留作为限制人身自由的强制措施,在刑事侦查活动中被广泛适用,但由于我国法律规定,刑事拘留可以由侦查机关自行决定、自行执行,在程序上缺少外部制约机制。实践中,检察机关虽一直将对侦查机关适用刑事拘留的监督作为刑事侦查活动监督的重要组成部分,也做了大量有益探索,但由于检察机关除了从侦查机关提请批准逮捕和侦查终结移送审查起诉的案卷材料中获取刑事拘留适用信息以外,几乎没有其他渠道可以了解刑事拘留信息,致使了解刑事拘留信息滞后、来源单一。据统计,检察机关受理审查起诉的案件数远低于同期公安机关的立案数,有大量刑事拘留案件未提请批准逮捕而作出撤案、变更取保候审或者监视居住等下行处理情况,检察机关无法掌握,使得对公安机关多数立案、侦查行为是否存在违法情形无法监督。

针对刑事拘留下行案件监督盲区问题,绍兴市检察机关积极探索研发"刑事侦查智慧监督软件"。通过与绍兴市公安局会签出台《进一步加强刑拘监督工作的实施办法》,收集获取近年来刑拘羁押犯罪嫌疑人相关信息数据,与全市提请逮捕和移送审查起诉的数据进行叠加分析,梳理下行案件有效监督线索。通过"刑事侦查智慧监督软件",检察机关有效拓展了立案监督、撤案监督线索来源,更给检察机关对司法工作人员职务犯罪查处工作提供了信息支持。

3. 刑事执行领域

刑事执行领域一直是检察机关法律监督的重点环节,随着近年来刑事执行检察部门职能的不断增加,案多人少矛盾更加突出,而传统的刑事执行监督模式耗费大量人力物力的同时,监督效果却并不理想。绍兴市检察机关积极探索创新智慧执检模式,并开发多款智慧软件,努力突破人力、线索等资源瓶颈,刑事执行监督亮点频现。

(1)社区矫正智慧监督软件

社区矫正监督是深化刑事执行法律监督的重要环节,但长期以来,社区矫正监督一直面临监管人数庞大而检察人员严重不足的问题。以绍兴地区为例,绍兴全市有 110 个司法所,社区服刑人员常年在 3000 人以上,司法所在监管过程中形成的各种工作表格有近 12 万份,每天对服刑人员的手机定位记录多达 14 万条,但是全市检察机关只有 10 名左右的从事社区矫正监督的检察人员。面对海量的数据、庞大的服刑人员群体以及复杂多变的监管形势,传统监督还停留在人盯、腿跑、手抄的低效模式上,人手不足的劣势非常突出。

针对这些问题,绍兴市检察机关提出转个案零散监督为环节整体监督的思路,把社区矫正工作细分为 17 个执行环节,并制定对执行环节进行抽查的多维度规则,即在对单个司法所矫正档案实现检查全覆盖的基础上,对较重要的、执行质量较差的环节加大抽查样本量,对执行较差的司法所和矫正人员加大抽查频率。在此基础上,探索研发了"社区矫正智慧监督软件",以浙江省检察院统一收集的司法厅社区矫正数据为基础,用智能研判代替人工审查,对社区矫正海量数据进行自动巡察,形成任务清单发送至手机终端,指定相应检查方法和具体检查内容,指引检察人员现场逐项检查并通过手机终端回传结果。同时,软件通过多层数学建模,结合权重分析和网络巡察结果,在确保对单个司法所在矫人员全覆盖的基础上,自动剔除已抽查的执行环节,优先抽查问题隐患最大的环节,并可根据现场判定结果,自动对各个环节赋值并对司法所自动打分,在下一轮检查时自动调整各环节权重,确保检查的精准度和针对性。

通过软件,绍兴市检察机关对全市 110 个司法所、3417 名社区服刑人员的监管情况进行了全覆盖、高精度的检查,共发现各类问题 1850 个,尤其是通过分析服刑人员的手机开关机记录,发现疑似被拘留的服刑人员线索,主动提请监督收监执行 84 人,发出检察建议和纠违通知书 35 份。如嵊州市检察院使用根据软件自动生成的 70 条越界记录清单,对 C 镇和 S 镇两个司法所开展请销假情况专项检查,发现两个司法所对 36 条记录未及时发现或作出处理,遂发出纠违通知,督促嵊州市司法局对两名司法所所长作出行政告诫,并出台文件严格规范请销假制度。通过"社区矫正智慧监督软件",从根本上解决了检察机关对司法所履职情况的精准监督,服刑人员"脱管、虚管"现象得到极大减少。

(2)羁押必要性审查智慧系统

羁押必要性审查是检察机关维护公平正义、保障人权的一项重要职责,也是法律监督的重要环节。但在实践中,羁押必要性审查线索来源匮乏、审查费时费力、缺少对案件线索管理分析工具等问题一直制约着羁押必要性审查工作的开展。绍兴市检察机关探索研发的"羁押必要性审查智慧系统",有效解决了以上难题。

"羁押必要性审查智慧系统"与全国检察机关统一业务应用系统数据库进行无缝衔接,自动采集批捕、公诉环节的案件审查要素结论,自动对案件进行全要素审查,对案件批捕理由中"相对固定要素"进行判断,对可能判处十年以上有期徒刑、累犯等肯定不符合取保候审条件的案件预先排除过滤。同时,对轻罪案由、初犯、未成年人、羁押超过三年、建议适用认罪认罚等加分要素叠加标记,按变更强制措施可能性大小排列推送给检察人员。检察人员通过系统推送信息可迅速了解案情,分析出批捕理由中同案犯在逃、证据未收集固定、未取得被害人谅解等"相对可变要素",判断形成案件处理大致方向,并根据处理方向将案件线索快速分类到系统提供的"文件夹"内实时动态跟踪,一旦要素发生变化,符合取保候审条件,立即建议变更强制措施。同时,检察人员还可采取集中询问、谈话的方式,对同类案件进行有针对性的集中审查,最大限度避免重复性工作,提高办案效率。

"羁押必要性审查智慧系统"推广应用以来,绍兴全市羁押必要性审查办案质效翻倍式提升,依职权主动立案数同比增长 136%,羁押必要性审查采纳数同比增长 150%。特别是通过该智慧审查模式办案,绍兴市检察机关的审查标准进一步统一,审查程序进一步规范,发出建议的针对性、说服力都得到极大提升,办案机关的配合度、认同度也得以逐步提升,检察机关和办案机关之间良性互动、协作配合的氛围日益浓厚,双赢多赢共赢的局面正在形成。

(3)财产刑执行监督软件

长期以来,受"重自由刑,轻财产刑"思维影响,法院在刑事判决生效后,后续的财产刑即罚金、没收财产以及追赃往往不被关注。一方面,由于缺乏当事人的催促和督促,财产刑的执行缺乏动力,执行积极性不高;另一方面,由于财产刑执行难度大,若将财产刑纳入执行案件统计,未执率会大幅提高,法院有所顾虑,因此消极对待,不愿立案。此外,在当前 P2P、非法吸收公众存款等涉众型经济案件多发的形势下,确实存在大量赃款无法追回的现实问题。然而,随着经济社会的发展,在传统侵财类犯罪的基础上,P2P、非法吸收公众存款等涉众型经济案件多发,危害食品药品安全犯罪、职务犯罪等群众反映强烈、关注度高的案件迅速增长,使检察机关对这些案件进行有效的财产刑执行法律监督显得尤为迫切。

对此,绍兴市检察机关积极探索研发"财产刑执行监督软件",首先,通过软件将数万条法院生效财产刑判决信息自动逐条填录到统一业务系统,为检察机关监督法院立案提供依据。然后,通过对已填录的海量判决和执行数据自动碰撞对比,及时发现应移送立案执行而未移送线索,形成问题清单,发给检察人员进行调卷重点审查,及时发现执行案件背后存在的消极执行、选择性执行、乱执行问题。目前自动填录板块已在浙江全省推广应用,智能监督板块处于功能完善阶段。

4. 行政、公益诉讼检察领域

行政检察监督、公益诉讼检察是近年来检察机关新增的法律监督职能,如何获得有效的监督线索,是行政检察监督和公益诉讼检察工作顺利开展的前提和基础。对此,绍兴市检察机关积极加强与行政机关沟通协调,阐明检察监督与依法行政的利益契合点、共赢新亮点。围绕监督全覆盖的目标,探索推进搭建"行政执法与检察监督信息共享平台",加强监督数据常态化采集,在已经实现对接的12345政务热线、信访局来访信息的基础上,积极争取市政府支持,通过大数据发展局集中收集全市行政机关各类执法信息,目前正会商出台相关文件,以加强法律监督线索的机制性保障。

大数据时代,绍兴检察机关的探索、实践证明,运用大数据智慧检察走主动监督之路是现实可行的,也是检察机关转型发展的必由之路。下一步,检察机关应主动适应智慧检察发展的趋势,加快推进智慧检察的优化升级,特别是要在拓展监督线索收集面上下功夫,努力织就一张涵盖公安侦查活动全过程、法院审判执行各环节,行政机关执法活动全覆盖的法律监督信息数据大网,将所有被监督者的信息都纳入其中,再运用大数据技术、人工分析研判等方式构筑一张张信息筛查的滤网,筛查出可精准监督的线索,挖掘法律监督发展潜力,努力推动检察机关走上"依托大数据,拓展线索源,增强精准度,提升权威性"的主动监督之路。

三、监督体制改革,突出监督+
侦查"双轮驱动"模式

2019年1月,最高人民检察院公布了职能配置和内设机构设置方案,"捕诉一体"办案模式在全国范围内逐步实施。"捕诉一体"实行一年多来,刑事案件办案周期大大缩短,诉讼效率也明显提高,"捕诉一体"工作机制成效显著。但与此同时,检察机关的侦查监督工作也在一定程度上受到了机构、人员、职能调整等各方面因素的影响,2019年,全国范围内的侦查监督数据都出现了明显下降。如何避免机构改革过程对监督工作的不利影响,有效发挥"捕诉一体"办案模式对侦查监督工作的推进提升作用,是检察机关面临的重

大课题。经过一段时间的探索,绍兴市检察机关创新提出构建"双轮驱动"的监督模式,切实做强侦查监督。

(一)"双轮驱动"监督模式的基本内涵

所谓"双轮驱动"监督模式,"双轮"即是指侦查监督工作与司法工作人员职务犯罪侦查工作。推行"双轮驱动"的监督模式,就是要抽调有丰富刑事案件办理经验的检察官,设立监督领导小组,下设重点监督案件检察官办案组,对刑检部门在办案中发现的所有涉及法律监督的线索统一归口管理,实行集中式监督,对其中的重大法律监督线索,由该小组介入办理或指导办理;同时,对监督线索可能涉及的司法工作人员职务犯罪 14 个罪名的情况,吸纳司法工作人员职务犯罪侦查部门的同志加入,共同参与案件办理,以侦查监督工作与检察自侦工作的协同发力,双轮驱动,促进工作整体推进。

(二)"双轮驱动"监督模式的价值考量

1."双轮驱动"有助于强化"捕诉一体"模式下的侦查监督

"捕诉一体"办案模式下,刑事诉讼职能整合,对个案办理的要求较之以往更高,办案检察官受制于捕诉办案周期要求以及自身能力不足、精力有限等原因,一定程度上存在将工作重心放在追求逮捕和起诉质量上面的倾向,导致侦查监督有所弱化,监督线索查找困难,即使发现了一些有监督可能性的线索,也因为缺乏时间精力,无法深入挖掘,错失监督案件成案机会。而"双轮驱动"的监督模式,可以最大限度破解这一难题。一方面,监督领导小组指导或协同办理监督案件,可以充分发挥小组成员刑事案件办理经验丰富,具有较强线索分析、调查取证能力的优势,有效促进可疑线索向可监督线索的转变;另一方面,对重大监督线索采取集中式监督,也可有效避免因办案检察官精力有限,只能放任线索的情况出现,切实提高线索的成案率。此外,自侦力量的介入配合,也能为侦查监督提供必要侦查人员、信息、技术等支持,一定程度上解决长期以来由于侦查机关不配合导致侦查监督难以成案、监督效果不佳等问题。可以说"捕诉一体"办案模式改革是通过调整"捕"与"诉"的关系,给检察办案流程做"减法",提高了办案效率,而"双轮驱动"的监督模式,就是在此基础上,探索通过优化人员配置、改进监督方式、做好信息技术支撑等,切实给检察监督做"加法",全面强化"捕诉一体"模式下的侦查监督工作。2019年以来,绍兴市检察机关立案监督、追诉漏犯判处十年以上有期徒刑48人。同时,职务犯罪侦查工作也得以同步提升,全市共立案侦查职务犯罪13人。

2."双轮驱动"有助于推进法律监督体系和监督能力现代化

检察机关的法律监督是重要的宪法原则,检察履职能力现代化是国家治理体系和治理能力现代化的重要组成部分。当前制约法律监督最突出的问题是检察机关监督能力的不足,而"双轮驱动"的监督模式不仅是"捕诉一体"背景下强化侦查监督的重要手段,更是提升法律监督能力现代化的重要举措。一方面,"双轮驱动"模式下,普通检察官在监督领导小组成员的指导下,参与到重大监督案件的办理中,个人的法律监督能力和素养得到提升,而检察自侦力量的介入和配合,也有助于培养侦查思维,提升侦查能力;另一方面,"双轮驱动"模式下,创新推进"监督+侦查"的融合监督模式,也是检察机关法律监督能力现代化的有力体现。

3."双轮驱动"有助于实现融合式法律监督

"双轮驱动"监督模式的核心在于整合检察内部力量,通过侦查监督与检察自侦办案的相互支持、相互配合、协同推进,充分发挥二者融合优势,最大限度实现检察内部的双赢多赢共赢。在刑事领域"双轮驱动"模式打开局面的基础上,民事、行政检察亦可加入到融合式法律监督体系中,如将审执人员违法行为的监督与检察自侦办案协同推进、从刑事案件中发现民事监督线索等。以"双轮驱动"为突破口,推动刑事、民事、行政、公益诉讼"四大检察"融合式发展,达到"1+1>2"的监督效果,是检察机关法律监督工作发展的必然趋势,有助于真正实现双赢多赢共赢。

(三)"双轮驱动"监督模式的探索与实践

在"捕诉一体"的大背景下,检察机关构建"双轮驱动"的监督模式是必要的。那么如何发挥"双轮驱动"的监督效用,就必须构建起行之有效的监督线索流转、监督与自侦衔接、市县院对接等协作配合机制,切实整合好检察内部力量,实现监督效用的最大化。

1.监督线索的流转办理及反馈

刑检部门的员额检察官是侦查监督工作的主力军,要充分发挥一线员额检察官在办案中发现线索的作用。对办案中发现的线索,根据是否可能判处十年有期徒刑以上刑罚、违法行为是否恶劣、社会影响是否重大、证据是否到位、案件是否涉及国家工作人员、人大代表政协委员,是否涉及非公经济发展等,分为普通监督线索和重大监督线索。普通监督线索原则上由发现线索的员额检察官或办案组自行办理,重大监督线索须向监督领导小组报备,可以自行办理也可交由重大监督案件检察官办案组办理。检察官在发现监督线索后,须填写《侦查监督线索审批表》,部门负责人审核后对线索的性质及是否需要立案作出建议,普通线索由分管副检察长决定是否立案办理,重大线索报请检察长决定是否自行办理,并向监督领导小组报备。根据办案部门或基层院提出的意见,监督领导小组决定是否同意自行办理,对自行办理的案件,监督领导小组应做好办案指导,对自行办理有难度,或者监督领导小组认为不宜自行办理的情形,由监督领导小组指定市级院重大监督案件检察官办案组办理。此外,监督领导小组在履职中发现监督线索的,也可将线索交相应基层院办理或由市级院重大监督案件检察官办案组自行办理。监督案件应采取案件化办理,普通监督案件办案期限一般不超过一个月,重大案件不超过二个月,案件作出终结性决定或被监督机关整改完毕后,承办检察官应制作《监督案件结案报告表》,并向监督领导小组报备,确保监督全程留痕。

2. 侦查监督与自侦工作的衔接

刑检部门与检察自侦部门是"双轮"的组成部分,必须相互协作、相互配合、相互支持。首先,必须建立起双向线索移送机制。刑检部门的检察官在办案中发现有检察院直接受理侦查案件线索的,应当填写《检察自侦案件线索流转审批表》,经部门负责人审核后报分管副检察长决定,七日内移送负责侦查的部门并报监督领导小组备案。自侦部门对线索审查后,认为属于本院管辖,需进一步调查核实的,应当报检察长批准,并在调查核实后就处理结果填写《检察自侦案件线索流转反馈表》向移送部门反馈结果,不属于本院管辖的,也应当填写转反馈表,向移送部门说明理由,并将线索移送有权管辖部门,反馈结果均须向监督领导小组备案。自侦部门在线索初查、调查核实、案件侦办过程中发现侦查监督线索的,也应及时报送监督领导小组,由监督领导小组对线索分流,决定办理的单位或部门。其次,必须健全双向配合支持制度。一方面,针对自侦人员过去对 14 个罪名接触、研究不多,办案能力有所欠缺问题,自侦部门认为需要刑检部门积极配合,帮助分析自侦案件中的侦查违法情形,提供法律意见支持的,可以向监督领导小组提出申请,由监督领导小组指派专人提供协助。另一方面,刑检部门在调查核实监督案件,需要提供信息查询协助的,应列明基本案情、需要提供的帮助及理由,报检察长批准,需要自侦部门介入,协助调查办理的,报监督领导小组统筹处理。

3. 市级院与基层院的对接

基层院是检察办案的主要力量,大量的侦查监督线索主要在基层,因此,有必要充分调动起基层院强化侦查监督的积极性。在"双轮驱动"监督模式运行过程中,考虑到基层院基础办案量较多,人员也相对紧张,是否成立配套的监督领导小组,应根据基层院的实际情况,不宜做强制要求,但"侦查监督+自侦"的合作办案模式必须一以贯之的落实。市级院要充分发挥对基层院的领导指挥作用,根据案件办理需要,可以指定异地办理或由市级院直接办理。此外,也要充分发挥考核指挥棒的作用,将"双轮驱动"监督模式的运行情况,纳入到市级院对基层院,以及对检察官和检察官助理的绩效考核当中,对向监督领导小组移送重大监督线索的,应当予以加分,对员额检察官在办案中未发现、移送监督线索,后经监督领导小组评查案件发现的,应当予以通报和问责。

四、监督能力改革,突出绩效考评引导

业绩评价是完善检察队伍管理、激发内生动力的必然要求。绍兴市检察院主动适应司法体制改革和检察工作发展新形势新要求,细化完善《对基层院检察工作绩效评价办法》《工作人员绩效考核办法》,制定出台《检察长奖励基金使用办法》《关于加强绩效考核结果运用的若干规定》等配套规定,指导基层院制定工作人员考核办法,充分发挥绩效考核"指挥棒"作用,激励两级院干警担当有为、争创一流,不断提升履职能力,推动绍兴检察工作高质量发展。

(一) 注重压实考核主体责任,形成两级院协同发力

绍兴市检察院党组高度重视绩效考核工作,树立全市考核"一盘棋"思想,加强组织领导,统筹推进两级院绩效考核工作。两级院分别成立绩效考核管理委员会,由检察长任考核委员会主任,政治部主任任副主任,着力构建检察长统筹抓、分管领导具体抓、职能部门抓具体的考核工作格局。市检察院多次组织召开专题会议,研究、部署全市绩效考核工作。在充分调研的基础上,确立以省检察院考核办法为基础、市检察院考核办法为补充的思路,逐步细化完善市检察院对基层院、对各类人员的绩效考核办法,增强考核质效。同时,明确要求各基层院严格落实市检察院党组的考核思路,充分结合本院实际制定具体的绩效考核办法,确保在制度层面一杆尺子量到底,形成考核合力。

（二）注重对绍兴检察贡献度的考量,构建绩效考核体系

在设置对基层院、对各类人员的考核指标时,坚持上下同步、简便易行原则,避免了重复考核。对基层院进行绩效评价时,以千分制的省级院统一评价为基础,辅以百分制的市级院补充评价,省级院评价得分按省检察院审定数据及计分方式直接折算,因基层院原因导致市检察院在省检察院绩效考核中扣分的,也直接按评分办法扣分,形成两级院捆绑考核模式。对各类人员进行绩效考核时,考核指标的设置也与省院绩效评价办法保持高度一致,对检察官、检察官助理的考核中,占60%分值的"司法办案实绩"主要考核在省院绩效考核的精品案件、检察业务工作中的得分,占40%分值的"业绩激励"主要考核在省检察院绩效考核的品牌创建中的得分及参与党委政府中心工作的情况,让绩效考核成绩充分反映干警个人对绍兴检察工作的贡献度。

（三）注重对法律监督工作的评价,推动检察业务整体提升

从构建以法律监督为核心内容的绩效管理体系着手,提升监督质效,推动"四大检察"全面协调充分发展。在对基层院进行绩效评价时,进一步聚焦主责主业,在"检察业务工作"部分设置了大量法律监督指标,如刑事检察工作补充评价监督线索移送、社会治理检察建议等内容,民事检察工作补充自行发现民事监督线索等内容,引导上下级院、各部门在法律监督工作上的协作配合。在对各类人员进行绩效考核时,改变传统考核将基础办案工作与法律监督工作混同考核的模式,设置"基础办案""业务绩效"两个考核项目,分别占人员考核总分的20%、40%。对"基础办案"的考核,仅考核是否按要求完成所承担的办案工作任务,对"业务绩效"的考核,则重点考核法律监督工作,如每个业务条线都设置了"线索发现"项目,发现并移送线索的可以加分,应当发现监督线索未发现的予以扣分,以此强化干警的主动监督意识。2019年度全省考核中,绍兴各项业务总体均衡,没有出现明显的短板项目,尤其是司法人员渎职犯罪的查办工作作为上年度新增的考核项目,绍兴拿到了满分。

（四）注重对个人工作实绩的考评,营造良性竞争氛围

为更好落实司法责任制要求,取消以往业务工作中检察官与检察官助理、书记员捆绑考核的模式,坚持绩效落实到人的考核导向,强化竞争意识,充分调动干警的积极性。在对各类人员进行绩效考核时,按照"谁发现谁加分,谁办理谁加分"的原则对检察官、检察官助理的各类法律监督数据予以考核加分,如系检察官发现并办理的,加分至检察官,如系检察官助理发现并办理的,检察官加20%得分,检察官助理加80%得分,确保各类人员的工作真实面貌得到客观呈现。严格实行定期通报相关考核数据工作制,既接受干警的监督,又让大家及时了解自己的考核排名情况,感受与其他干警的差距,进一步正向激发干警个体工作责任心。

（五）注重对考核结果的运用,增强激励约束实效

以客观量化的考核结果作为工作评判的依据,切实解决"干多干少一个样,干与不干一个样"的问题。在对基层院进行绩效评价时,将评价结果作为基层院创先评优、院领导班子和领导干部评价的主要依据,严格按照各院的绩效考核排名报送"全省检察工作成绩突出的基层检察院"候选对象。在对各类人员进行绩效考核时,将绩效考核结果作为基层院分管领导、两级院中层干部及员额检察官评先评优、等级晋升、交流任职、退出员额和绩效考核奖金发放的重要依据。通过制度机制的激励约束,进一步发挥绩效考核的引导作用,树立"能者上、平者让、庸者下"的鲜明导向。

在市域社会治理现代化进程中,绍兴检察机关找准定位、方向、使命和任务,切实践行"深化法律监督,彰显司法权威,维护公平正义"工作主线,围绕"重要窗口"建设的新目标新要求,探索推进绍兴检察改革,致力于打造检察服务保障民营企业健康发展示范品牌、践行"枫桥经验"标杆品牌、"引领式"智慧检察建设领跑品牌、"双轮驱动"融合监督创新品牌、科学队伍管理一流品牌,为检察改革提供绍兴方案,贡献绍兴检察智慧。

第十三章 司法改革的亚太经验

　　根据世界上大多数国家的经验来看,司法改革处于"进行时"而非"完成时"。亚太司法改革论坛(Asia Pacific Judicial Reform Forum)的出版物《寻求司法改革的成功:亚太经验之声》(*Searching for Success in Judicial Reform：Voices from the Asia Pacific Experience*)在其序言当中就指出,司法改革如全球化一样对于当今各国已是"老生常谈"的话题,当前世界各国都以不断改善司法体系为其目标。究其原因,就在于司法体系业已成为社会治理中的重要组成部分,直接关乎国家稳定和社会经济的进步和发展。①

　　自20世纪下半叶以来,社会生活瞬息万变,技术的快速发展改变了社会生活的各个方面,比如电子信息化技术重塑了人与人之间的沟通交流方式,拉近了人与人之间的空间距离,并带动了电子商务等一系列产业的兴盛。在这样的大背景下,各国都需要及时调整法律制度和公共政策以适应这些新变化和发展,司法制度自然也无法置身事外。由技术发展和制度调整之间的这种关系可知,各国的司法体系的改革处于"进行时"中,需要及时了解各国在自身司法制度发展才可更好地把握当下的司法改革。了解这些国家的司法改革,需要从历史和现实两个维度着手。回顾各国的改革历史,分析他们当前改革的实践,总结他们的经验得失,参考其较为成功的实践,以求更好地服务于我国未来的司法体制改革。

---

　　① See Armytage, Livingston, and Lorenz Mentzner, *Searching for Success in Judicial Reform*, Oxford University, 2009.

一、司法改革的长期性

纵观各国的司法改革史,不难发现大多数国家的司法改革都耗时甚长。美国从 20 世纪 30 年代初期开始改革其诉讼程序,先后出台 1934 年《规则授权法》(*Rules Enabling Act*)、1938 年《联邦民事诉讼规则》(*Federal Rules of Civil Procedure*)、1940 年《萨姆纳斯法院法》(*Sumners Courts Act*)直至 1946 年《联邦刑事诉讼规则》(*Federal Rules of Criminal Procedure*)正式生效,先后历经 12 年之久。值得注意的是,上述这些法律的颁布并非改革的终点,而是下一轮司法改革的起点。以 1938 年《联邦民事诉讼规则》为例,该法在后来的数十年后仍然经历了数次大的修改,引入了包括集体诉讼、电子证据开示(Electronic Discovery)等具有代表性的重要程序制度。其中,前者削弱了大型企业的优势,为 20 世纪后期的消费者保护、环境保护以及社会公益的保护奠定了必要的制度基础,而后者使得法院充分利用新技术的优势,提高司法效率,紧跟时代的潮流。

澳大利亚的司法体制改革也有与美国相似的路径。澳大利亚的现代司法体制源于 1903 年《司法法》(*Judiciary Act 1903*),但该法的颁布对澳大利亚的司法改革而言只是开端,自 1903 年《司法法》颁布后的一百多年内,先后经历大小数十次修改直至现行的 2016 年《司法法》。甚至一些小的立法目标,也需要数十年的改革才能实现。比如说,1903 年《司法法》的立法目标之一为澳大利亚建立最高司法机关澳大利亚最高法院(High Court of Australia),但在最高法院设立之后,诉讼中的当事人仍然可以绕开最高法院,直接从各州的最高法院向英国枢密院提起上诉。此情况虽然为 1907 年《司法法》的修改所中止,但高等法院的终审权直到《1968 年枢密院(限制终审权)法令》(*Privy Council (Limitation of Appeals) Act 1968*)和州法院的《澳大利亚 1986 年法案》(*Australia Act 1986*)废除枢密院的管辖权后才完全确立。

与澳大利亚毗邻的新西兰情况类似,其现行司法体系由 1908 年《司法法》(*Judicature Act 1908*)确立。《司法法》在此后的一百年间先后经历大小 40 次修改后,才与 2003 年《最高法院法》(*Supreme Court Act 2003*)和 1947 年《地区法院法》(*District Courts Act 1947*)一并构成新西兰现代司法体制的基石。①
即便在局部领域发生的司法改革,也极为漫长。又如,新西兰和澳大利亚两国
分别开展的家事法司法方面进行的改革,前后耗时也超过了 20 年之久。再
如,即便是专门领域的司法改革也耗时甚久,一如在英国、澳大利亚和新西兰
的家事法改革历程,若是从家事法律制度的制定起算,距今几乎有 50 年之久,
而若是从家事审判程序的改革起算,其改革时长的跨度也几近 30 年。

　　由此可见,司法体制改革并非能一蹴而就,其中往往存在冗长的改革过
程。在个别国家要耗费十几年甚至数十年的时间才能完成最初的改革设想。
总结和回顾这些国家的历史经验可知,司法改革任务的长期性和这些国家自
身的社会发展有着紧密联系,相较于相对保守的司法体系和法律制度本身,社
会发展却是一个动态的变化过程,快速的社会发展与滞后的司法体系之间的
错配往往是一种常态。即便是在改革措施的推行进程中这种错配仍在发生,
"计划赶不上变化"的局面在改革过程中屡见不鲜,最终将致使改革的难度
徒增。

二、司法改革与社会经济发展

(一) 经济发展带来的改革需求

　　自从人类进入工业文明后,经济结构发生了显著的改变,工厂的大规模涌
现吸引了大批的产业工人,随即而生的还有发达的商品经济和新型的生产关
系。对于法院和法官而言,这意味着司法纠纷数量的激增和新类型的法律纠
纷的涌现。在第一次工业革命发生地的英国,随着案件数量的迅速增加,如何
提升审判效率,解决"案多人少"的压力成为了法院和议会的重点关注领域。
英国在 1748 年建立了基层的小额债务索赔法院(Court of Requests)。随着法
院审理的案件数量随着城市化的进程加快,到了 19 世纪初,基层法院受理的
案件是此前的 7 倍之多,案件数量的暴增使得法院和法官们不堪重负,改革由

---

① See Muratbegovic, Dino, "The Judicature Modernisation Legislation", *Auckland UL Rev*, 23
(2017):374.

此应运而生。英国议会为减轻司法部门的案件负担,先后于 1846 年和 1848 年颁布了《即决裁判法》(*Summary Jurisdiction Act*)和《小额债务法》(*Small Debts Act*),前者赋予裁判法院(Magistrate's Court)更广阔的刑事案件管辖权,并允许涉及轻罪的审判不采用陪审团的形式,后者则以遍布英格兰和威尔士的 500 多个县法院替代了原来负责审理民事审判的小额债务索赔法院,受理的诉讼标的金额上限从小额债务索赔法院的 5 英镑提升到 50 英镑,增加简易程序的适用范围以减轻普通程序的积案压力。

除案件数量的增加外,新类型的案件的出现则要求更专业和细分的司法分工。随着英国商会(Association of British Chambers of Commerce)在 1860 年正式成立,其很快便致力于推进各类商业法律和审判程序的改革,其涉及的领域包括破产、债务、合伙、公司、海洋和国际法、土地转让、版权、专利、商标方面相关的法律议题和报告,并提出建立"更快捷和廉价的司法体系"("a speedier and cheaper administration of justice")的口号。英国的银行业在 18 世纪和 19 世纪得到了快速的发展,银行票据的盛行和金融危机的发生昭示当时英国社会经济结构的巨变,虽然英国先后颁布 1698 年《票据付款法》(*Payment of Bills Act 1698*)和 1704 年《期票法》(*Promissory Notes Act 1704*),仍然难以应对,法院受理案件数量在迅速增多,同时案件的专业性和复杂程度也在加深,为此成立更加专业和细分的法庭以缓解司法资源的紧张则显得尤为紧迫。

除金融领域的诉讼外,相应的"人少案多"的局面也发生在航运、家事等多个领域。相应的改革应运而生,以高等法院的改革为例,英国先后在 1873 年、1875 年、1877 年通过《最高司法院法令》(*Supreme Court of Judicature Act*)及其修正案,以改革其高等法院体系,废除了旧的高等法院,由上诉法院(Court of Appeal)和高等法院(High Court of Justice)这两个部门组成新的最高司法院(Supreme Court of Judicature),新的高等法院根据旧的中央法庭下设五个专门法庭,即王座法庭(King's Bench)、民诉法庭(Common Pleas)、财税法庭(Exchequer)、衡平法庭(Chancery Division),以及遗嘱检验、离婚和海事法庭(Probate,Divorce and Admiralty Division),所有来自高等法院的不同类型的民事案件的上诉均由上诉法院受理。《最高司法院法令》除涉及法院的组织结构调整外,还赋予最高司法院同时审理普通法和衡平法的权限,法院可以根据案件情况选择适用普通法或衡平法,打破了普通法和衡平法之间的原有的隔阁。如上文所言,英国在 19 世纪的改革脚步并未止步于《最高司法院法令》,高等法院的改革直到 1880 年民诉法庭和财税法庭并入王座法庭改革才告一段落。可见,经济的快速发展会为司法系统带来相应的挑战。

诚然,来自经济层面的因素是司法改革的重要推动力,但推进司法改革所面临的挑战还有很多,比如说改革要与当时的社会经济发展水平相匹配,如果缺乏来自社会经济发展的实际需求而推行那些过于超前的改革措施,反而可能招致负面的影响。让我们再次回到 19 世纪末,在英国人取得司法改革带来的丰硕成果后,部分英国政客认为既然本国的司法体系改革取得了不斐的成绩,那么不妨把本国的一些良好司法实践直接移植到殖民地。于是,英属印度殖民政府为当地引入民事法庭(Civil Courts)以填补印度在债务执行方面的制度空白,然而这种做法却为当时的印度带来了灾难。

原来,在民事法庭制度引入之前,印度本地的放债人主要考虑自身的实力进行债务收集活动,其活动范围和利息则由此而遭受了限制。同时,在先前缺乏有力债务执行保障机制的情况下,放债人为了保证自身利益,会选择让那些遭遇自然灾害的债务人延期偿还债务。在民事法庭制度引入之后,由于放债人的收债行为有了此前所未有的法律背书,债权人此时可以选择通过法律的执行程序出售债务人的土地或财产,而不再像以前一样耐心等待债务人的经济状况好转。当遭遇因自然灾害导致的大规模农作物的歉收或是农产品价格的剧烈波动时,债务人无法及时履行债务的情况大规模出现,同时大量债务人的土地被民事法庭强制执行,于是大量失去土地的农民的聚集引发了骚扰,这无疑为当时的印度带来严重的社会动荡。[①] 这个例子告诉我们,司法改革的推行不仅需要"因地制宜",也要"因时制宜"。

(二) 社会转变带来的改革需求

社会的结构性转变也能助力推动司法系统的变化,这些转变可能是社会人口构成的变化,包括年龄结构和族裔结构的改变,也可能是内部关系和权利分配之间的改变,包括性别平等和劳资关系方面的变化,而这也体现在近代美

---

① See Stephenson, Matthew C., "Judicial reform in developing economies: Constraints and opportunities", *Annual World Bank Conference on Development Economics-Regional* 2007: *Beyond Transition*, 2007.

国司法的发展历程中。随着美国 19 世纪以后领土疆域的不断扩张、社会人口结构的变化以及社会思潮的快速转变,其原有的司法体系难以适应经济社会的新发展。在 19 世纪末和 20 世纪初的"进步时代"(Progressive Era)①,一部分欧美的"进步人士"开始为劳工权益保障等社会平权问题进行社会活动,甚至推动了当时的部分立法进程。然而当时的司法体系却显得迂腐、顽固而保守,其曾不合时宜地多次处于这场"社会进步"运动的对立面,如美国联邦最高法院在 1856 年的斯科特诉桑福德案(Dred Scott v.Sandford)作出的判决,认为那些被当作奴隶进入美国的非洲裔或是他们那些无论是否是奴隶的后裔,永远不可能被视为公民。② 随后,联邦最高法院在《排华法案》直接相关的柴禅平诉美国案(Chae Chan Ping v.United States)③、林孟欣诉美国案(Lem Moon Sing v.United States)④、美国诉朱台案(United States v.Ju Toy)⑤、冯越亭诉美国案(Fong Yue Ting v.United States)⑥中无一例外地都站在了种族歧视的一边,充分地打压了在美华人的基本权利。随后在 20 世纪初,美国联邦最高法院在 1918 年的汉默诉达根哈特案中(Hammer v.Dagenhart)推翻了包括禁止使用童工的联邦立法。⑦ 美国最高法院甚至曾在 1927 年的巴克诉贝尔案(Buck v.Bell)支持剥夺残障人士的生育权。⑧ 这些判决无一例外地严重损害了美国联邦最高法院的声望。即便在当时,其中大部分判决也遭受来自美国"进步人士"的猛烈批评,其中不乏如法学家庞德这样的知名人士。

在司法制度层面,高昂的诉讼成本和冗长的诉讼程序也饱受专业人士的诟病,以至曾发明"汉德公式"的法官汉德就曾言:"我如果作为当事人除死亡和疾病外最为恐惧的就应该是打官司。"⑨由于社会的结构性变化与司法制度

① See Buenker,John D.,and Edward R.Kantowicz,eds.Historical dictionary of the Progressive Era,1890-1920.Greenwood Publishing Group,1988.

② See Dred Scott v.Sandford,60 U.S.393(1856).

③ See Chae Chan Ping v.United States,130 U.S.581(1889).

④ See Lem Moon Sing v.United States,158 U.S.538(1895).

⑤ See United States v.Ju Toy,198 U.S.253(1905).

⑥ See Fong Yue Ting v.United States,149 U.S.698(1893).

⑦ See Hammer v.Dagenhart,247 U.S.251(1918).

⑧ See Buck v.Bell,274 U.S.200(1927).

⑨ Hand,Learned,"The deficiencies of trials to reach the heart of the matter",*Lectures on Legal Topics*,1921-1922(1926):89-105.

的保守迂腐之间的严重对立,导致改革的困难和阻力重重,相应的改革过程也变得极为冗长。国会直到1934年才通过《规则授权法》赋权联邦最高法院在"不缩减、扩大或修改任何实质性权利"的前提下制定程序规则和证据,随后1937年由美国联邦最高法院制定《联邦民事诉讼规则》,最后由美国国会于1938年颁布,缓解了当时诉讼程序冗余的局面,并统一了各州联邦法院的诉讼规则。

曾几何时,西方国家在中世纪受到教会的影响,普遍地认为婚姻神圣而不可分割。在进入工业社会后,婚姻和家庭的观念有较大的改变,以婚姻法为代表的家事法和家事审判制度也在20世纪随之迎来较大的变化。随着经济发展和社会分工的精细化,已婚妇女在劳动力市场的地位大为改观,妇女较之以前有了更多的就业机会,随着妇女在经济地位上的独立,离婚率开始有所上升,单亲家庭抚养子女的现象也逐渐增加,也引起了相应的社会关注,由此产生了1969年的英国单亲家庭委员会(The Committee on One Parent Families)和该委员会的1974年报告。报告指出,由于单亲家庭的抚养对福利补贴的依赖,福利制度的改革也应当随之提上议程,随着女性权利和地位的提高,家庭暴力现象也作为重要的社会议题为人关注。在这些社会现象的共同作用之下,促生了英国、澳大利亚等国家20世纪60年代末的家事法改革和90年代以来的家事审判制度改革,可见这几者之间的改革联动也可谓是"牵一发而动全身"。

事实上,上述国家的改革历程,与当前各国仍在推行的司法改革,虽都以"司法改革"为名,但在内容和形式上已经有了较大的区别。这是因为不同的发展阶段的社会下的司法体系面临的挑战不同所而造成的。20世纪下半叶的人类社会发展进入了一个新时期,司法系统所面临的是更丰富的机遇和更复杂的挑战。以往的司法改革,更多涉及的是诉讼程序和组织机构在制度层面的变化。20世纪下半叶以后的司法改革,有着更加丰富的改革内涵,其改革措施也更为多元化,以我国的司法改革为例,其既包括相关诉讼法律制度的变革,也包括内设组织机构的调整,还包括司法人员以及司法行政管理方面的改革。现代的司法改革,特别是涉及司法人员责任追究的改革措施,与以往的司法改革有着明显的区分。

加拿大最高法院法官埃米特·霍尔(Emmett Hall)在20世纪70年代就曾指出,若要应对社会发生大规模变化,则有必要有意识地系统评估和检视法律的改进。① 加拿大社会的快速发展,也对加拿大司法系统提出了这样的挑战。虽然加拿大的法律体系直接源自法律体系较为完备的英国,但直到 20 世纪 60 年代前中期对安大略省高级法院法官朗德勒维尔(Leo Landreville)的行为失当的调查时,加拿大仍未建立法官行为失当的责任追究和调查程序。埃米特发表演讲的时间正值 1971 年《法官法》(*Judges Act*)修改之后不久,加拿大根据该案的处理经验和 1971 年《法官法》修正案成立了加拿大司法委员会(Canadian Judicial Council),该委员会的主要职权为调查不当行为指控是否成立以及其严重性质。

委员会若认为性质严重应发起全面调查的行为要向加拿大司法部长提交报告,并对是否免职法官提出建议。司法委员会不仅成为追究法官失职行为的专门追责和监督机构,更是为法官的司法伦理设立审查标准,该委员会在 1998 年发布《法官伦理守则》(*Ethical Principles for Judges*)②,该守则提出了司法公正、平等、尽职等多方面的行为准则,《法官伦理守则》更是辅以相关案例和学说作为评注,以更好地阐述这些司法伦理规范。该委员会在其 2014 年的讨论卷中提到委员会以保障司法公信力为目标,并认为司法系统和体制应当坚持以司法公开、司法责任和效率等原则为导向。③

与加拿大相似,美国对司法人员的责任追究机制的探索起步较晚。美国各州虽然于 20 世纪 60 年代才开始纷纷设立司法委员会以负责调查司法人员的不当行为,但直到 1980 年才由美国国会颁布《司法行为与失职法》(*Judicial Conduct and Disability Act*),赋予每个巡回法院的首席法官协同包括其在内的特别委员会负责对巡回法院所有联邦法官行使纪律监督权。④ 该法授权任何人对联邦法官"损害了法院业务的有效和迅速管理"以及"由于精神或身体上的残疾而无法履行职责"的行为发起申诉。⑤ 从加拿大和美国的司法人员责

---

① See Hall, Emmett M., "Law Reform and the Judiciary's Role", *Osgoode Hall LJ* 10 (1972):399.

② See Canadian Judicial Council, "*Ethical principles for judges*" (1998).

③ See Canadian Judicial Council, "*Review of the judicial conduct process of the Canadian judicial council*" (2014).

④ See Haley, John O., "Judicial reform:conflicting aims and imperfect models", *Wash. U. Global Stud. L. Rev.* 5 (2006):81.

⑤ See Breyer, Stephen, "*Implementation of the Judicial Conduct and Disability Act*" (2016).

任制的改革中可见,由于各国的社会经济发展程度不一,其改革步伐有快慢之分,各国的改革措施具有其国别性质。甚至在某些联邦制国家内部,由于区域社会经济发展水平不一,而导致不同地区之间的司法改革任务存在较大差异,各地的改革之间容易呈现不一样的改革侧重点。

经合组织 OECD 在其 2019 年发布的报告《所有人的正义:司法特别工作组》(*Justice For All:The Task Force On Justice*)提出了"司法缺口"(Justice Gap)的概念,其指出在全球有数以亿计的人口处于实质上的司法不平等的状态之中,这种司法不平等的状态正在伤害这些社会中最为脆弱的群体,特别是处于弱势的边缘人士以及妇女儿童,通过加大对司法的经济以及社会公共资源的投入,以打造"以人为本的司法服务"(people-centered justice services),通过深化国际合作,设立共同的政策日程,汇集各国政府、法律从业人员以及其他专业人士乃至全体公民社会的共同努力以应对这种全球的"司法缺口"[1]。那么正如 19 世纪的英国商会提倡的那样,为人们提供"更快捷和廉价的司法"的主张有超越时代的意义。以 ADR 为代表的非诉纠纷解决机制就是在这样的诉求背景下产生的,西方国家在进入 20 世纪下半叶后,随着大量新型诉讼纠纷的出现和日益紧张的司法资源,在相较于花费大量的时间和金钱在传统的诉讼上,在婚姻纠纷、社会保障纠纷、移民和难民纠纷、土地和歧视纠纷、知识产权纠纷以及跨国商事纠纷等领域,更多的当事人愿意选择那些可以更加定制化、相对廉价的非诉机制来解决争议。[2]

(三) 各国社会经济发展的不平衡与资源的错配

一般而言,各国的司法系统在面临"人少案多"的局面时,一般会从两方面同时着手应对措施以解决案件压力,一方面着眼于"案多"的层面,通过加强案件的流程管理,简化部分司法程序,扩大简易裁判案件的适用范围,并运用 ADR 等非诉方式进行案件的"实质分流",以缓和部分压力,但往往由于解决"案多人少"的压力只是众多改革任务中的一环。许多国家的法院还肩负着减低诉讼成本、同时降低民众诉诸司法(Access to Justices)的门槛的任务,

---

① OECD,*Justice For All:The Task Force On Justice:Final Report*(2019).

② See Harman,Joe,"From Alternate to Primary Dispute Resolution:The Pivotal Role of Mediation in (and in Avoiding) Litigation",*National Mediation Conference Melbourne*,2014.

这两种任务的推进难免会互相抵消。于是,改革者开始着眼于作为"案多人少"的另一方面的"人少"的部分,加强和优化司法职业教育,解决司法人员不足的现状。以日本在2000年以后的司法改革为例,改革法学教育成为此次改革的重要内容,日本不仅效仿美国建立美式法学院,而且还增加了专业司法人员的员额供给,同时废止了司法考试合格人员的数额限制,将接受司法职业教育人员的数量扩大一倍有余,参加法律专业研修的人员从750人扩大到2004年的2000人,但并非所有国家都能像日本一样将富余的司法资源进行这样的调配,特别是司法职业教育资源。

在欠发达国家,司法教育资源由于种种原因往往非常紧张,法律职业方面的培育经验相对匮乏,如柬埔寨在经历长期的政治动荡后,当其重拾司法职业教育和法官培养时,国内接受过完整现代法律职业教育的法官仅有六人,以至于柬埔寨的法律职业教育要充分依赖其他国家。南亚的尼泊尔也有相似的情况,无论是法学职业教育还是法官的职业培训,都尚处于艰难的起步阶段,直到2000年尼泊尔才成立其国内第一家法律职业教育机构——国家司法学院(National Judicial Academy),这意味着该国的法学职业教育需要大量借鉴和参考全球经验。此外,由于资源必须优先满足职业教育,司法人员的职业培训(继续教育)在欠发达的国家因法学教育资源的捉襟见肘而难以单独设置,而不得已整合在了司法职业教育中。在这样的情况下,只能通过司法改革领域的国际合作改善自身处境,比如柬埔寨皇家司法职业学院(Royal School for Judges and Prosecutors)在2003年就接受过来自日本国际协力机构的帮助(Japan International Cooperation Agency),后者通过派遣专家,协助柬埔寨编写民事诉讼法和民法教材。值得注意的是,这些国际援助对柬埔寨这样的国家建立足够的司法资源而言仍显不足。直至2016年为止,柬埔寨全国的法官总数仅有264人,仍不能满足司法需求。

三、当前司法改革的新特征

由于各国国情和法律制度的不同,在司法改革过程中采取的策略也不尽相同。有些国家因社会发展带来的问题更为广泛,更倾向于采取全局性的改革策略,其改革策略可能包括相关诉讼法律制度的变革,也包括内设组织机构的调整,还包括司法人员以及司法行政管理方面等多个方面的改革。而在另一些国家,司法改革可能更侧重于应对一些特定领域的问题,它们可能源自新型生产关系的产生和发展,比如说互联网经济迅速发展所导致的新型纠纷案件的涌现,也有可能源自原有社会结构的转变和调整,比如新类型的家庭暴力、劳资纠纷等原有的法律制度和司法体系难以应对的领域,故此类改革着力于特定的领域。两种改革路径的区别来源于各国根据其不同国情作出的选择差异。

这些新领域司法改革对所在国而言既是挑战,也是机遇。一方面,与立法相似,相对于同一社会中其他较为活跃的领域,司法和其所涵盖的领域相对更保守和拘谨。这也在司法改革的缓慢进程中体现出来。例如,韩国的现代司法制度始于1895年《法院组织法》的颁布,有社会发展的需要,韩国虽自1960年开始通过在法院内部设立各委员会以着手改变原有的司法制度,但此时的改革措施仍然较为碎片化,对这些碎片化的改革措施进行正式整合则要到1990年3月1日司法政策研究总干事(Deputy Director General for Judicial Policy Research)的成立,最终在韩国司法体制发展委员会(Commission for Judicial System Development)成立后,其当代的司法改革才吹响号角。

另一方面,由于这些领域的改革对象往往是新出现的社会现象或生产关系,致使改革的设计者往往难以找到参考对象,而被迫进行独立探索,其探索的过程中难免会涉及制度创新、新技术的运用和对学理的大胆实践。例如,经合组织在通过民事诉讼的司法改革的跨国实证研究后发现,冗长的民事诉讼不利于经济发展。在经合组织国家,普通民事诉讼的一审平均时长为240天,这个时长在经合组织国家以外的地区则可能翻倍。通过提高法院的信息化和电子化的投入、法院对案件的主动管理、专门法院的设立,以及赋予首席法官们更大的行政管理权限,可以显著地缩短时效,提升审判效率。此外,法院对信息基础设施的投资,也可以提高法官的审判效率(提升法官平均的案件量)。最后,通过提高立法质量和公共政策决策的质量,也能进一步减少民事诉讼案件的增加,降低新增案件量,使司法资源的投入更为集中和高效。[1] 这

---

[1]　See OECD,"What Makes Civil Justice Effective?",*OECD Economics Department Policy Note No.18.Paris,France:Author*(2013).

些存在于制度和技术领域的创新,往往需要较长的时间才会为司法体制所吸纳,又如 20 世纪 80 年代提出的 ODR(Online Dispute Resolution)的理念,但直至 2016 年后才得以在欧盟大规模实践。

(一) 以特定领域为对象的司法改革

发生在澳大利亚和新西兰的家事法领域的司法改革属于特定领域司法改革的典型案例。两国的司法改革是对其社会快速变化的回应,家庭暴力问题长期以来困扰着新西兰社会,约有三分之一的新西兰妇女面临着家庭暴力问题,推动与澳大利亚类似的家事法改革成为新西兰司法系统对该问题的回应。[1] 随着新西兰 1995 年《家庭暴力法》(*Domestic Violence Act 1995*)正式颁布,情况虽然有所好转,但该法无力于解决家事审判中面临的审判效率问题。家事审判制度的改革需求仍然紧迫,2001 年开始了审判程序和司法行政管理方面的改革,新西兰政府和其法律委员会就引入家事法的早期争端解决措施进行商讨,法律委员会随即在 2003 年发布其《家事法庭的争端解决》报告,法律委员会强调了在现有的家事纠纷中增强调解等多元非诉机制的作用。作为回应,新西兰司法部则开始了非法官主导的非司法干预调解试点。随着新西兰 2013 年《家庭争端解决法》(*Family Dispute Resolution Act and Regulations 2013*)的颁布,在新西兰的家事法改革措施于 2014 年 3 月 31 日正式生效,这是自 1981 年家事法庭建立后最显著的司法改革措施。

为适应澳大利亚自 20 世纪 70 年代以来在家庭架构上发生的变化[2],应对社会发展出现的日益增多的离婚、领养、代孕以及儿童权利保护等事宜[3],澳大利亚司法体制经过数十年的探索,其家事法领域的司法改革取得了显著的进展。2019 年 12 月 5 日,澳大利亚通过立法将原有的家庭法院和联邦巡回法院合并为澳大利亚联邦巡回和家庭法院(Federal Circuit and Family Court of Australia),改组后的联邦巡回和家庭法院由两个部门组成,第一部分仍然

---

① See Contesse, Jorge, and Jeanmarie Fenrich, "It's Not OK: New Zealand's Efforts to Eliminate Violence against Women", *Fordham Int'l LJ* 32 (2008): 1770.

② See Weston, Ruth, and Lixia Qu, "Trends in family transitions, forms and functioning: Essential issues for policy development and legislation", *Family Matters* 95 (2014): 76.

③ See Hayes, Alan, and Daryl Higgins, *Families, policy and the law: Selected essays on contemporary issues for Australia*, Australian Institute of Family Studies, 2014.

为原家庭法院的延续,而第二部门被视为联邦巡回法院的延续,改组后仍然保留了原有的法官队伍。该项改革通过制定共同的法院规则、程序和判例,提高家事司法任命的标准,简化家事纠纷的上诉途径,旨在提高家事纠纷的审判效率,减少积案,为家事纠纷提供更效率、更经济的争端解决方式。①

值得注意的是,无论在澳大利亚还是新西兰,家事纠纷本身的特点决定了ADR(Alternative Dispute Resolution)的运用是此类改革的重点关注。ADR在其他领域的改革中不仅同样瞩目,还随着技术手段的进步,衍生出ODR等新兴形态。ODR不仅在其电子商务领域的小额纠纷中发挥重要作用,ODR在20世纪90年代后期便为部分国家运用于婚姻领域,虽然其效果和影响远不如ODR在电子商务和消费领域的作用那般广泛和深刻。在2005年每115件婚姻纠纷案件中仅有5件运用了ODR的解决办法,而在这5件案件中ODR仅在其中两件中发挥主要作用。② 可见,ODR在家事领域的探索道路仍然漫长,在现阶段的家事司法领域可能仍然以线下为主的ADR为主导。

(二) 以 ODR 为代表的新机制的探索

与家事领域的司法改革相似的是,随着电子商务自20世纪90年代末以来的兴起,该领域的纠纷数量也随之增加,各国的司法部门也开始考虑如何在这个前沿领域积极运用新技术进行改革布局。在联合国国际贸易法委员会(UNCITRAL)2017年出台的《联合国国际贸易法委员会关于在线纠纷解决的技术注释》(以下简称《技术注释》)中,对于ODR的定义是"在线解决机制,或者说'ODR',是一种通过使用电子通信和其他的信息交流技术解决争议的机制"。③ 相较于传统的调解方式,在线纠纷解决机制一直有着便利性和低成本的优势,当事人之间的纠纷解决不再受到空间和距离上的制约,且由于在线纠纷解决系统所提供的便利性,可以实现纠纷解决的即时性,当事人不需要经过

---

① 来源网站:https://www.ag.gov.au/legal-system/publications/structural-reform-federal-courts-overview(最后访问日期:2020年9月30日)。

② See Brennan, Rebecca, "Mismatch.com: Online dispute resolution and divorce", *Cardozo J. Conflict Resol.* 13 (2011):197.

③ 《联合国国际贸易法委员会关于在线纠纷解决的技术注释》,http://www.uncitral.org/pdf/english/texts/odr/V1700382_English_Technical_Notes_on_ODR.pdf(最后访问日期:2020年9月30日)。

冗长的等待时间。① 曾经有学者指出,调解实践不能简单在互联网世界中再现,因为网络空间并非仅为物理世界的"镜像",认为在线纠纷解决的一个重要矛盾在于虽然在线纠纷缩短了当事人选择调解时的物理距离,但其无形中又增加了当事人之间的"电子距离"(Electronic Distance),其依据在于调解需要当事人面对面的非正式讨论,这种讨论形式有助于增加当事人之间的信任。② 在众多的 ODR③ 解决方案中,负责网络域名管理的编号分配机构(ICANN)率先发展出一套在线争端解决机制(UDRP)成为 ODR 发展过程中的典范。④

欧盟对在线纠纷解决机制的实施进度上一直处于世界前列,即所谓的 ODR 的推广和应用。欧盟早在 2013 年就出台了欧委会第 524/2013 号条例⑤,该条例于 2016 年 1 月 9 日生效,强制要求在线平台交易商为消费者提供连接欧盟在线纠纷解决平台的网络地址链接,旨在以简单和低成本的方式来解决有关电子商务的合同纠纷,使得消费者免于诉诸法院。有观点认为,科技在争议解决中扮演了"第四方"的角色,而欧盟在第 524/2013 号条例中搭建欧盟层级的 ODR 的做法视为已有的 ADR 即多元纠纷解决机制的一种网络延伸。⑥ 有学者指出,传统的 ADR 均可作用于和解、调解和审判过程中。⑦

欧委会第 524/2013 号条例的立法目标在于保护消费者。认为相较于传统的司法程序,这种在线的 ADR 解决机制对于消费者而言更具备可操作性。那么,对于其他类型的纠纷以及"网络法院"这样的纠纷解决机制,欧盟各国的立场如何。换而言之,欧盟现有的 ODR 制度是否可以用于消费者保护领域之外的民商事纠纷呢? 尽管欧盟在 ODR 的制度推进方面居于领先,但事实

① See Goodman, Joseph W., "The pros and cons of online dispute resolution: an assessment of cyber-mediation websites", *Duke Law & Technology Review* 2.1 (2003): 1-16.

② See Eisen, Joel B., "Are we ready for mediation in cyberspace", *Byu L.Rev.* (1998): 1305.

③ 也有 OADR(Online Alternative Dispute Resolution)的说法,为消除歧义本章统称 ODR。

④ 参见《统一域名争议解决政策》(Uniform Domain-Name Dispute-Resolution Policy), https://www.icann.org/resources/pages/udrp-2012-02-25-zh(最后访问日期:2020 年 9 月 30 日)。

⑤ See EU Regulation No.524/2013.

⑥ See Martic, Dusko, "Online Dispute Resolution for Cloud Computing Services", DoCoPe@JURIX 1105(2013).

⑦ See Brennan, Rebecca, "Mismatch.com: Online dispute resolution and divorce", *Cardozo J. Conflict Resol.* 13 (2011): 197.

上,关于 ODR 的讨论和探索最早源于美国。早在 20 世纪 80 年代,以麻省理工学院的伊森·卡什(Ethan Katsh)教授为代表的美国学者就对在线纠纷解决的可能性进行了深入的持续的探讨,伊森认为 ODR 被视为是 ADR 的一种表现形式。[①] 同时,伴随 20 世纪 90 年代以来 eBay 和亚马逊等电子商务平台在美国的兴起,相应的纠纷解决模式也处于不断地尝试和更新的过程。在此期间,电子商务的运营商和法律学者都曾作过不同程度的尝试。与此同时,ODR 的运用在知识产权领域,特别是关于网络域名的有关纠纷中大行其道。

事实上,早在 2001 年,美国密歇根州就推动立法成立在美国的第一个"完全虚拟法院"(Fully Virtual Court),该法院的设立旨在全面依靠电子邮件、电子文书、视频会议以及网络广播等通讯手段,并受理超过两万五千美元的除涉及土地纠纷、侵权、劳工、行政、刑事以及执行以外的商事案件。遗憾的是,由于缺乏足够的资金和技术支持,该网络法院的项目一直搁置而并未能够成功"上线"[②]。20 世纪后,ODR 的运用在各国都有了不同程度的发展,其应用逐步从电子商务和域名纠纷走向更为广阔的领域中,ODR 在加拿大已经被加拿大家事调解中心广泛运用于家事纠纷的调解之中。除此之外,ODR 也在澳大利亚、巴西、新加坡的法院庭审中发挥其辅助性的作用。[③]

此外,ODR 的发展也带动了以提供 ODR 为业务的第三方调解机构的兴盛,如在此期间,以 Square Trade、Cyber Settle、The Claim Room 等虚拟争议解决平台如雨后春笋般涌现。随着各国监管当局对于数据安全和隐私的规制逐步完善,以 ODR 服务为业务第三方调解公司和市场的数量曾一度遇冷,而由于此后包括荷兰、德国、奥地利、意大利和英国在内的国家对发展在线调解机

[①]　See Katsh,M. Ethan,"Dispute resolution in cyberspace",*Conn. L. Rev.* 28(1995):953. Se Katsh,M. Ethan. *Law in a digital world.* Oxford University Press,1995. See Katsh,Ethan Ethan,M. Ethan Katsh,and Janet Rifkin,*Online dispute resolution: Resolving conflicts in cyberspace.* John Wiley & Sons, Inc.,2001. Also see Gellman,Robert,"A brief history of the Virtual Magistrate Project: the early months",*La. BJ* 44(1996):430-1997.

[②]　See Pappas,Brian A.,"Online Court: Online Dispute Resolution and the Future of Small Claims",*UCLA JL & TECH.*,*Fall*(2008):6-8.

[③]　See Tyler,Melissa Conley,"115 and counting: The state of ODR 2004",*Melissa Conley Tyler, Ethan Katsh,and Daewon Choi,editors,Proceedings of the Third Annual Forum on Online Dispute Resolution*,2004.

制的重视。自此,ODR 的发展逐渐得到了各国官方的正式认可和背书。第三方调解机构和市场也迅速发展,通过与美国仲裁协会(AAA,即 American Arbitration Association)、eBay 公司的合作,莫德里亚公司(Modria, Inc.)和其旗下的莫德里亚争议中心(Modria Resolution Center)在市场竞争中脱颖而出,成为 ODR 服务公司中的佼佼者。①

关于 ODR 的性质和承认问题,在欧盟的正式法律渊源中,虽然在与 ADR 有关的最重要的欧委会指令 2008/52/EC 并未直接规定其定义,②但这并不妨碍欧盟在 ODR 领域的制度探索。随着欧盟整合统一市场和保护消费者需要,欧盟在此前欧委会指令 98/257 号、欧委会指令 2001/310,以及欧委会指令 2009/22 等多部法律基础上,颁布了欧委会第 524/2013 号条例,欧盟成员国有在 2015 年 7 月开始在消费者保护领域实施上述的义务,并在 2016 年 1 月开始正式启用统一的 ODR 平台以解决日益增多的线上纠纷争议问题。

有学者认为,此举旨在以提供非诉的方式避免潜在的复杂的管辖冲突。③需要注意的是,ODR 的法律效力,在欧盟指令 2013/11 第 43 款中有如下规定:"消费者和商家间就向争议解决机构提交投诉而缔结的协议,如果它是在争议出现前缔结的并且具有造成剥夺消费者在此之前向法院提起诉讼的权利的后果,则(该协议)不应对消费者具有约束力。此外,在 ADR 解决后果的执行过程中,只有在事先告知双方其具有约束性质且双方在明确接受此约束的情况下,其解决后果才对当事双方具有约束力。如果成员国法律规定了该协议对于商家的约束力,那么商家是否需要明确接受的前置条件可以不作要求。"④可见,欧盟虽然在适用 ODR 时以规避涉及复杂的管辖权冲突问题为目标,但仍然注重保留当事人起诉的权利,但这种诉权保留只针对消费者,但对

---

① See Mania, Karolina, "Online dispute resolution: The future of justice", *International Comparative Jurisprudence* 1.1 (2015): 76-86.

② See Directive 2008/52/EC.

③ See Duca, Louis Del, Colin Rule, and Zbynek Loebl, "Facilitating expansion of cross-border e-commerce-developing a global online dispute resolution system (Lessons derived from existing ODR systems-work of the United Nations Commission on International Trade Law)", *Penn St. JL & Int'l Aff.* 1 (2012): iv.

④ Directive 2013/11/EU.

于交易商而言,ODR 的解决后果具有约束力和终局性,比如意大利消费者保护法就设置了对交易商的法律约束力。①

一般而言,根据欧盟法律的转化机制,欧盟的 ADR 和 ODR 指令尚需一定时日方能转换为成员国的国内法,以意大利为例,虽然第 524/2013 号条例给意大利现有的 ADR 制度带来了结构性的改变,但和其他成员国一样,由于受限于财政资金调配等问题,意大利在转换欧盟法令时受限于国内的政治博弈和立法程序的影响,欧盟第 524/2013 号条例和欧委会指令的效果尚需一定时间才会在意大利市场中显现。②

更为重要的是,参与 ODR 的意大利调解机构,仍需要双方或其代表"物理到场"(Physical Presence),虽然这在事实上违背了欧委会第 524/2013 号条例第 5 条关于"ADR 实体的准入"和第八条关于"效果"的规定。③ 除意大利和波兰外,部分欧盟成员国对于特定类型的 ADR 程序同样有着"物理到场"的要求。虽然 ODR 在欧盟的特定法律领域中发挥着相当重要的作用,但在适用范围上仍有其局限。更为重要的是,如波兰等部分欧盟成员国明确拒绝承认以"在线"为形式的调解。在波兰 2005 年修订版的《波兰民事诉讼法》中,调解必须符合该法明文规定的形式,这意味着以 ODR 等在线形式的"调解"在波兰并不等于法律意义上的调解。

值得注意的是,由于在世界上许多国家仍然缺乏类似欧委会第 524/2013 号条例的法律规制,各国的第三方 ODR 服务提供商提供的 ODR 流程,往往存在着争议解决的标准不一,双方当事人的数据安全和隐私得不到保障,以及争议解决的后果执行困难等问题。电子商务领域以外的 ODR 虽然具有低成本的优势,但与电子商务等领域的 ODR 不同,由于未能像电子商务领域那样得到法律的正式认同,此类 ODR 的效力和机制仍处于法律的真空地带。以婚姻纠纷为例,当事人双方的自愿是婚姻纠纷领域的 ODR 的基础,在缺乏相应的法律约束的情况下,即便 ODR 程序进入了最终阶段,双方也可以随时放弃正在进行的 ODR 程序

---

① See Cortés, Pablo, ed., "The new regulatory framework for consumer dispute resolution", Oxford University Press, 2016, p.225.

② See Cortés, Pablo, ed., "The new regulatory framework for consumer dispute resolution", Oxford University Press, 2016, p.225.

③ See Regulation (EU) no.524/2013.

而诉诸法律。① 这意味着在试图以 ODR 作为争端解决机制的一方当事人有着其另一方当事人从 ODR 程序中退出的担忧。这使得社会公众对 ODR 的解决后果的效力仍然存疑,这也是在其他领域适用 ODR 机制的一大阻碍。

即便如此,ODR 本身的低门槛、灵活性、便利性以及低成本等特性仍然具有相当的吸引力,根据 ODR 平台服务商 Square Trade 公司的报告称,该公司在从成立后至 2003 年所经手分布在 120 个国家的 80 万起纠纷中,约有 80% 的争议案件得到成功解决,其中的 98%在达成协议后顺利执行。② 可见,即便缺乏对双方当事人的约束机制,但当事人对 ODR 的解决模式仍具信心。

此外,有观点认为现有的 ODR 平台主要以解决消费者和部分家事纠纷为主,而鲜有涉猎中小企业的商事纠纷,但由于中小企业占现有企业的 99%,同时在各国也往往提供了超过一半的人口就业机会,因而有必要重视中小企业在因互联网浪潮而兴起的跨境电商贸易中的需求。③ 相较于传统的纠纷解决机制,ODR 规避了可能涉及的复杂的管辖权问题,并使得当事人双方不再受限于物理距离,降低了双方的通勤成本,这使得 ODR 具有经济性和便利性的特征。④ 鉴于此,有学者建议由法院以"网络法院"的形式与现有的小额纠纷的第三方 ODR 平台进行对接,以实现一定程度的"互补":一是以 ODR 的高效性补足司法效率不足和司法程序冗长的;二是以法院的权威来保障双方当事人对于第三方 ODR 平台的信任。⑤

(三) 改革中的"因地制宜"和"因时制宜"

除了那些应对新领域和由于特定领域出现新问题而产生的司法改革外,

---

① See Haloush, Haitham A., and Bashar H. Malkawi, "Internet Characteristics and Online Alternative Dispute Resolution", *Harv. Negot. L. Rev.* 13 (2008): 327.

② See Abernethy, Steve, "Building large-scale online dispute resolution & trustmark systems", *UNECE Forum on ODR*, 2003.

③ See Roberge, Jean-François, and Veronique Fraser, "Access to Commercial Justice: A Roadmap for Online Dispute Resolution (ODR) Design for Small and Medium-Sized Businesses (SMEs) Disputes", *Ohio State Journal on Dispute Resolution (Forthcoming)* (2018).

④ See Lavi, Dafna, "No More Click-Click in Here: E-Mediation in Divorce Disputes-The Reality and the Desirable", *Cardozo J. Conflict Resol.* 16 (2014): 479.

⑤ See Pappas, Brian A., "Online Court: Online Dispute Resolution and the Future of Small Claims", *UCLA JL & TECH.*, *Fall* (2008): 6-8.

"传统"的司法改革由于近代以来的各国曾进行较多且较长时间的实践,有一些可供借鉴的经验,比如简化或者优化现有的诉讼程序、提高小额诉讼的标的额度以加大小额诉讼的简易程序适用范围、引入更多的非诉争端解决机制、强化案件的流程管理,以及建立司法人员行为失当的调查和惩戒机制等措施。日本在第二次世界大战后依据其1947年"和平宪法"重塑司法体系,其当前的司法体系由最高法院、8个高等法院、50个地方法院、50个和地方法院同级的家事法院,以及438个简易法庭所组成。

　　20世纪90年代,日本的经济衰退使得日本迫切需要翻新其治理体系,使其政策更具有竞争性、普遍性和开放性,并使其决策过程更加高效和透明。与此同时,公众也意识到司法资源的投入不足以及法学教育体系不够完备等问题。① 日本现代的司法改革正是在这样的背景下拉开帷幕,在1999年成立司法体制改革审议会(Justice System Reform Council,日语为"司法制度改革審議会"),旨在打造更低门槛的"诉诸司法"环境和"对当事人更为友好"的司法体系,并提出改革刑事和民事的审判制度的构想。审议会强调,前者是对日本宪法第32条"不得剥夺任何人在法院接受裁判的权利"②的回应,即更低门槛的"诉诸司法"的权利,为此有必要加强法律援助的作用。后者则是援用ADR等多元化的非诉纠纷解决机制。在诉讼制度的方面,日本最近的刑事法改革中则是采取特定讯问环节的强制视频记录、引入辩诉交易制度、视频监控作为侦查手段、扩大了庭审所需开示的证据范围,以及加强受害者保护等措施。③

　　相似的改革节点和路径还有韩国,韩国虽然直至1990年后才开始大刀阔斧地进行改革,但其无论是改革力度还是在改革深度上都可圈可点。韩国司法体制发展委员会通过制定"21世纪司法发展计划"改革司法体制,该计划的重点为:通过推动ADR、确保被告对证据的准入权利、完善量刑机制等举措实现对民事诉讼法和刑事诉讼法的改革;通过加强各委员会职能等措施改善司

---

　　① See Rokumoto,Kahei,"Overhauling the Judicial System:Japan's Response to the Globalizing World",*Zeitschrift für Japanisches Recht* 10.20 (2005):7-38.

　　② https://www.cn.emb-japan.go.jp/itpr_zh/kenpo_zh.html,最后访问日期:2020年9月30日。

　　③ 参见 https://www.loc.gov/law/help/criminal-justice-system-reform/japan-criminal-justice-system.pdf,最后访问日期:2020年9月30日。

法管理;通过平衡司法人员的工作量,改进判决的撰写方式,简化小额诉讼的审判程序,旨在提高司法效率;通过保障刑事诉讼中被告人的律师权,增强对民事诉讼的法律援助等措施改善法院的公共服务。在该计划后,司法改革委员会的改革关注点则在:完善现有的最高法院的组织和职能;完善法官任命制度,将具有丰富工作经验的律师纳入其中;建立具有国际竞争力的法律教育体系和新的法律职业准入制度;通过陪审制度,扩大公众对于法律的参与。建立更易于被公众使用的有效且公正的法律体系,更好地保护刑事诉讼中的被告和受害人的权利。①

　　20 世纪以来曾作为殖民地的国家纷纷取得独立地位,但相当一部分国家在相当长的时间内仍然沿用宗主国的司法制度。比如说新加坡颁布的 1878年《民事诉讼程序条例》(*Civil Procedure Ordinance 1878*)是新加坡的第一部成文诉讼法,新加坡将 19 世纪 70 年代的《最高司法院法令》中的英国司法程序移植至新加坡本地法律中。与新加坡类似,加拿大的司法体制的确立源于殖民地时期的 1867 年《英属北美法令》(*British North America Act of 1867*)②,该法赋予加拿大政府除设立刑事法院以外的制定刑事法律和刑事诉讼法的立法权。根据《英属北美法令》第 96 条和加拿大《法官法》,加拿大的联邦政府可以任命各省的高级法官,而省或市政府则任命相应的省法院和治安法院的法官。虽然已经成为独立的主权国家,新加坡在 1965 年制定的《法院规则》(*Rules of Court*)依旧有大量的条例来源于 1965 年《英国最高法院规则》(*English Rules of the Supreme Court 1965*)。可见,消除这种殖民地时代的路径并非易事,但现实需求使得这些国家不得不迈出自主改革的步伐。

　　在 20 世纪 90 年代初期,由于大量积案累案的压力,新加坡不得不开始其民事司法改革的探索。新加坡在采取包括引入预审会议实现在案件早期阶段的案件管理、设立自动中止机制来迫使原告迅速提出诉讼请求、强调案件结案率、审判时长和等待时长的统计数据、对于程序不合规采取果断坚决的否定态

---

① 参见 https://eng. scourt. go. kr/eng/judiciary/history/reform. jsp #:～: text = Korea's%20modern% 20judicial% 20system% 2C% 20established, more% 20than% 20a% 20hundred% 20years. &text = The% 20Supreme% 20Court% 20took% 20its, Development% 20on% 20November% 203% 2C% 201993(最后访问日期:2020 年 9 月 30 日)。

② 即加拿大 1867 年宪法案(the Constitution Act of 1867)。

度等方式,最终在第一次改革取得可观的效果。2015 年随着民事司法委员会(Civil Justice Commission)的成立,新加坡开始了其第二轮大规模的民事司法改革探索,其主要着眼于强调简化诉讼程序和降低原告诉诸司法的门槛,前者包括诉讼用语的通俗化和程序规则的简化,后者则是通过降低原告的证据开示责任范围、固定诉讼费以减少当事人的诉讼费用。此外,新加坡还通过成立新加坡国际商事法院(Singapore International Commercial Court),由于该法院在冲突法和证据规则方面有着足够的灵活性,比如说当事各方除新加坡法律的证据规则外,可以协商适用第三方证据规则;又比如在当事各方的同意下,可以排除各方的上诉权。这些前瞻而大胆的改革举措赋予了新加坡国际商事法院充分的灵活性,使新加坡国际商事法院在全球化的法律竞争格局中具有相对一般法院或者仲裁庭的竞争优势。

与新加坡相类似,新西兰法律委员会在 1908 年《司法法》颁布的 104 年后的 2012 年发布的《1908 年司法法的评审报告:迈向新法院法》(*Review of the Judicature Act 1908:Towards a New Courts Act*)中认为,有着浓厚英国色彩的 1908 年《司法法》年代过于久远,其中的修正案众多,致使其过于碎片化,有必要整合一部新法以取代原有的《司法法》。为此,新西兰当局认为有必要以 2012 年的法律委员会报告为基础来推动《司法现代化法案》(*Judicature Modernisation Bill*)的制定。与美国 1934 年《规则授权法》类似,新西兰《司法法》第 51 条赋予了新西兰最高法院制定民事诉讼制度的权力。司法制度改革进程在 20 世纪早期的澳大利亚也较为缓慢,虽然其高等法院依据 1903 年《司法法》任命高等法院(大)法官,但大法官的任命不仅缓慢,而且大法官的数量也存在争议,直至 1946 年后才维持至今 7 名的局面。法院行政管理方面的大幅改革直至 20 世纪 70 年代才开始萌发,澳大利亚在 1977 年颁布《宪法修正法》(*Constitution Alteration Act*)废除了原有的法官终身制,要求所有的大法官必须在 70 岁退休。随后的 1979 年《澳大利亚高等法院法》(*High Court of Australia Act 1979*)赋予了高等法院对人财物的管理权。

与澳大利亚和新西兰不同,加拿大在自主探索司法改革的道路上有其特征,除了上文所述率先建立起法官失当行为调查机制外,其在地域性司法改革的道路上也作了大量的尝试。加拿大是一个联邦制国家,除联邦层面的改革探索外,地方层面对于改革的尝试也有其必要性。加拿大卑诗省(British Columbia,又称英属哥伦比亚省)司法部在 2012 年 10 月发布了其司法改革白皮书,提出了以提升司法透明为着眼点的改革计划。随即在 2013 年,卑诗省就颁布了《司法改革与司法透明法案》(*Justice Reform and Transparency Act*),该法通过设立司法与公共安全委员会,召开年度司法峰会,制定年度司法和公共安全计划以塑造该省的改革方向,使司法部门与涉及公共安全的各政府部门进行对话和信息共享,例如,该法案修改了《警察法》中涉及警务计划相关的信息共享规定,协助改善司法部门的绩效。① 此外,《司法改革与司法透明法案》还涉及《省法院法》(*Provincial Court Act*)和《最高法院法》(*The Supreme Court Act*)的修改,增加了首席法官的任期时间,增强了首席法官的行政管理职权,使首席法官可以因时制宜地将法官分配到最需要的法院所在地,完善了卑诗省的司法行政管理。

加拿大活跃的地方性司法改革不仅限于卑诗一省,安大略省在 1996 年也由《安大略民事司法评论》(*Ontario Civil Justice Review*)在报告中提出其民事司法改革的总体战略,即旨在建立更加快捷、精简和高效的民事司法系统。安大略省在发布其改革举措的同时,加拿大律师协会也发布其《民事司法系统特别工作小组报告》,协同加拿大全国范围内的民事司法改革,安大略省在 20世纪 90 年代的民事司法改革由此展开,通过增加小额诉讼的标的额度上限、简化案件程序、强化案件流程管理以及加入强制调解改善了该省的民事司法状况。即便这些改革举措在 10 年之后由该省法官库尔特·奥斯本(Coulter Osborne)撰写该改革的评估报告时,仍有不少可待改进之处。② 加拿大的司法改革与许多国家一样,仍处于"进行时"。加拿大参议院下设的法治与宪法事务常设委员会 2017 年发布的以"亟需应对加拿大的审讯延误"为名的调查报告(An Urgent Need to Address Lengthy Court Delays in Canada)在分析了大量案件延误的成因后,对加拿大现行司法制度提出的改进建议有 50 条之多,涵盖了从法律本身的修改意见到案件的流程管理等方面,涉及法律和公共政策

---

① See B.C.Ministry of Justice,"White Paper on Justice Reform part one:A Modern,Transparent Justice System"(2012).

② See Osborne,Coulter A.,"Civil Justice Reform Project:summary of findings & recommendations"(2007).

的修改和改善司法行政管理多个层次。①　由此可见,加拿大在司法改革上有自我反省和批评的传统。

　　除上述这些资本主义国家外,社会主义国家也在自主地探索符合自身国情的改革道路。越南在其《2005 年至 2020 年司法改革战略》中坚持党的领导的战略,"司法改革必须坚持共产党的领导,以维护政治稳定为目标,坚持民有、民治、民享的社会主义法治国家的性质,确保国家权力在立法、行政、司法之间的分工和合作,以实现统一"②。越南的司法改革战略也强调了立足本国国情和服务社会发展在司法改革中的重要性,"司法改革必须继承越南的法律传统与越南社会主义司法建设成果,并根据本国国情、全球一体化要求和未来的社会发展方向,有选择性地借鉴国外先进的司法经验"③。可见,司法改革立足本国国情和社会现实需求的做法在各国的改革实践普遍存在,即在改革过程中秉持"实事求是"和"因地制宜"。

(四)　电子司法的重要性日益增加

　　随着 ODR 在消费和电子商务领域的广泛运用,社会大众对于"电子调解"(e-Mediation)、"电子协商"(e-Negotiation)、"电子仲裁"的接受和认识程度有所加深。电子司法(E-Justice)有助于增强司法透明度,司法效率以及更便捷和更低门槛的诉诸司法的机会,司法的电子化为诉讼程序节省了大量的时间和金钱成本,同时也提高了司法运行的成本。美国纽约州刑事司法服务部(State Division of Criminal Justice Services)在 20 世纪 80 年代中期就开始评估标准化和自动化程序在管理纽约州的刑事司法程序的作用,该部门在当时得出结论,有必要建立一个促进刑事司法数据交互的网络系统,经过十几年的研究和开发,该部门在 1999 年建立了 eJusticeNY 系统④,该系统对全州的刑

---

①　See Runciman,B.,and B.Baker,"*An urgent need to address lengthy court delays in Canada*: *Report of the Standing Senate Committee on Legal and Constitutional Affairs*"(2016).

②　《2005 年至 2020 年司法改革战略》(越南),http://www.court.gov.cn/shenpan-xiangqing-1631.html(最后访问日期:2020 年 9 月 30 日)。

③　《2005 年至 2020 年司法改革战略》(越南),http://www.court.gov.cn/shenpan-xiangqing-1631.html(最后访问日期:2020 年 9 月 30 日)。

④　参见 https://www.criminaljustice.ny.gov/ojis/ejusticeinfo.htm(最后访问日期:2020 年 9 月 30 日)。

事案件信息进行整合共享,对其授权用户提高一站式的访问服务。遗憾的是,eJusticeNY 系统并不具备对社会公众提供公共法律服务的职能。美国在电子司法领域的探索不仅止步于纽约州的 eJusticeNY 系统,相较于缺乏用户开放性质的 eJusticeNY,美国大多数州目前都有自己的电子司法系统,比如宾夕法尼亚州的统一司法系统(Unified Judicial System of Pennsylvania)①,新泽西州的电子法庭系统(New Jersey eCourts)②,亚利桑那州的 eAccess③,等等。

与美国各州在电子司法建设和探索上的"各自为政"不同,欧盟主导的名为"e-CODEX 计划"的统一跨国电子司法项目涵盖面更为广泛,该项目由欧盟委员会资助,在欧盟各国的司法部、欧盟律师协会(Council of Bars and Law Societies of Europe)和意大利国家委员会进行试点,德国北威州司法部是该项目的协调人。④ 在"e-CODEX 计划"的设计团队中,既有法律专家,也有信息技术专家,还有利益相关方的参与。在功能设计上,"e-CODEX 计划"采用了模块式的设计方案,目前的"e-CODEX 计划"涉及民事司法领域的欧盟小额索赔程序(Small Claims procedure)和欧洲支付令(European Payment Order)。在刑事司法领域,"e-CODEX 计划"则涉及欧洲逮捕令(European Arrest Warrant)、跨界敏感数据的交互以及财产刑罚。尽管目前的"e-CODEX 计划"涵盖范围仍然有限,但该计划的最终目标是通过欧洲电子司法的门户网站(European e-Justice Portal)向欧盟全体公民提供司法领域的"一站式服务商店"。

除了美国和欧洲在电子司法上的解决方案外,还有一些国家也在电子司法领域进行了自己的探索,但这些电子司法方面的尝试并非都能取得良好的进展。加拿大在电子司法的探索上主要依靠地方层面的推进,然而其中的一些改革措施遭遇了失败。安大略省在 1996 年至 2003 年间开发了综合司法改革项目(Integrated Justice Project),旨在建立一个无纸化的刑事案件通用查询系统,然而该系统在安全性上存在隐患,项目最终以失败而告终。随后,安大略省尽管被认为吸取了综合司法改革项目开发失败的教训,于 2009 年至

---

① 参见 https://ujsportal.pacourts.us/(最后访问日期:2020 年 9 月 30 日)。

② 参见 https://njcourts.gov/attorneys/ecourts.html(最后访问日期:2020 年 9 月 30 日)。

③ 参见 https://www.azcourts.gov/eaccess(最后访问日期:2020 年 9 月 30 日)。

④ 参见 https://www.e-codex.eu/sites/default/files/2020−04/General%20introduction%20to%20e-CODEX.pdf(最后访问日期:2020 年 9 月 30 日)。

2013 年间开发了法院信息管理系统项目(Court Information Management System Project),然而该项目最终未能避免失败的结果。尽管有些国家在电子司法的努力上遭遇了挫折,但是仍然不妨碍其他国家对于电子司法的积极探索。

在世界各国对于电子司法的探索浪潮中,令人激动的是我国在这个领域所取得的成就。得益于我国在互联网科技、人工智能等技术领域上取得的前期技术优势,我国法院在信息化建设进程上取得了理想的成绩,在世界范围内业已取得领先地位,电子司法的水平已经由"信息化"迈向"智慧化"。中国社会科学院法学研究所、社会科学文献出版社联合主办的法治蓝皮书《中国法院信息化发展报告 No.4(2020)》中指出:"2019 年中国智慧法院建设已经跻身世界前列,中国法院围绕智慧审判、智慧执行、智慧服务、智慧管理的智慧法院体系基本建成,走出了一条法院信息化的中国道路。"由于随着 5G 技术、大数据、人工智能等信息技术日趋成熟,同时也伴随信息技术与司法实务的日趋紧密的结合,这更令人期待信息技术在司法领域的未来应用。

四、司法改革领域的国际合作

在全球一体化程度日益加深的今天,各国的法律和司法之间的联系也日趋紧密。我国在"一带一路"建设的大背景下,也在加强司法领域的国际合作。最高人民法院在 2015 年发布《关于人民法院为"一带一路"建设提供司法服务和保障的若干意见》中提出"坚持共商共建共享,加强与'一带一路'建设参与国的司法交流,强化国际司法合作,协调国际司法冲突,发挥智库作用,努力形成共建'一带一路'的法治合力"的要求。司法领域的国际合作也逐渐为各国所重视,在合作形式上,既有由国际组织主导、多国参与的多边国际合作,也有特定国家间根据具体需要,就特定司法领域或特定司法问题开展的国家间的双边国际合作,比如说上文提及的发达国家对欠发达国家的法律职业教育援助。值得注意的是,国际司法合作不等同于司法改革领域的国际合作,在司法改革的问题上,纵观各国的历史经验和现实可知,国内的自主改革道路仍然占据主导。

在各种形式的国际合作中,国际组织在司法改革领域中发挥的作用不容小觑。冷战结束后,司法改革的国际合作风潮一时兴起,诸如联合国、世界银行、经合组织等大型国际组织以各种形式或是直接或是间接地推动司法改革的国际合作。① 这些大型国际组织推进的措施中,既有针对具体问题领域提出的示范性意见,也通过设定司法和法治评价标准督促改革,此外还有提供改革资金和人员培训等方式援助司法改革,此类举措使得这些国际组织在司法改革的国际合作上能够发挥其影响力。除此之外,还有一些专业性的国际组织,如亚太司法改革论坛、欧洲司法委员会网络(European Network of Councils for the Judiciary)等区域性的专业国际组织,但这一类的国际组织受限于组织机构的影响力,即便考虑到欧洲司法委员会网络在波兰司法改革过程中所发挥出的影响力,但在大多数情况下,它们更像是一种促进司法专业人士和机构进行交流沟通的平台,为司法改革领域的国际合作提供智力支持。

与其他国际组织不同,联合国既直接曾参与特定国家的司法改革,又以曾以制定示范性意见、提供资金和人员培训等间接方式参与司法改革的国际合作,还在一些国际司法相关的条约和标准的制定中发挥重要作用,同时还组织专家撰写相应的重要学术研究成果,是在多边国际合作领域最为重要的组织。联合国参与了柬埔寨、卢旺达、纳米比亚以及前南斯拉夫国家的法治和司法改革,与之后联合国在刑事司法领域的改革不同的是,联合国或其下设机构在 20 世纪八九十年代甚至直接参与和介入了这些国家的法律和司法改革过程,比如说联合国过渡时期援助团(UN Transitional Assistance Group,UNTAG)就参与了对纳米比亚 56 项具有歧视性的法条的废除。而在萨尔瓦多、柬埔寨等国的法律和司法改革的过程中,联合国仍然以顾问的角色存在。②

联合国毒品和犯罪问题办公室(UNODC)在刑事司法改革领域针对犯罪预防、刑事司法改革和儿童司法问题上的政策推动,通过推动制定《联合国预防犯罪和刑事司法标准和规范简编》在内的国际合作,为各国在预防犯罪、消除对妇女暴力、改善囚犯待遇、规范少年司法、督促各国杜绝司法腐败、创设非

① 参见 https://www.worldbank.org/en/region/eca/brief/justice(最后访问日期:2020 年 9 月 30 日)。

② See Trenkov-Wermuth,Calin,"*United Nations justice:legal and judicial reform in governance operations*"(2010).

监禁刑罚、恢复性司法、限制酷刑和死刑等多个方面提出指导性意见,并为包括引渡、刑事司法互助等国际司法合作提供相关示范性建议。① 值得注意的是,由联合国及其下设机构直接或间接参与的这些改革并非都以成功告终。② 相较直接参与改革而言,其参与或主导的规范和标准的制定,事实上在各国的司法改革过程中发挥了更深远的作用。例如,联合国国际贸易法委员会所制定的《联合国贸易法委员会国际商事仲裁示范法》③和上文所提及的《技术注释》,为各国诉讼制度改革就提供了良好的参考。④

　　除联合国这样直接参与某些国家的司法改革的实践外,其他绝大部分的国际组织如世界银行和经合组织等国际组织,并不直接参与这些国家的司法改革。例如,世界银行从 20 世纪 80 年代起就开始为中东欧地区和中亚国家当地的司法改革提供援助,并将这些援助国家作为研究对象进行学术研究,在世界银行的研究对象中,如俄罗斯、塞尔维亚、罗马尼亚等国更是成为世界银行对司法改革的研究典型案例。和世界银行相类似,经合组织也开展了相似的研究,其还在 2012 年 5 月发布的《西巴尔干地区的政府治理、法治、司法改革和反集团犯罪和腐败的评估——最终报告》("*Evaluation of governance*, *rule of law*, *judiciary reform and fight against corruption and organised crime in the Western Balkans*"——*Final Report*)中认为,司法改革的评价指标有二个大类:一是司法的表现力,其中包括司法公信力、司法程序的低准入,司法效率;二是司法公正、透明度和责任制度;三是司法能力,包括对硬件和人员的资源调配能力,以及司法行政管理的能力。⑤

　　世界银行对评价指标并没有驻留在学术研究上,而是直接发布和司法改

① See Crime Prevention and Criminal Justice Branch, "*Compendium of United Nations Standards and Norms in Crime Prevention and Criminal Justice*" (1992).

② See Trenkov-Wermuth, Calin, "*United Nations justice*: *legal and judicial reform in governance operations*" (2010).

③ 参见《联合国贸易法委员会国际商事仲裁示范法》, http://www.uncitral.org/pdf/chinese/texts/arbitration/ml-arb/07-86997_Ebook.pdf, (最后访问日期:2020 年 9 月 30 日)。

④ 参见《联合国国际贸易法委员会关于在线纠纷解决的技术注释》, http://www.uncitral.org/pdf/english/texts/odr/V1700382_English_Technical_Notes_on_ODR.pdf, (最后访问日期:2020 年 9 月 30 日)。

⑤ See OECD.Fight against Corruption, "*reform and fight against corruption and organised crime in the Western Balkans*" (2012).

革、法律制度相关的评价指标体系,通过制定"营商环境指数"(Doing Business)、"政府治理和法治指数"(Governance and Rule of Law Indicators)等多个指标体系评价世界各国的司法和法治环境,为各国司法改革方向提供参考。① 值得注意的是,在世界银行发布的《全球营商环境报告2020》中,中国在"营商环境全球"排名中,连续两年入列全球优化营商环境改善幅度最大的十大经济体。这充分说明了中国在与之相关的司法和法律领域取得的成就,依靠的是国内法律制度和司法改革的自主完善和自主创新。俗语称"打铁还需自身硬",国际合作在司法改革领域诚然发挥了一定作用,但司法改革本身归根到底是国内公共服务和政治议题,特别在考虑到司法本身存在的浓厚地域性和文化性特征时,这种存在于各国司法和法律当中的地域性和国别性区别就更为明显。基于这样的背景,司法改革应当首先考虑适应本国国情和社会发展的实际需求,而对司法改革领域的国际合作,则应该以更辩证的眼光来看待。

---

① 参见 https://www.worldbank.org/en/region/eca/brief/justice(最后访问日期:2020年9月30日)。

第十四章　近年来我国司法改革
战略与对策研究述评

　　党的十八大以来,我国司法改革进入深水区。在党中央的坚强领导和顶层设计下,全面深化司法体制改革强力快速推进。尤其是党的十八届三中全会以来,司法责任制、人员分类管理、健全职业保障制度、省以下地方法院人财物统一管理四项基础性改革陆续落地生根。党的十九大之前,在司法实践中已经完成了以四项基础性改革为主要内容的"四梁八柱"式的改革。① 与此相应,司法改革战略与对策的相关研究也主要围绕上述改革热点问题而展开,司法改革的基本理论、司法改革的目标、司法改革的方法路径、司法改革的主体等诸多基础性问题研究不断深入;司法去地方化、去行政化、法官员额制、司法责任制、审判管理与法官绩效考核、类案类判机制等具体对策性问题研究不断细化;司法改革的配套机制改革研究也不断拓展。总之,在司法改革实践高歌猛进之时,司法改革战略与对策的理论研究也取得了累累硕果,值得充分肯定和认真梳理总结。但纵观近年来司法改革的理论研究,不可否认的是这一时期"实践走在了理论前面",即理论探讨多是聚焦在司法改革实践新举措提出后的解释、评论、反思或者总结,往往滞后于实践,没有充分发挥理论指导、引导实践的作用。正如崔永东教授对 2014—2018 年这一时期的司法改革进行总结时所指出的,近年来的司法改革存在共识不足、理论支撑不够、监督不到位等问题值得人们关注。② 陈瑞华教

---

① 参见高一飞、陈恋:《中国司法改革四十年变迁及其时代特征》,载《东南法学》2019 年第 1 期。

② 参见崔永东:《本轮司法改革(2014—2018 年)的经验总结、问题分析与未来展望》,载《上海政法学院学报》2019 年第 4 期。

授所言"与司法改革的强力推进形成鲜明对比的是,改革者并没有提出令人完全信服的司法理论,导致改革措施与改革理论相脱节的问题出现"①,则从另外的视角指出司法改革理论相对滞后的问题。对于司法改革理论研究对改革实践的引领作用,周永坤指出:"司法改革是在一定理论指导下变革现实的活动,它得以成功的前提条件是理论的革新,否则将难以取得实效甚至走回头路。这个理论包括三个方面的内容:法律理论、司法理论、改革方法理论。"②杨建军指出,在中国司法制度现代转型的过程中,具有较大影响的理论资源主要为以下四种:儒家的实质正义司法观、中体西用论、西化论、国情论四种。回顾司法改革的理论论争,我们可以发现,司法改革不可能是一种由纯粹制度变革支撑的"技术性改革",司法改革者需要在众多的理论论争中为自己的行动找到合理的理论支撑点。③ 樊崇义则着重强调了"司法规律"的重要作用,当前司法改革过程中的深层次矛盾尚未得到有效解决,某些领域的司法实践还很不成熟,必须依靠司法理论和司法规律的深入研究来深化认识,从而使司法改革能够切实遵循司法规律,严格按照司法规律开展各项司法活动。④ 不登高山,不知天之高也。为有效吸取已有经验,更好地为我国司法改革建言献策,发挥理论指导实践的功能,本章聚焦于近年来司法改革的战略与对策相关的理论成果,以时间为主线,以人物思想为基点,进行整理、分析和解读。

一、关于司法改革基础性理论研究

如果从 1978 年司法系统的恢复重建起算,我国司法改革已经推行了 40

---

① 陈瑞华:《司法改革的理论反思》,载《苏州大学学报(哲学社会科学版)》2016 年第 1 期。
② 周永坤:《有关司法改革方向的几个司法理念与实践问题》,载《政治与法律》2017 年第 1 期。
③ 参见杨建军:《司法改革的理论论争及其启迪》,载《法商研究》2015 年第 2 期。
④ 参见樊崇义:《"把握司法规律推进司法改革"系列之何为司法规律》,载《人民法治》2016 年第 9 期;樊崇义:《"把握司法规律推进司法改革"系列之实现司法规律的普适性与独特性》,载《人民法治》2016 年第 12 期。

余年。① 40 余年来,改革实践与改革理论的互动中,关于司法改革的基础性理论研究虽然一直持续深入,但目前为止尚未形成完全的共识。近几年来,关于司法改革的基础理论研究主要从以下几个方面深入展开。

（一）关于司法改革的总结性、宏观性研究

改革开放四十周年前后,法学界对司法改革也进行了诸多的总结与回顾。郑涛回顾了新中国成立 70 年以来中国司法改革历程,总体呈前进、发展趋势,但其间不乏曲折、坎坷。他指出,中国司法改革经历了“制度重建—恢复发展—技术改革—体制改革”的演进路径,其中新中国前三十年的改革型构出中国司法制度的基本骨架,其后四十年是在政法体制承继基础上的扬弃。② 陈卫东针对后四十年司法改革进行了系统的回顾,总结了中国司法改革积累的始终坚持党的领导、坚持科学的改革方法论、改革方向兼顾司法规律与中国国情等经验,这也为下一步的司法改革提供了一些有益的启示。③ 高一飞等也回顾了我国四十年司法改革的进程,肯定每个阶段取得成果的同时提出展望,提出只有同步推进体制改革与机制改革,司法改革才能蹄疾步稳。④ 徐昕等则以年为单位,具体回顾了司法改革的年度报告,针对性总结年度工作成果以及问题。⑤ 崔永东聚焦在党的十八大以来新一轮的司法改革之上,在肯定其成果的同时指出此次改革的尖峰作用——决定我们的改革能够达到怎样的高度以及如何开启新的航程。⑥ 龙宗智也对党的十八大以来的司法改革进行

----

① 改革开放以来,我国经历了四个阶段的司法改革:恢复重建中的司法改革(1978—1997),第一轮司法改革(1997—2007),第二轮司法改革(2007—2013)和第三轮司法改革(2013年至今)。参见高一飞、陈恋:《中国司法改革四十年变迁及其时代特征》,载《东南法学》2019 年第 1 期。

② 参见郑涛:《中国司法改革七十年的逻辑与进路》,载《哈尔滨工业大学学报(社会科学版)》2020 年第 2 期。

③ 参见陈卫东:《改革开放四十年中国司法改革的回顾与展望》,载《中外法学》2018 年第 6 期。

④ 参见高一飞、陈恋:《中国司法改革四十年变迁及其时代特征》,载《东南大学》2019 年第 1 期。

⑤ 参见徐昕、黄艳好:《中国司法改革年度报告(2019)》,载《上海大学学报(社会科学版)》2020 年第 3 期;徐昕、黄艳好:《中国司法改革年度报告(2017)》,载《上海大学学报》2018 年第 2 期。

⑥ 参见崔永东:《司法改革:决战之年的回顾与期待》,载《学习时报》2017 年 5 月 10 日。

剖析,着重指出在改革推进中,司法逻辑与社会逻辑、司法责任加重与司法资源不足这两大突出矛盾亟待解决。①

　　除了上述的总结性研究成果外,近几年来关于司法改革的宏观性研究成果中,有两项值得关注:一是沈德咏等将司法改革放在国家治理体系与治理能力现代化的大背景下去谋划,提出中国司法权功能的局限性及其现实后果,应着眼于社会主义法治国家的建设和国家治理系统结构功能的优化,以权力制约为理念配置司法权,以权利保护为核心运行司法权,以实现良性运转为标准保障司法权,以培育法治文化为根本支撑,在优化国家治理系统自身结构的同时,增强其适应、整合、目标达成和维持功能。② 二是顾培东以宏观视野提出了司法生态的概念,指出司法生态是指司法生存与运作所处的外部环境、条件及氛围,主要由政治生态、社会生态、法律职业生态三个要素构成。基于多种原因,我国司法生态在这三个方面都存在着不同程度的缺失,由此造成了现实中司法的诸多困窘。司法生态的改善必须着重解决主导政治力量如何切实保证司法权依法独立行使、社会应当如何正确认知和对待司法、司法自身如何恰当地体认和履践自己的政治和社会角色这三个基础性问题。改善司法生态的最根本路径在于建立以司法权威为核心的社会权威体系。在全面推进依法治国和深化司法改革的背景下,不仅需要提出和探索中国需要、应当有什么样的司法,同时全社会也需要真切地关注和思考中国司法需要、应当有怎样的外部生态。③

（二）关于司法改革目标的研究

　　景汉朝早在 2003 年便提出“中国司法改革的目标,一是实现司法公正与效率的最佳平衡,二是树立司法权威”。并阐述了司法改革的两个基本思路和中国司法改革应当注意实行全面统一领导、要有系统的理论指导、要有整体的改革思路和成熟的改革方案等十个问题。④ 在此之后,对于司法改革目标

---

① 参见龙宗智:《司法改革:回顾、检视与前瞻》,载《法学》2017 年第 7 期。

② 参见沈德咏、曹士兵、施新州:《国家治理视野下的中国司法权构建》,载《中国社会科学》2015 年第 3 期。

③ 参见顾培东:《当代中国司法生态及其改善》,载《法学研究》2016 年第 2 期。

④ 参见景汉朝:《中国司法改革的目标和思路》,载《山东公安专科学校学报》2003 年第 6 期。

的论述基本没有太多争议,但随着司法改革的深入,关于改革目标的研究也更加丰富。樊崇义在研究司法改革的目标时,将公正与效率相融合,引入了司法效益的概念。认为司法改革的目标是"实现司法公正与效率的双赢,实现司法效益的最大化"。实现公正是司法活动的首要目标,也是一切司法活动追求的第一要务,这一点不容置疑。完整意义上的司法公正,既包括实体公正,更包括程序公正。刑事案件对公正的追求更体现为一种程序公正、一种过程公正。然而,在市场经济活动日益频繁、司法资源日益紧张、社会竞争和生活节奏日益加剧的现代社会,单纯追求司法公正、盲目追求司法正义似乎已是心有余而力不足,如何在确保司法公正的前提下,更快提高司法效率、提升司法效益更是今天世界各国司法程序所关注的焦点所在,也是其正当性和立足点所在。① 2009 年年初启动的"司改新政"提出司法为民理念,把维护人民权益作为人民法院工作的根本出发点和落脚点,开始与 2008 年前五年强调司法的职业主义不同。之后习近平总书记提出"让人民群众在每一个司法案件中都感受到公平正义",从我们最初的"人民司法"转到今天的"司法为民",司法改革目标逐渐强调"平民性"与"人民性",体现以人民为中心的思想。孙笑侠在这样的实践背景下将司法公信力纳入司法改革目标中,提出司改需要兼顾处理好民众对司法的公共信任与司法对民众的职业信用的双向的复杂"反应"过程。②

(三) 关于司法改革主体的研究

早在 2008 年,左卫民在《十字路口的中国司法改革:反思与前瞻》中就旗帜鲜明地指出,司法改革的主体应是民众而非是司法机关自己,即主导与推动司法改革的主体是司法权力机关自己,"司法改革"本义是"改革司法"。作为改革对象的"司法"自身成为推动改革的中坚主体,而应为改革主体的民众在改革中缺席,不能发挥充分的影响力,以权力运作为主旋律,改革的出发点往往在于便利国家权力的行使。相应地,整个改革过程缺乏对权力的制约,包括

---

① 参见樊崇义:《"把握司法规律推进司法改革"系列之司法要追求司法公正与司法效率的统一》,载《人民法治》2016 年第 10 期。

② 参见孙笑侠:《司法职业性与平民性的双重标准——兼论司法改革与司法评估的逻辑起点》,载《浙江社会科学》2019 年第 2 期。

来自国家机关之间的制衡与来自民众的监督都缺乏。张志铭则将主体放在拥有专业法律知识的法律人之上，司改要确有建树，需要顶层设计，其前置条件指真正的司改顶层设计，或者说一种有品质的司改顶层设计，需要实现权威与智识的结合。有别于域外权威机关授权委托、专家智识支持或主导的司改方案设计，我国的司改方案设计制定存在领导者虚位、部门主导、专家作用不足的问题，权威与智识缺乏有效的结合。司改举措不断，内容繁复，思路方向不清晰的状况，与此不无关系。中国司改必须实现权威和智识的结合，在基本思路上立足国家治理和司法活动的内在因果关联，围绕司法权能、司法主体、司法资源、司法责任这四个概念展开条理而系统的设计和实践。这种思路应该真诚而直白，不是单纯追求政治正确的修辞术，不是摸着石头过河，不是部门本位，不是貌似内行的想当然。① 陈卫东也指出，司法体制改革需要立足于系统观基础之上的"顶层设计"也需要设计者，包括学者以及致力于司法改革的各位同仁拥有缜密思维、理性精神，避免改革中盲动主义。唯有如此，方能从容应对改革过程中出现的各种问题并确保改革目的不落空。②

（四）关于司法改革的方法、路径的研究

随着改革进入新的历史时期，"改革方法论"问题日益受到关注。2013 年年初，《人民日报》围绕"改革方法论"问题发表了一系列评论，提出了"改革要回应人民的强烈期待""改革的方向至关重要""改革既要基层摸索，也要顶层设计""改革必须协调推进""群众利益是改革发展稳定的结合点""改革需要更广泛的群众基础""改革没有完成时"等基本观点。熊秋红从顶层设计与实践探索相结合、整体推进与重点突破相结合、改革发展与维护法治相结合、遵循司法规律与坚持中国特色相结合四个方面的问题出发，对司法改革的方法论进行反思。③ 江国华在司法哲学层面提出司法改革方法论就是关于司法改革的总体方法和根本举措之理论或学问，这种理论或学问具有体系化之特质，并以解决问题为基本导向。基于其所要解决问题之特殊性，作为总系统的中

---

① 参见张志铭：《推进以审判为中心的司法改革》，载《法制日报》2015 年 10 月 28 日。
② 参见陈卫东：《司法"去地方化"：司法体制改革的逻辑、挑战及其应对》，载《环球法律评论》2014 年第 1 期。
③ 参见熊秋红：《司法改革中的方法论问题》，载《法制与社会发展》2014 年第 6 期。

国司法改革方法论又可以分解为实践主义、规范主义、科技主义和人民中心主义四个方法论子系统。其中,实践主义方法论所要解决的是司法的中国化问题,本质上即司法的中国特色问题;规范主义方法论所要解决的是司法的规范化问题,本质上即司法的法治建构问题;科技主义方法论所要解决的是司法的现代化问题,本质上即科技在司法领域中的推广与适用问题;人民中心主义方法论所要解决的是司法的人民性问题,本质上即人民当家作主之宪法原则在司法过程中的适用问题。① 强世功从法律社会学的视角提出司法改革切忌"一刀切",要尊重司法类型化和社会多样化两个建议。改革是一项长期的试验,需要几代人的努力。新制度的确立、完善不可能一蹴而就,需要相当长时间的符合中国实际的探索和积累。因此,司法改革不能操之过急,不可能毕其功于一役,而应当在解决中国实际问题的过程中,慢慢形成中国特色的司法体制;同时司法改革不能只讲顶层设计,而忽略地方因地制宜的实验和创新,司法改革的顶层设计应当是"指导性计划"而不是"指令性计划",应当给出原则、目标和方向,让有条件的地区先行先试,没有条件的地方可以等条件成熟再改革或者探索不同的改革方式。② 汤火箭等指出自 20 世纪 70 年代末期以来,中国司法改革在本土化创新道路上具体形成了三种主要的司法改革方法,即地方探索法、顶层设计法以及二元协调法。这三种方法虽然具有各自的优势,也取得了显著的成效,但也都在实践中表现出了一定的局限性。因此,我们需要一种新的司法改革方法,即多元整合法,跳出"中央—地方"的思维传统,整合更多的资源,以面对社会需求的多样性、差异性和复杂性。③ 崔永东、葛天博则从司法文化角度出发,认为中国特色社会主义司法理论的不足乃至缺场,根本原因在于中国问题的思考与探索缺少"深描"意识。中国司法改革是一项前所未有的探索性事业,不断完善顶层设计的同时,需要符合中国社会现实的中国"本文"支持。为司法改革的全面深入提供方法论,是司法基础理论研究的历史责任,应以"汲取中华法律文化精华,借鉴国外法治有益经验,但决不照搬外国法治理念和模式"的基本原则,坚持历史与逻辑的统一,重塑

---

① 参见江国华:《司法改革方法论》,载《湖北社会科学》2019 年第 7 期。

② 参见强世功:《从法律社会学看司法改革》,载《人民法院报》2016 年 4 月 1 日。

③ 参见汤火箭、杨继文:《司法改革方法:比较、问题与应对》,载《四川大学学报(哲学社会科学版)》2016 年第 1 期。

传统司法文化的价值,开启社会主义司法理论研究的法门。①

关于司法改革路径的研究,近几年主要有以下三种主要观点:

一是从整体出发,强调顶层设计的重要性,强调自上而下的司法改革路径。傅郁林强调整体推进的改革战略,司法改革的总体目标是增强司法权威和司法公信力,而达到这一总体目标需要满足一些基本要素,如独立、制约、职业化、负责,而这些要素构成一个相互影响的完整系统,因此司法改革的方案可以"打折",但必须"打包"整体推进。② 陈卫东结合中国司法体制改革的经验认为,我国的司法体制改革不仅要遵从党和国家的领导,更要强调顶层设计,他认为坚持党的领导可以全面深化司法改革,是确保司法体制改革方针政策准确性的保障,另外加强顶层设计能够杜绝部门利益的发生,使司法改革与实践自上而下有序进行。③ 黄文艺也认为,在新时代将司法改革转化为政法改革,应由党中央统一部署推进,这是在政法领域的一场全方位深层次的革命。④ 赵玉增在新一轮司法改革核心问题研究透视中认为,我国的司法改革要以顶层设计与实践探索相结合,要有一定的理念支撑,否则改革就显得空洞而缺乏行之有效的说服力,在司法管理体制方面可从省级统管、员额制改革、司法管辖三方面入手,在司法运行机制改革研究方面,他提出了司法职权配置、司法责任制两种观点。⑤

二是从国情出发,强调司法改革应当具有中国特色,科学选择司法改革中国道路。公丕祥对中国的改革路径选择上着重强调中国特色,主张在当代中国,坚持自主型司法改革道路,是中国司法国情状况的必然要求,体现了鲜明的自主品格与中国特色。自主型司法改革是社会主体从本国国情条件出发对司法改革方案、进程、目标和路径的自主选择,体现了司法改革的"中国中心主义"。坚持自主型司法改革,实际上就是坚持司法改革的中国经验,坚持司法改革的中国道路,坚持司法改革的中国模式。只有正确认识固有的司法国

① 参见崔永东、葛天博:《司法改革范式与司法学研究》,载《现代法学》2018 年第 5 期。

② 参见傅郁林:《司法改革的整体推进》,载《中国法律评论》2014 年第 4 期。

③ 参见陈卫东:《中国司法体制改革的经验——习近平司法体制改革思想研究》,载《法学研究》2017 年第 5 期。

④ 参见黄文艺:《新时代政法改革论纲》,载《中国法学》2019 年第 4 期。

⑤ 参见赵玉增:《新一轮司法改革核心问题研究透视》,载《南通大学学报》2017 年第 6 期。

情条件,才能科学选择司法改革的中国道路。① 钱大军等也提出了相似论述,他剖析了我国当代司法改革的一个显著表征——改革路径徘徊在司法权理论与国情考量之间变动不居。从近代司法改革以"西化司法权"理论强势植入所造成的破产结果入手,反面证明了协调处理好二者关系的前提是明确司法权理论、司法规律与国情的科学定位;关键是加强国情研究的实践性思路,避免对本国国情因素和西方司法制度进行想当然的判定;核心是以司法规律为本,正视司法权理论的首要地位,尊重我国国情对司法权理论的合理性限制,从而构建出具有中国特色、经得起实践检验的司法权理论。②

三是从体制出发,强调司法改革的核心与重点,强调其在实现路径中的抓手与切入点地位。卓泽渊着重关注司法体制改革的重要性。其认为法治与司法都具有整体性质,而司法体制是司法在制度意义上的整体表述,是对司法的制度性概括,是被国家的法律定型化了的司法结构体系与内在机制。要想对司法进行整体化的改革,就必须从司法体制入手,并始终围绕司法体制这个重点来展开我们的改革工作。只有这样司法改革才可能在尊重司法本身的性质基础上进行司法改革,才符合于司法本身的性质与要求。在确定司法体制改革的核心地位的同时,明确提出司法改革要"创新",必须具有理性的精神,离开科学、离开法治来谈创新和改革,难免是逆向的改革。司法改革是一个历史过程,只有将改革进行到底,我们的改革才可能成功,要在司法体制改革的浪潮中激流勇进,否则就会半途而废。③ 孙笑侠则是强调职业性与平民性的兼顾上探讨其路径。司法公信力作为司法改革的一个目标,其中蕴含着司法职业性和司法平民性之间的平衡问题,把司法的平民性、民主性、人民性、群众路线以及司法民粹主义等概念看成是一个系统范畴内的一组概念,把职业性、专业性、规律性等,看成是另一个系统范畴内的概念。明晰司法职业性和司法平民性之间的选择,揭示司法改革和司法评估的逻辑起点——职业性和平民性

---

① 参见公丕祥:《中国特色社会主义法治道路的时代进程》,载《中国法学》2015 年第 5 期。

② 参见钱大军、郭倩:《中国司法改革的路径应当如何选择》,载《北方法学》2018 年第 6 期。

③ 参见卓泽渊:《司法改革需要真正的创新》,载《人民法治》2018 年第 3 期;卓泽渊:《世界法治潮流下的中国司法改革》,载《陕西师范大学学报(哲学社会科学版)》2016 年第 3 期;卓泽渊:《司法体制改革需要激流勇进》,载《人民法治》2016 年第 2 期。

的均衡兼顾。①

二、关于司法独立与去行政化、去地方化研究

司法独立是马克思主义法学关于司法的基本主张,马克思认为,司法保持独立才能带来公平正义,正当合理的司法制度应当是独立的法官既不属于我,也不属于政府。② 相应地,司法独立也是我国学者关于司法改革的基本主张,并在此基本主张下衍生了法官独立与法院独立、司法去地方化、去行政化乃至去政治化的议题。

(一) 关于司法独立自身的讨论与争辩

关于司法独立自身的讨论,主要围绕司法独立的具体内容是法官独立还是法院独立这一颇具中国特色的问题展开。对此,多数学者认为司法独立最终要体现为法官独立,如陈卫东指出,法官独立是法院独立的核心和落脚点。确立以法官独立为原则,是实现我国司法现代化的必由之路。③ 陈瑞华指出,无论审判独立原则强调的重点内容是什么,那些负责法庭审理的法官或者合议庭,必须拥有独立自主的裁判权。④ 然而,以顾培东教授为代表的学者认为,司法独立在中国语境下的具体体现是法院独立而非法官独立,并指出法官独立不是我国法院改革与发展的方向,法院改革的方向不应是从法院整体本位转向法官个体本位,而应是从以院庭长为主导的法院整体本位转向以法官为主导的法院整体本位。⑤ 对此争论,蒋惠岭首先深刻地意识到这是一个中国式的辩论,并明确指出,无论从法院组织理论,还是从法律职业理论,都可以

---

① 参见孙笑侠:《司法职业性与平民性的双重标准——兼论司法改革与司法评估的逻辑起点》,载《浙江社会科学》2019 年第 2 期。

② 参见《马克思恩格斯全集》第 1 卷,人民出版社 1995 年版,第 181 页。

③ 参见陈卫东:《司法机关依法独立行使职权研究》,载《中国法学》2014 年第 2 期;陈卫东、韩红兴:《以法官独立为核心推动我国法官制度的现代化》,载《人民司法》2002 年第 2 期。

④ 参见陈瑞华:《司法改革的理论反思》,载《苏州大学学报(哲学社会科学版)》2016 年第1 期。

⑤ 参见顾培东:《中国司法改革的宏观思考》,载《法学研究》2000 年第 3 期。

得出法官独立的观点，最高法院 2013 年发布的改革方案明确支持法官独立，已为这一中国式论辩画上句号。①

（二）关于司法独立与去政治化的研究

在对司法独立基本学术主张下，学界从 20 世纪 90 年代就开始讨论如何实现司法独立，陈光中、苏力、张卫平、谭世贵、周永坤、龙宗智等一大批专家学者对司法权独立行使问题都进行过专门研究。具体主张可分为概括为"三去"，即去政治化、去行政化、去地方化。其中去政治化研究成果相对较少，而去行政化、去地方化研究成果较多。对于司法与政治的关系，陈光中早在 2009 年就明确提出，"在坚持程序公正和实体公正并重这一理念下，要更加着力提高程序价值的体现，为实现此目标必须正确把握政治与司法之间的关系，促使司法与政治的良性互动，使中国特色的社会主义刑事司法制度更加完善，更加民主，更加文明，更加法治化。"②胡云腾等从后现代社会的特征及司法能动主义趋势指出："司法具有服务大局的功能，西方传统意义的自治型司法在我国难有市场，而积极灵活、务实的回应型司法、服务型司法似乎要成为司法转型的方向。"③与此相反，张卫平指出："司法的行政化、地方化、非职业化、非公开化和社会化是司法泛政治化的结果。司法的去泛政治化是司法体制改革所必须作为的事项"。④

（三）关于司法独立与去地方化研究

简要回顾国内学界关于司法改革战略与对策的研究可以看出，关于去地方化的议题是学界多年来的一贯主张，且伴有一定争论。比如，刘作翔早年就提出了以"司法国家化"取代"司法地方化"的观点。他指出，司法独立作为一项人权原则和法治原则，已被国际社会广泛接受，并且已经形成其国际标准。中国在宪法和法律中，也对司法独立作了原则性的确认和规定。但是，由于中

---

① 参见蒋惠岭：《"法院独立"与"法官独立"之辩——一个中式命题的终结》，载《法律科学（西北政法大学学报）》2015 年第 1 期。

② 陈光中：《刑事诉讼立法的回顾与展望》，载《法学家》2009 年第 5 期。

③ 胡云腾、袁春湘：《转型中的司法改革与改革中的司法转型》，载《法律科学（西北政法大学学报）》2009 年第 3 期。

④ 张卫平：《司法改革之司法的去政治化》，载《司法改革论评》2014 年第 2 期。

国司法存在着较为严重的地方保护主义,形成了"司法权地方化"的格局,破坏了法制的统一和司法独立原则的实施。中国司法地方保护主义有其深厚的体制性根源和思想文化根源,解决中国司法地方保护主义问题就需要彻底地改造形成"司法权地方化"的体制性因素,以"司法权国家化"作为司法体制改革的思路,并以此进行相应的司法制度设计。① 陈文兴则认为司法权力是一种国家权力,而不是地方自治性质的权力,司法地方保护主义的发展和蔓延,其实质就是地方利益的极度膨胀,且势必以牺牲社会根本利益和国家全局利益为代价,严重破坏了市场经济秩序,亵渎了法律的尊严,威胁到国家的法制统一。司法受制于地方的一大恶果,就是司法官员被动地背弃了尊严的法律,司法官只知有地方,不知有中央;司法官只知服从地方利益的"大局",而不知服从宪法和法律这个"大局"。② 秦倩、李晓新通过国家结构形式理论对司法权配置进行研究,指出我国的司法权配置事实上肯定了中央与地方之间的司法分权,司法权被包含在地方的权力范畴内,看似只对法律负责的司法权,实际上完全在地方权力机关的掌控范围内,解决这一问题途径只能是上收司法权,让法院的人财物彻底与地方脱钩,摆脱地方各机关(尤其是立法机关和行政权力机关)对司法权的干涉,从国家结构形式的宏观设计上确保司法独立。③ 郝银钟从人民法院审判权具备的全国性公共事务的属性出发,认为其属性就决定了人民法院的一切事项都只能是完全的中央事权,而不应该带有地方化色彩,否则国家法制的统一就会遭到冲击和破坏。因此法院去地方化应当在立法上明确人民法院审判权的中央事权属性,尽快将国家审判权统一收归中央,并相应采取人、财、物完全隶属于中央的上下一体式垂直管理的司法体制,从制度上保障各级人民法院都成为名副其实的国家审判机关,确保全国各级人民法院在中央的统一领导下成为"一盘棋",切实维护中央的绝对权威。④ 但有一些学者对"司法国家化"和司法权是中央事权进行了质疑和反

---

① 参见刘作翔:《中国司法地方保护主义之批判——兼论"司法权国家化"的司法改革思路》,载《法学研究》2003 年第 1 期。

② 参见陈文兴:《论司法权国家化——以治理司法权地方化为视角》,载《河北法学》2007 年第 9 期。

③ 参见秦倩、李晓新:《国家结构形式中的司法权配置问题研究》,载《政治与法律》2012 年第 10 期。

④ 参见郝银钟:《司法权去地方化的制度设想》,载《人民法院报》2013 年 6 月 25 日。

驳。景汉朝从文化分析的角度提到地方保护主义并非司法不公的主要原因，将视角转向实现司法公正的司法机关与司法人员所处于的社会关系上，结合我国传统文化中"重人情"下形成的"熟人社会"，找寻到司法不公正的最主要的原因在于"人缘""地缘"关系"点"多、面广、影响大、"根子"深上，只有找到这把"锈锁"的钥匙，才能从根本上解决问题。① 姚国建认为司法权并不完全符合中央事权的特征，司法机关审理的绝大多数案件具有地方性，现行宪法体制亦认可司法权的地方性特征，人财物的省级统筹也表明司法权中央化在实践中的难度。在承认司法权兼具中央性与地方性双重属性的基础上通过制度改革破除各种对司法的不当干扰是实现司法公正的基本路径。② 杨清望则指出司法权本质上属于中央事权的判断，将司法权的法理内涵和本质规律与政法语境下的政治要求混同起来，从而并不能从根本上解决司法地方化和司法行政化的难题。司法改革必须首先回到司法本质属性上来，遵循司法权的内在运行规律，才能在救济权利、定分止争和制约公权的基础上，更好发挥其参与国家和社会治理的功能。③ 陈瑞华直接指出改革者强调司法权的"中央事权"属性，从理论上否认司法权的"地方事权"性质，这一方面与我国建立"人民主权"原则基础上的"人大领导下的一府两院制"发生了冲突，另一方面也会带来"省级地方保护主义"的盛行，使得各高级人民法院对下级法院人财物的实际控制，助长上级法院对下级法院的"垂直领导"，破坏宪法所确立的上级法院对下级法院的"监督"体制。④ 相似的学术观点较多，这里不再一一枚举。

众所周知的是，2013 年启动的新一轮司法体制改革，对学界多年来主张的司法权属中央事权进行了确认，并相应地采取了人财物省级统管和建立与行政区划适度分离的去地方化措施。吊诡的是，随着去地方化改革措施的实施，近几年来学界观点发生了一定的翻转，与之前多数学者主张去地方化不同，近来学界也开始对去地方化的正当性提出质疑。比如，左卫民对司法权应

① 参见景汉朝：《关于司法公正若干基本问题的思考》，载《理论前沿》2001 年第 3 期。

② 参见姚国建：《中央与地方双重视角下的司法权属性》，载《法学评论》2016 年第 5 期。

③ 参见杨清望：《司法权中央事权化：法理内涵与政法语境的混同》，载《法制与社会发展》2015 年第 1 期。

④ 参见陈瑞华：《司法改革的理论反思》，载《苏州大学学报（哲学社会科学版）》2016 年第 1 期。

回归中央的观点提出了质疑,指出省统管法院将面临地方差异性和积极性的挑战。① 郭利纱同样对司法权的中央事权的定位提出质疑,并明确强调司法权天生具有地方性。他在指出本轮司法改革基于司法权是中央事权的设定,推行以去地方化为目标的省级统管的同时会出现目标与举措之间存在错位,省级统管可能会强化省级层面的地方化和司法系统内部的行政化等问题。② 陈瑞华也对要削弱乃至取消地方三级法院向同级人大及其常委会报告工作的制度是否具有足够的宪法依据提出疑问,他提出考虑到法院、检察院的特殊性,为彻底地走出司法地方化的困境,就需要废止县级和地市级人大及其常委会监督领导同级法院的制度,使得这两级法院不再由同级人大常委会产生,也不再向后者报告工作。省级以下三级法院都应由省级人大及其常委会统一产生,并接受省级人大及其常委会的监督。高级人民法院向省级人大及其常委会报告工作的制度予以保留,而下面两级法院向同级人大及其常委会报告工作的制度予以废止。③

（四）关于司法独立与去行政化研究

与去地方化相应,去行政化也是我国学界多年来关于实现司法独立的一贯主张。对于行政化对于司法独立的不利影响,学界从不同角度进行了深刻剖析乃至严厉批评。王申认为科层等级官僚制对我国司法独立的威胁已经到了"非一般"的严重,④中国法院的等级结构决定了法官出现垂直指向、纵向沟通和服从型互动的表现样态,司法判决权被法院内部各等级结构分享,并造成了司法"审""判"分离。⑤ 与此同时,司法行政管理与司法裁判在职能上存在混淆,通过加强上级对下级的权力监督的"泛监督哲学"相反容易造成法院恣意的司法样态。⑥

---

① 参见左卫民:《省统管法院人财物:剖析与前瞻》,载《法学评论》2016 年第 3 期。

② 参见郭利纱:《论我国司法改革的去地方化与去行政化》,载《烟台大学学报(哲学社会科学版)》2019 年第 1 期。

③ 参见陈瑞华:《法院改革的中国经验》,载《政法论坛》2016 年第 4 期。

④ 参见王申:《司法行政化管理与法官独立审判》,载《法学》2010 年第 6 期。

⑤ 参见张洪涛:《司法之所以为司法的组织结构依据——论中国法院改革的核心问题之所在》,载《现代法学》2010 年第 1 期。

⑥ 参见陈瑞华:《司法裁判的行政决策模式——对中国法院"司法行政化"现象的重新考察》,载《吉林大学社会科学学报》2008 年第 4 期。

沈寿文认为法院具有审判机关和司法行政机关的双重属性,法院内部的行政化问题严重违背了司法审判权和司法行政事务管理权相分离的原则。① 还有一部分学者从其造成的管理混乱,降低司法效率出发,法院科层行政管理会干扰法官审判,特别是在取消院庭长文书签发制度之前,法院文书层层审批、层层截留更是极大地耗费了法官时间,延长了审判周期,减损了司法效率。② 当然,学界对司法行政化也并非完全都"同仇敌忾",也有学者在看到司法行政化不足的同时,指出一定程度上保留的必要。如崔永东在肯定行政化管理权去除必要性的同时指出,在目前的过渡阶段,某些体现行政化审判管理权的制度不宜立即废除,去行政化改革并非意味着让审判权"裸奔",而是在尊重审判权独立运行的前提下将其纳入有效的监督制约之中,以防止权力的滥用和腐败,应当持有辩证态度。③

对于如何去除司法行政化这一问题,多年以来众多学者对其实现路径展开了讨论,而且形成了许多具有建设性的观点。比如龙宗智和袁坚提出了"三个需":需遏制司法行政化及强化法院的司法审查功能、审判功能以及终局性纠纷解决功能;需阻隔行政性要素介入审判,建立审判独立的"二元模式";需在法院审判管理、司法行政管理、上下级法院业务管理上"去行政化"④。但这里值得特别指出的是,随着近几年省级以下司法机关人财物的统一管理措施的推行,去行政化问题由法院外部走向了法院内部,即在去除地方党政干预司法的同时,掌控人事、财政大权的上级司法机关如何避免自身不会不当干涉下级司法机关办案呢? 或者说我们在司法去地方化的同时是否也在走向一个不断强化司法行政化的极端呢?⑤ 这样的担忧被越来越多的学者提出。马长山指出各级人民法院的司法行政采取"上提一级"管理的现实考虑,但不管怎么设计,这个省级"统管"如果仍然放在检法系统内,并依托于省级

---

① 参见沈寿文:《重新认识人民法院的性质——兼评人民法院"去行政化"》,载《学术探索》2015 年第 2 期。

② 参见张洪涛:《司法之所以为司法的组织结构依据——论中国法院改革的核心问题之所在》,载《现代法学》2010 年第 1 期。

③ 参见崔永东:《司法改革去行政化并不是让审判权"裸奔"》,载《解放日报》2016 年 8 月 30 日。

④ 龙宗智、袁坚:《深化改革背景下对司法行政化的遏制》,载《法学研究》2014 年第 1 期。

⑤ 参见陈卫东:《司法机关依法独立行使职权研究》,载《中国法学》2014 年第 2 期。

检法机关来实施，都存在着"再行政化"的风险——也即出现"去行政化"的行政化，因此对待新一轮司法改革不能过于乐观，而应该时刻注意每项举措所面临的潜在"异化"风险，进而扬长避短、规避风险，有效促进司法改革目标的实现。① 董玉庭明确提出对过去分散在地方党委政府的人财物权力高度集中于省一级司法机关的担忧，他认为这种改革后的省一级司法机关不但是法律层级意义上的上级院，而且也是行政意义上的绝对领导机关。一旦这种"庞然大物"一样的省级司法机关的行政权运行干扰了下级司法机关的司法权运行，就没有力量能够实现平衡（过去地方党委可能与上级院的行政权实现平衡）。② 张杨在依法治国的背景下指出，司法去行政化不是要反对党对政法工作的指导，而是在党的领导下，以司法运行规律和事实为依循，破除司法体系中的不当行政，充分保障司法独立性和公正性，在保证方向正确的同时，去除"官本位"意识，实现与现实的接轨。③

三、关于司法责任制改革研究

2015 年 8 月，中央全面深化改革领导小组第十五次会议审议通过《关于完善人民法院司法责任制的若干意见》，标志着司法责任制改革在全国范围内普遍推进，④建立和完善司法责任制被置于司法体制改革的基础性地位，司法责任制被确立为本轮司法改革的"牛鼻子"⑤。应该说，司法责任制是我国特有的概念，是对"让审理者裁判，由裁判者负责"集中、简明概括，旨在保障审判权的独立运行，同时明确办案主体的责任。在"审判者裁判，裁判者负责"的改革目标下，对应则是法官精英化、职业化与法官问责制双向改革措

---

① 参见马长山：《司法改革中可能的"异化"风险》，载《法制与社会发展》2014 年第 6 期。

② 参见董玉庭：《司法体制改革不能忽视的四种关系》，载《求是学刊》2017 年第 1 期。

③ 参见张杨：《全面依法治国背景下的司法去行政化研究》，载《人民论坛·学术前沿》2017 年第 15 期。

④ 参见张文显：《论司法责任制》，载《中州学刊》2017 年第 1 期。

⑤ 2015 年 3 月，习近平在中共十八届中央政治局第二十一次集体学习时强调，推进司法体制改革，"要紧紧牵住司法责任制这个牛鼻子"，人民网，http://opinion.people.com.cn/n1/2018/1028/c1003-30366657.html。

施。法官的精英化、职业化所依托的是法官员额制改革,而司法问责制所依托
的是错案责任终身负责制相关改革。司法责任制改革是在我国特殊的时代背
景下,特殊的改革需求下的必然选择,具有鲜明的中国特色,是全面推进依法
治国,建立中国特色社会主义司法制度的过程中的重要改革。与此相应,相关
的学术研究也紧紧围绕法官员额制和司法问责制这两大议题展开。

(一) 关于法官员额制改革的研究

我国学界较早提出"法官员额"一词的是龙宗智和李常青教授,其在 1998
提出要"减少法官员额、增加司法事务官员,使法官逐步'大法官化''精英
化',这样既可提高法官素质,又可增强司法的统一性"①。但之后对此问题的
研究多等同于"法官定员",其研究零落在相关的期刊或论文中。2001 年的
《法官法》修正案中增加第五十条并明确提出:"制定各级人民法院的法官在
人员编制内员额比例的办法。"由此引发学界研究法官员额的兴趣。在 2003
年黑龙江省社会科学界联合会举办的全省法院"法官职业化建设理论与实
践"研讨会上,实务界的有关人士从加强法官职业化建设的角度集中提出了
一些构建法官员额制的初步设想,法官员额制逐渐进入中国法学理论研究的
"殿堂"。随后几年,我国学界对法官员额制的研究仍是一个"不温不火"的状
态,章武生、周道鸾、②林殉、陈文兴、冯跃、刘峥③等学者对此的研究不断深
入,为其后续推进奠定了较好的基础。2014 年 7 月,《人民法院第四个五年改
革纲要(2014—2018)》首次明确提出建立法官员额制,引发了司法实务界与
法学理论界极大的兴趣和关注,掀起了该制度提出以来的理论研究热潮。从
最初局限于法官员额制的纯理论探讨,逐步扩展到员额制的定性、定量和实践
改革分析;无论是宏观方面对员额制改革背景、中央顶层设计等探讨,还是中
观层面对改革重难点问题、路径选择、施行策略安排等分析,抑或是微观层面

①　龙宗智、李常青:《论司法独立与司法受制》,载《法学》1998 年第 12 期。

②　对基础理论进行探讨可参见章武生:《我国法官的重组与分流研究》,载《法律科学》
2004 年第 3 期;周道鸾:《关于确立法官员额制度的思考》,载《法律适用》2004 年第 8 期。

③　从域外视角出发对法官员额制进行对比分析可参见林殉:《法官定额制度若干问题探
讨——一个比较法的视角》,载《福建法学》2004 年第 4 期;陈文兴:《法官员额制度比较分析》,
载《天津大学学报》2008 年第 4 期;冯跃、刘峥:《加拿大司法编制问题简介与思考》,载《法律科
学》2010 年第 5 期。

对员额制实施过程、员额比例及测算的因素等研究都产生了丰硕的成果。学界对法官员额制改革问题的研究视角逐渐多元多样,逐步完成了从"一维"到"多维"的转变,除学术论文外,并伴有相关专著①问世。

近年来对于法官员额制的讨论,大致可分为两种类型:一种是改革方案思考与建议型的,如潘铭方、李清伟阐明员额制改革必然涉及但不限于员额制的标准与机制、员额制下法官权威地位、法官权利与义务配置等问题,推进制度改革还必须确保法官权力清单与法官责任的逻辑契合。② 石晓波认为厘清司法成本控制与法官精英化之间进路是当前改革急需处理好的问题,以司法成本控制为导向的法官精英化改革势在必行。③ 丰霈从法官员额制目标变化过程中分析得出,员额制的改革目标并非筛选法院人员,而是通过确立员额身份在法院内部和社会外部形成一种对法官群体的认同,并提出慎用经济待遇的诱惑力,应直面法官职业身份的塑造问题等④。宋远升在法官员额制目标的实现过程是一个各种利益平衡的过程的基础上提出"平行线模型",即以员额考核标准的统一和司法去行政化的落实去解决改革中的问题。⑤ 王静、李学尧、夏志阳从民事审判流程的角度,通过对多名基层民事法官审判工作进行量化测算,尝试为我国法官员额的编制提供一种实证方案参考。⑥ 另一种是对改革实践反思型的,如陈永生、白冰反思员额制运行以来的司法实践,提出将法官员额限定为中央政法专项编制的 39% 以下的方式存在的不少问题,并对其进行了论证和思考,提出应适当提高法官员额,并结合情况划定不同的员额比例。⑦ 陈瑞华也指出员额制改革带来了"案多人少""诉讼效率下降""办案法官不堪重负"等问题,强调应认真反思司法行政管理体制的变革、科学构建

---

①　参见陈陟云、孙文波:《法官员额问题研究》,中国民主法制出版社 2016 年版;王禄生、冯煜清:《员额制与司法改革实证研究:现状、困境和展望》,东南大学出版社 2017 年版;李浩:《员额制、司法责任制改革与司法的现代化》,法律出版社 2017 年版。

②　参见潘铭方、李清伟:《论法官员额制的制度构建》,载《法学杂志》2018 年第 1 期。

③　参见石晓波:《司法成本控制下法官精英化的改革出路》,载《法学评论》2017 年第 5 期。

④　参见丰霈:《法官员额制的改革目标与策略》,载《当代法学》2015 年第 5 期。

⑤　参见宋远升:《精英化与专业化的迷失——法官员额制的困境与出路》,载《政法论坛》2017 年第 2 期。

⑥　参见王静、李学尧、夏志阳:《如何编制法官员额——基于民事案件工作量的分类与测量》,载《法制与社会发展》2015 年第 2 期。

⑦　参见陈永生、白冰:《法官、检察官员额制改革的限度》,载《比较法研究》2016 年第 2 期。

入额法官审判团队等。① 还有学者指出,员额制改革之后,很多法院领导长期不办案但处于权力结构的上层而能通过各种渠道入额,②而使一些办案能手因缺少员额身份而流出审判一线。正如有研究总结认为科层化造成了法官流失、"案多人少"、知名法官难产等一系列多米诺效应。③

（二）关于司法问责制的研究

司法责任制作为我国特有的概念,我国学者对明晰其基本样态作出了很多努力。张文显通过对司法责任制地位、理论支点、核心要义和科学内涵的分析,详细阐述了司法责任制改革的基本理论问题。④ 陈光中、王迎龙则对司法责任制的必要性、基本原则和具体适用等问题进行探讨,提出司法责任制应以司法独立为前提,以提高司法职业待遇为保障,在司法独立和司法责任之间寻求适当的平衡。⑤ 傅郁林提出,司法责任制的重心是职责界分,"没有独立的权力就没有独立的责任,只有责任而没有保障的权力是微弱又危险的权力"⑥。金泽刚详细阐述了我国司法责任制的界定、基础、落实以及价值目标。⑦ 陈瑞华通过类型化分析,将我国法官责任划分为"三种模式",即结果责任模式、程序责任模式和职业伦理责任模式,并借由对"三种模式"的分析和反思,吸收其合理因素,对法官责任制度进行重新整合,为改革和完善我国法官责任制提供了参考准则。⑧

在司法责任制的研究中,错案责任终身追究无疑是核心问题。崔永东通过对我国法官责任制的定位和规则进行解读指出,错案责任追究制是司法责任制的核心,关系司法责任制改革的成败。⑨ 需要特别说明的是,学界对这一

---

① 参见陈瑞华:《法官员额制改革的理论反思》,载《法学家》2018 年第 3 期。

② 参见宋远升:《精英化与专业化的迷失——法官员额制的困境与出路》,载《政法论坛》2017 年第 2 期。

③ 参见刘练军:《法院科层化的多米诺效应》,载《法律科学》2015 年第 3 期。

④ 参见张文显:《论司法责任制》,载《中州学刊》2017 年第 1 期。

⑤ 参见陈光中、王迎龙:《司法责任制若干问题之探讨》,载《中国政法大学学报》2016 年第 2 期。

⑥ 傅郁林:《司法责任制的重心是职责界分》,载《中国法律评论》2015 年第 4 期。

⑦ 参见金泽刚:《司法改革背景下的司法责任制》,载《东方法学》2015 年第 6 期。

⑧ 参见陈瑞华:《法官责任制度的三种模式》,载《法学研究》2015 年第 4 期。

⑨ 参见崔永东:《法官责任制的定位与规则》,载《现代法学》2016 年第 3 期。

问题普遍表示了不安和担忧，还有不少学者旗帜鲜明地进行批评。宋远升指出，法官员额制暗含了对本国司法精英的信任，与之相配套的制度应当是司法责任豁免制而不是终身追究制。① 众多学者认为，错案责任追究制具有不可克服的内在缺陷，无法通过改革予以完善，且造成诸多负面效果，故建议废除该制度，并重新构建符合司法规律的审判责任制。② 当然，在批评观点之外，也有不少学者认为，错案责任追究制是当前我国司法责任制的核心，虽有不完善之处，但不宜盲目废除，以避免出现审判责任真空地带，故建议保留错案责任追究制，对其进行系统化和法治化改造，谋求该制度与司法制度的有机统一。③ 另有学者从实证研究角度指出，对法官错案责任的终身追究在实践中并非是想象中令人恐惧的苛责模式，而是一种慈爱模式，学界不必过于担心。王伦刚、刘思达通过对我国西南地区七个法院的实证调研，考察了我国法院错案责任追究制的实际运行状况，并得出结论："从实践来看，错案认定像是审判委员会在尽力寻找某起案件并非错案的理由，直到穷尽……这个过程更像是慈爱的家长责打调皮的小孩，戒尺高高举起却轻轻放下。"④

党的十八届三中全会之后，错案责任终身负责制的推行肯定了后者的改革立线，这场争论也渐渐落下帷幕，对司法问责制进行改革的研究开始展开，主要集中在法官惩戒事由、惩戒主体和惩戒程序三个具体事项上。由于这三

---

① 参见宋远升：《精英化与专业化的迷失——法官员额制的困境与出路》，载《政法论坛》2017 年第 2 期。

② 主张废除错案责任追究制的研究成果参见王晨光：《法律运行中的不确定性与"错案追究制"的误区》，载《法学》1997 年第 3 期；周永坤：《错案追究制与法治国家建设——一个法社会学的思考》，载《法学》1997 年第 9 期；廖永安：《关于错案责任追究制度的反思》，载《江苏社会科学》1999 年第 3 期；贺日开：《司法权威的宪政分析》，人民法院出版社 2004 年版；王琳：《取消错案追究制以还原司法理性》，载《法律与生活》2006 年第 2 期；周永坤：《论法官错案责任追究制》，载《湖北社会科学》2015 年第 12 期；陈虎：《逻辑与后果——法官错案责任终身制的理论反思》，载《苏州大学学报（哲学社会科学版）》2016 年第 2 期；周赟：《错案责任追究机制之反思——兼议我国司法责任制度的完善路径》，载《法商研究》2017 年第 3 期；等等。

③ 主张保留并完善错案责任追究制的研究成果参见魏胜强：《错案追究何去何从？——关于我国法官责任追究制度的思考》，载《法学》2012 年第 9 期；丁文生：《"错案追究制"司法效应考——兼论我国的法官惩戒制度》，载《湖北警官学院学报》2013 年第 1 期；张玉洁：《错案追究终身制的发展难题——制度缺陷、逆向刺激与实用主义重构》，载《北方法学》2014 年第 5 期；朱孝清：《错案责任追究与豁免》，载《中国法学》2016 年第 2 期；等等。

④ 王伦刚、刘思达：《从实体问责到程序之治——中国法院错案追究之运行的实证考察》，载《法学家》2016 年第 2 期。

项内容属于具体制度的设计问题,相关研究多为对策性研究,即我国应当如何进行法官惩戒制的模式选择和方案设计。虽然都为对策性研究,但在研究方法和研究内容上有所区别,主要分为两种视角,第一种通过域外视角,即通过与其他国家进行制度比较后予以合理借鉴,很多学者都对不同国家的法官惩戒制度进行了比较法的分析,有关法官惩戒事由、惩戒主体和惩戒程序的比较法研究成果相对较为丰富。从比较分析的内容上看,蒋银华跳脱出国家的界限,通过多国家的对比,对惩戒事由、惩戒主体或惩戒程序中的一项内容进行研究,[①]还有汪贻飞、雷婉璐等也采取这种思路,但这类研究成果的数量较少。而郑曦则是对包含三项内容的法官惩戒制度整体放在一个具体的国家中进行比较研究,即在惩戒事由、惩戒主体和惩戒程序上分别与国外相关制度进行比较分析,[②]这类研究的数量较多。第二种视角则是从本国现状出发,主要通过对司法问责制改革举措的评价与分析,在理论维度或我国司法实践经验的维度内寻求制度完善的路径和方案。首先,对于法官惩戒事由改革,朱孝清对惩戒事由改革的结果表示认可,认为其有利于增强司法人员责任心,提高办案质量和司法公信力,有利于彰显社会公平正义,有利于贯彻权责一致原则,推进司法体制改革的深入,体现了主观过错、客观行为、危害结果三者的有机统一。[③]但侯学宾则认为惩戒事由仍不完善,认为我国法官惩戒事由规定得广泛而具体,但是缺乏最核心的定位。[④]其次,对于法官惩戒主体改革,在认可成立法官惩戒委员会的同时,王迎龙提出当前法官惩戒委员会实质上并未能

①　参见蒋银华:《法官惩戒制度的司法评价——兼论我国法官惩戒制度的完善》,载《政治与法律》2015 年第 3 期;全亮:《域外法官惩戒制度基本架构比较》,载《社会科学家》2013 年第 11 期。

②　参见汪贻飞:《论法官惩戒之事由》,载《安徽大学法律评论》2009 年第 2 辑;雷婉璐:《我国"法官惩戒"事由模式的现状与趋向——以司法体制改革为背景》,载《湖北大学学报(哲学社会科学版)》2019 年第 1 期;郑曦:《司法责任制背景下英国法官薪酬和惩戒制度及其启示》,载《法律适用》2016 年第 7 期;李蓉、邹梅珠:《西方法官惩戒制度的模式演变及我国的改革思路》,载《湘潭大学学报(哲学社会科学版)》2015 年第 2 期;全亮:《域外法官惩戒制度基本架构比较》,载《社会科学家》2013 年第 11 期;严仁群:《美国法官惩戒制度论要——兼析中美惩戒理念之差异》,载《法学评论》2006 年第 4 期;王葆莳:《德国法官惩戒制度研究》,载《时代法学》2017 年第 3 期。

③　参见朱孝清:《错案责任追究与豁免》,载《中国法学》2016 年第 2 期。

④　参见侯学宾:《法官惩戒制度的中国特色》,载《法律适用》2017 年第 7 期。

改变现有的行政化惩戒模式,也没有从根本上改变同体与异体的混合模式。①最后对于法官惩戒程序改革,王小光、李琴认为改革虽然较之前有所改观,增加了法官惩戒的程序性,但是提供的救济程序为复议、申诉而不包括提起再审,因而司法化不够彻底。②

除了微观层面进行具体对策性研究外,学者们还站在中观层面对其改革方案和制度设计等方面进行对策性研究。如徐静村、潘金贵提出了建构我国司法弹劾制度的具体方案。③陈海锋就错案责任追究的主体进行了专门研究,指出错案责任追责主体范围较小、确责主体中立性不足、担责主体不明晰等问题,建议适当扩大追责主体,重新配置确责主体职权,并由参与者担责向决定者担责转变。④樊传明对我国审判责任基准和要件等进行系统分析,并提出以证据裁判规则规范法官审判责任追究限度的方案。⑤詹建红提出,应从惩戒权力主体、惩戒事由和惩戒程序等方面对我国法官惩戒制度进行规则细化。⑥周长军认为,在宏观层面,法官问责应坚持错案责任追究严格化、信访责任追究退隐化、纪律责任追究实效化和法官问责规范统一化等基本原则;在微观层面,法官问责应确立主客观相统一、错案责任和一般不当行为责任相区分的"二元双层"问责基准。⑦宋远升全面分析了司法责任制面临的历史惯性困境、制度设计困境、与基本原理/规律悖反困境,并指出:行为与结果相结合的二元主义错案认定模式,以及审判自主权是司法责任制的主要建构要素。⑧

---

① 参见王迎龙:《司法责任语境下法官责任制的完善》,载《政法论坛》2016 年第 5 期。

② 参见王小光、李琴:《我国法官惩戒制度二元模式的思考与完善》,载《法律适用》2016 年第 12 期。

③ 参见徐静村、潘金贵:《法官惩戒制度研究——兼论我国司法弹劾制度的建构》,载《公法研究》2004 年辑。

④ 参见陈海锋:《错案责任追究的主体研究》,载《法学》2016 年第 2 期。

⑤ 参见樊传明:《追究法官审判责任的限度——现行责任制体系内的解释学研究》,载《法制与社会发展》2018 年第 1 期。

⑥ 参见詹建红:《我国法官惩戒制度的困境与出路》,载《法学评论》2016 年第 2 期;江国华、吴悠:《完善我国法官惩戒制度的几点意见——兼议〈中华人民共和国法官法〉第十一章的修改》,载《江汉大学学报(社会科学版)》2016 年第 2 期。

⑦ 参见周长军:《司法责任制改革中的法官问责——兼评〈关于完善人民法院司法责任制的若干意见〉》,载《法学家》2016 年第 3 期。

⑧ 参见宋远升:《司法责任制的三重逻辑与核心建构要素》,载《环球法律评论》2017 年第 5 期。

学者们除了正面讨论司法责任制改革的道路和方向外,还致力于指出司法责任制改革可能存在的风险和障碍,为此改革定准方向。如有学者指出以司法责任制为"牛鼻子"的倒逼式改革存在自身的局限性,改革的结果会因为改革顺序不清而自我抵消,倒逼式的推进方式是建立在现行制度结构的基础之上,这可能会因此强化了现行司法体制而大大降低改革的效果。① 还有学者指出,现行司法改革本是以去行政化为目的,但司法责任制的推行可能会促使法官将本不应由审委会决定的案件移交审委会讨论决定或积极向上级法院请示汇报以转嫁风险,从而重新陷入司法行政化的窠臼之中。②

四、关于审判管理等规范裁判权相关研究

司法责任制改革推行以来,在"审理者裁判,裁判者负责"的理念指导下,在依法支持法官独立行使权力并与明确其错案责任的同时,如何规范裁判权的运行俨然已成为司法责任制改革顺畅运转的重要支撑。在规范裁判权运行的题目之下,审判管理、绩效考核与类案类判机制成为改革实践中三个主要抓手。相应地,学术界也对这三个方面的问题进行了较为系统的研究。

(一) 关于审判管理的研究

提及审判管理,学者多以批评的角度切入,认为审判管理的行政化、非科学化是阻碍审判权独立运行和科学运行的因素。有学者尖锐地指出,在本质上,追求全面、过程、结果把控的审判管理在本质上是以限制法官审判权力为重心的"压制型管理"。③ 最高人民法院在前期的司法改革过程中也意识到了这一问题,并在创新社会管理的时代背景下,自上而下地发起了审判管理创新的改革。2010 年,最高人民法院召开了全国大法官审判管理专

---

① 参见金泽刚:《司法改革背景下的司法责任制》,载《东方法》2015 年第 6 期。
② 参见宋远升:《司法责任制的三重逻辑与核心要素构建》,载《环球法律评论》2017 年第 5 期。
③ 参见钟小凯:《审判管理:从压制型向回应型转变》,载《人民司法》2012 年第 23 期。

题会议,并于次年出版了《大法官论审判管理》专著。一时间,审判管理成为当时学界热点话题。《审判管理学研究》等专著①以及诸多期刊论文②相继面世。

中共十八届三中全会将司法体制改革的重点之一"去行政化"的改革内容具体化为"审判管理去行政化",如何遵循司法规律推进审判权运行机制改革,合理消弭层级化行政管理结构与审判权运行之间的结构张力,成为学界在审判管理研究中予以回应的重大课题。对此,苏力早在审判管理研究之初就通过实证研究理性地提出,以司法独立著称的美国司法也难以完全割裂相关行政事务,③破除对西方法治"绝对"去行政化的迷信,主张把研究焦点从理想类型的纯粹批判或建构,转向认识法院管理的客观必要性上,把研究进一步推进到审判管理的实践面向上来,认为审判管理不仅有独立的意义,同时也是整个社会管理创新的重要构成部分。顾培东以实证研究的视角认为,人民法院审判权运行过程中确实存在"行政化"的问题,但是影响和制约人民法院审判工作的并不是行政化,而是审判权运行秩序紊乱。他抛开主流学界的既有定论,以实证方法把司法行政化置于更为宏观的"审判权运行机制"中去考察,并客观分析法院的行政化管理与法官工作的实际状况与实际需求之间的相关性,十分具有启发意义。④ 艾佳慧从信息和知识的视角对法院的人事管理进行了研究,他指出必须用一种实用主义的态度和社会科学的方法,从信息和知识的角度对中国法院系统大众化、行政化的人事管理制度构架进行一番"伤筋动骨"的改革,或者在解决参与约束和激励相容约束的基础上重构中国法

---

① 我国目前对审判管理研究具有代表性的书籍参见崔永东:《审判管理学研究》,人民出版社 2015 年版;钱峰:《审判管理的理论与实践》,法律出版社 2012 年版;高权:《审判管理学原理》,人民法院出版社 2014 年版;公丕祥:《审判管理理论与实务》,法律出版社 2010 年版;孙海龙:《深化审判管理》,人民法院出版社 2013 年版;等等。

② 参见公丕祥:《能动司法与审判管理》,载《人民司法》2010 年第 9 期;龙宗智:《审判管理:功效、局限及界限把握》,载《法学研究》2011 年第 4 期;江必新:《论审判管理科学化》,载《法律科学(西北政法大学学报)》2013 年第 6 期;杨凯:《审判管理理论体系的法理构架与体制机制创新》,载《中国法学》2014 年第 3 期;重庆市高级人民法院课题组、钱锋、高翔:《审判管理制度转型研究》,载《中国法学》2014 年第 4 期;崔永东:《审判管理的目标、方法与路径》,载《河北法学》2015 年第 3 期;等等。

③ 参见苏力:《论法院的审判职能与行政管理》,载《中外法学》1999 年第 5 期。

④ 参见顾培东:《人民法院内部审判运行机制的构建》,载《法学研究》2011 年第 4 期;顾培东:《再论人民法院审判权运行机制的构建》,载《中国法学》2014 年第 5 期。

院的人事管理模式。① 刘澍建议对法院系统进行结构调整：建立全国人大领导下的垂直法院系统；将法官人事管理权和政务管理权交由国家法官委员会行使，将审判管理等行政事务交由全国法院行政管理局负责，建立法官主导的审判管理体制；在此基础上促进法院与法官间协作关系的发展。② 崔永东则指出审判管理改革的方法是理顺两权关系，以抑制审判管理权的扩张，尊重审判权的合法运行空间，实现审判权与审判管理权之间的平衡为近期目标，最终实现建构一种以审判权为主、以审判管理权为辅的审判管理机制；其基本路径则是要顺应司法规律和"普世价值"，又要顾及中国国情和司法实际。③ 陆开存则提出了构建循环管理流程的主张，认为此方法有利于提高审判质量和效率。主要包括四个步骤：第一步，审判管理部门在对上一年度甚至更长时间段内审判运行态势分析的基础上，确定本地、本院当年度审判工作目标任务并经本院审判委员会研究确定；第二步，审判管理部门将年度审判工作目标任务下发各法院、本院各部门执行落实；第三步，审判管理部门对本地、本院各部门执行审判工作计划情况进行检查，对检查中发现的偏差及时与责任部门沟通或按程序修改计划；第四步，审判管理部门对检查中发现的问题予以纠正、督促整改、通报等，并作为年度目标管理考核的依据。"如果把法院审判工作比作社会产品的生产，根据全面质量管理的要求，管理的关键在于对生产过程的监督和控制，而非对产品结果的控制，结果只能作为业绩考评和奖惩的依据。法院裁判作出后，'产品'已经'出厂'。这时，实际上已经无法控制。因而，必须将管理行为的着力点放在产品的生产过程中，在产品成形之前，在产品到达客户（当事人）之前。"④吴英姿认为新型审判管理机制的构建，应当以"四类案件"审判管理的程序化改造为抓手，按照司法规律要求，激活法律和程序对审判权的约束机制，按照保障、服务、促进的功能定位重塑审判管理机制。⑤ 在实践中一些地方法院出台的规范性文件

　　① 参见艾佳慧：《社会变迁中的法院人事管理——一种信息和知识的视角》，北京大学2008 年博士学位论文。

　　② 参见刘澍：《中国法院审判管理改革的结构性调整》，载《北京社会科学》2016 年第 3 期。

　　③ 参见崔永东：《审判管理的目标、方法与路径》，载《河北法学》2015 年第 3 期。

　　④ 陆开存：《人民法院审判管理机制创新的路径》，载《审判研究》2012 年第 1 辑。

　　⑤ 参见吴英姿：《论保障型审判管理机制——以"四类案件"的审判管理为焦点》，载《法律适用》2019 年第 19 期。

也对此进行了探索,如重庆市高级人民法院出台的《关于加强和优化审判管理工作的若干意见》就从如下方面进行了规定:一是建立专门机构,完善审判管理组织体系;二是健全主要制度,完善审判管理职能体系;三是健全信息管理系统,保障审判管理科学化;四是加强基础工作,保持审判管理常态化。

当前信息化技术飞速发展,人工智能与大数据分析技术在各个行业领域不断渗透。除了传统的改革路径与方法之外,学者还对计算机信息技术在审判管理中的运用给予了充分关注。胡昌明在互联互通为主要特征的人民法院信息化 2.0 版基本建成的前提下,明确提出审判管理信息化,着力推进审判管理数据公开化,促进审判服务功能便利性,强化审判流程节点控制,并通过审判信息监督司法权,助力廉政建设。① 王亚明针对法院审判管理工作实际提出,当前审判管理工作应把握好办案不求快、收结案件不贪多、解决纠纷不能滥用诉讼调解权三个导向性的问题,应当更加注重尊重法律、讲究科学、尊重法官、讲求实效,改变将法官业绩作为政绩的不良观念,树立和谐、公平、正义的管理观,推动法院审判管理工作向科学化迈进。② 杨怀荣指出疫情期间的刚性业务需求,为审判机关信息化应用带来挑战,也带来机遇。如何将这种刚需转变为真正的全面应用,是摆在审判机关面前的重要课题。后疫情时代,审判机关要进一步延续疫情期间积累的有益经验,探索整合相同资源系统建设,统筹内网、工作网和互联网视频系统建设和应用,坚定不移地推进技术和业务深度融合,以推动各项审判工作创新发展,实现新时代智慧审判业务体系和科技供给能力现代化。③ 上海市闵行区人民法院课题组也从总结试点法院在转型过程中的制度经验与不足出发,重新审视司法责任制改革背景下审判监督管理的功能定位,提出以制度化助推审判管理精细化、常态化;以集约化监督管理模式,实现审判质效提升;以诉讼事务标准化工作机制,促进法律适用统一;提升审判监督管理与信息化技术的融合度,逐步

---

① 参见胡昌明:《中国智慧法院建设的成就与展望——以审判管理的信息化建设为视角》,载《中国应用法学》2018 年第 2 期。

② 参见王亚明:《审判管理应把握好三种导向》,载《人民法院报》2018 年 4 月 24 日。

③ 参见杨怀荣:《充分运用信息技术创新审判监督管理》,载《人民法院报》2020 年 7 月 20 日。

实现审判运行态势可视化、办公办案信息化、卷宗档案数字化,促进审判权良性化运转。①

(二) 关于法官绩效考核制度的研究

为贯彻落实党的十九大精神,巩固司法责任制改革成果,中共中央办公厅印发了《关于加强法官检察官正规化专业化职业化建设 全面落实司法责任的意见》②,法官绩效考核制度被上升到落实司法责任制、规范司法权力运行的高度,成为法官正规化、专业化、职业化建设的重要内容,也成为现阶段落实审判管理制度改革的核心问题。法官绩效考核制度自实施以来经过了漫长的发展与完善,国内学者对法官绩效考核的研究,基本立足于司法改革的大背景,分析如何让绩效考核适应司法体制改革的需要。对考核过程中存在的问题及应完善的地方,也是基于法官绩效考核制度的整体层面来分析,尚未给出特别具体的可操作方案。从对域外法官绩效考核制度的研究来看,主要通过对不同国家、地区的法官考核制度的考察研究,总结出域外对数据统计基础上的法官评价机制具有的审慎态度,以通过域外做法来给国内的完善法官绩效考核提供思路与借鉴。

在进行司法责任制改革前,学者对当时情况下实行的法官绩效考核制度已予以关注,且学术观点也是以批评为主。郭松指出绩效考评在本质上属于一种行政管理方式,并从理论与实践角度论证了绩效考评在司法管理中的功能局限,为了避免行政元素过于强势,引发行政科层与司法独立之间的冲突,绩效考评的适用必须保持合理的界限。③ 李拥军、傅爱竹认为法官绩效考核的重点是去行政化。④ 艾佳慧指出,中国法院的绩效考评制度在各级法院具有"同构性"特征,内部则具有"双轨制"特征,由于这种考核制度无视初审和上诉审职能分工和审级差异,导致审判独立等价

---

① 参见上海市闵行区人民法院课题组、张倩:《司法责任制背景下审判监督管理的路径转型》,载《上海法学研究》集刊(2019年第12卷总第12卷)——闵行区法院卷,2019年第10卷。

② 参见人民网:《关于加强法官检察官正规化专业化职业化建设 全面落实司法责任的意见》,http://bbs1.people.com.cn/post/1/1/2/165337855.html。

③ 参见郭松:《绩效考评与司法管理》,载《江苏行政学院学报》2013年第4期。

④ 参见李拥军、傅爱竹:《"规训"的司法与"被缚"的法官——对法官绩效考核制度困境与误区的深层解读》,载《西北政法大学学报》2014年第6期。

值受损。① 在司法责任制改革推进过程中,学者们对现阶段绩效考核存在的新问题及对该制度应有的发展方向进行了深入探讨。龙宗智认为,在法院贯彻司法责任制,实行以岗位为中心,强调法官自主管理的管理模式下,法官绩效考核制度是目前处理"放权"之下保证审判质量的一种有效做法。② 随后在《试论建立健全司法绩效考核制度》一文中,指出了司法责任制和员额制实施后的绩效考核,仍在一定程度上有行政主导的特征,在实施过程中,有"绩效中心"与"岗位中心"的矛盾以及考核精细化与简便易行的矛盾。重视量化指标,追求"工作量标准"与"质量、效果标准"的矛盾。绩效奖酬向一线办案人员倾斜,呈现出一定程度的"绩效中心"特征。③ 张建指出司法管理(绩效考评制度)与司法审判都是司法权的有机构成,要减少绩效考评制度对法官独立审判的干扰,提高指标的合法合理性,优化制度实现的路径,要重视整体性方法、反思考评制度的过度工具理性及综合运用多学科。④ 李少平强调了要建立与法官管理和审判管理相配套的审判业绩评价机制,形成与司法责任制改革相配套的制度。随着司法改革的推进,司法责任制的落实,适宜的、符合司法规律的法官绩效考核制度仍在进一步探索中,我们要根据实践探索的新情况、新问题继续深入研究,从而适应司法运行新机制,真正实现它应有的功能。⑤ 南京市中级人民法院课题组的实证研究是近年来实务部门较具代表性的成果。该课题组针对上海市二中院、重庆一中院、武汉中院、南京中院的绩效考核办法进行了详尽的考察分析,以域内外法官业绩考评制度的比较借鉴为基础,指出法官业绩考核评价的功能应有利于促进司法审判公正高效、有利于促进审判资源合理配置、有利于促进监督管理严格规范;应对不同员额法官、不同审级实行差异化考核,做到精准考核。⑥ 该课题组在吸取相关文件精

---

① 参见艾佳慧:《中国法院绩效考评制度研究——"同构性"和"双轨制"的逻辑及其问题》,载《法制与社会发展》2008 年第 5 期。

② 参见龙宗智:《法官业绩考核怎样才能"相对合理"》,载《人民法院报》2017 年 7 月 29 日。

③ 参见龙宗智:《试论建立健全司法绩效考核制度》,载《政法论坛》2018 年第 4 期。

④ 参见张建:《法官绩效考核制度的法理基础与变革方向》,载《法学论坛》2018 年第 2 期。

⑤ 参见李少平:《正确处理放权与监督　坚定不移全面落实司法责任制》,载《人民法院报》2018 年 3 月 28 日。

⑥ 参见江苏省南京市中级人民法院课题组:《法官业绩考核评价制度研究》,载《中国应用法学》2018 年第 1 期。

神,吸取域外经验,结合我国实际的基础上,提出了法官业绩考核评价制度重构的观点,提出要注重处理好审判权与审判监督管理权的关系、注重对司法过程的评价、注重考核评价的信息化运作、注重考核评价主体的多元化,并指出法官业绩考核评价制度重构的核心要素是审判工作量评估和审判质效指标评估,并对法官业绩考核评价制度的重构提出了具体的构建意见。①

对域外的法官绩效考核研究主要是译介性的或考察报告性的,以介绍域外相关做法为主,同时多以域外做法为参照,为我国绩效考核出现的考核指标唯数据化、考核主体行政化、考核结果应用单一化等问题的解决提供借鉴。佟季、袁春湘指出加拿大司法质量评估的重点也在于法官的自我评估和辩护律师对法官的评估,并通过匿名化和自愿参加的人的调查问卷收集信息。② 么宁指出美国司法绩效评价的结果可以向被评价的法官及其主管法官提供,但仅用于改善司法系统运作而不得作为对法官个人进行定级排名的依据,未经法律许可也不得用于追究法官的纪律责任。因此,对美国的法官而言,它只具有某种督促作用,并不具有强制性,与工资、奖金的增减完全无关。③ 陈杭平则指出,美国法官考评是其选任模式历史演变的产物,各州的具体制度各具特色,但无一例外均属于“过程导向”型司法评估的范畴。在法院经费保障法制化、组织结构平行化及司法与行政相区隔等所构成的制度背景下,法官选任制度是平衡司法独立与司法负责之关系的关键节点。而无论采用竞争性选举、“优绩甄选”(留任选举)还是任命制,对法官在司法过程中的表现进行考评并予以公开或供法官作自我改进用,既可在一定程度上缓解司法的“多数主义难题”,又能对法官的自我改进与完善形成必要的激励。此种考评制度已嵌入部分州的司法体制,成为促进司法独立与司法负责动态平衡的有机部分。④ 冯文生介绍了德国柏林行政法院的法官考评制度,其目的明确——激励他们更好地工作,为国家提供最优质的服务。在法官考评过程中,由履行考评职权

---

① 参见江苏省南京市中级人民法院课题组:《司法体制综合配套改革视野下法官业绩考核评价制度重构》,载《法律适用》2018 年第 7 期。

② 参见佟季、袁春湘:《美国和加拿大司法绩效评估的实践及启示》,载《人民法院报》2011 年 11 月 5 日。

③ 参见么宁:《美国司法绩效评价机制概览》,载《人民检察》2012 年第 3 期。

④ 参见陈杭平:《在司法独立与司法负责之间——美国州法官考评制度之考察与评析》,载《当代法学》2015 年第 5 期。

的院长与维护法官独立的法官协会把守法官独立与法官考评之间的界线,法官考评从维护公众利益出发,评估法官的工作是否必需,职位是否适合,同时也是法官晋升的重要程序,但不是为了行批评的作用。① 翟志文介绍了日本对法官进行评价的目的在于构筑公正的法官人事制度的基础,同时促进法官能力的自我提高,提升国民对法官的信赖。评价考核法官的案件处理能力、合理运作所属组织的能力以及作为法官履行职务所必要的一般资质和能力等评价项目进行。评价更注重法官能力和主观上的努力,没有把审理案件数量作为评价项目,避免了数字考核的不合理因素,摒弃了评价结果的等级表示,选择了叙述式表示,要求评价人在作人事评价时,要把握多方面、多角度的情报,特别强调应该兼顾来自法院外部的情报。②

(三) 类案类判统一法律适用机制研究

在规范裁判权的运行的诸多改革措施中,如果说审判管理与法官绩效考核是规范审判权运行的外部约束机制,那么以统一裁判尺度和法律适用为目标的类案类判机制改革,则直接穿透到审判权运行机制的内部,对法官裁量的程序和尺度进行规范。2017 年最高人民法院印发的《司法责任制实施意见(试行)》中明确要求明晰审判组织与人员的职责权限,完善审判权运行机制,对拟作出的裁判结果与本院同类生效案件裁判尺度一致的案件,经合议庭评议后即可制作、签署裁判文书。为进一步统一法律适用,实现裁判尺度一致性,《实施意见(试行)》第 39、40 条创设了类案与关联案件检索机制,明确要求在案件审理过程中,承办法官应对本院的类案与关联案件进行全面检索,制作检索报告,并且根据拟作出的裁判结果与本院同类生效案件裁判尺度的对比情况,对案件作出相应处理。2019 年最高人民法院发布了《关于统一法律适用加强类案检索的指导意见》,从类案检索的角度进一步强力助推类案类判机制。在司法大数据与人工智能技术掀起的司法"技术革命"时代,凭借人工智能检索实现类案类判,既被视作规范裁判权运行的一个重要抓手,也被视为现阶段司法改革的重要创新点。相应地,类案类判机制渐成当下法学理论研究之热点。

---

① 参见冯文生:《德国法官考评的"学问"》,载《人民法院报》2012 年 3 月 16 日。
② 参见翟志文:《日本〈法官人事评价规则〉解读及其启示》,载《重庆科技学院学报(社会科学版)》2012 年第 6 期。

纵观相关学术研究成果,当下的类案类判机制实际是从"同案同判"的诉求与研讨、批判中衍化而来。张志铭将司法判例的作用简洁明快地表述为"同案同判",提出"同案同判"的概念,并通过指出其对于司法判例制度的实践者来说,它不仅在最为直白的意义上回答了"为什么"要有司法判例制度的问题,给予价值目标上的指引,而且还在直接的意义上回答了"如何做"——如何制作和运用司法判例的问题,给予操作技术上的指引。① 林清毅肯定其"法律面前人人平等"的价值的同时,从内在逻辑上对"同案""同判"进行了实然考察,并指出了"同案同判"在现实的司法过程中,其道德层面的可欲,在方法层面并不可行。建议可以通过构建有限判例制度、完善上诉制度、加强法官职业素养培训等有效的制度设计,来调和其理想与现实的矛盾,在确保法官自由裁量权有效行使的同时,又防止法官自由裁量权的肆意滥用。② 周少华指出"同案同判"正当性的理据仅在于它对形式公平的表达,对实质公平的实现却无法给出有力的论证,加之司法实践当中普遍存在的乃是"相似案件"(实质上的"异案"),因此我们真正需要解决的现实问题其实并非"同案不同判",而是"类似案件不类似处理",同案同判也只是一个虚构的法治神话。③ 孙海波则对此作出了回应,提出怀疑论的问题在于对"同案同判"的本质以及内在原理的认识存在一些偏差,认为"同案同判"作为一项法律原则,对裁判者提出了义务性的要求,这一要求的实现有着深厚的理论基础和制度保障。通过重构"同案同判"运行赖以为基的方法论体系,可以从根本上破除那种将其视作法治神话的错误的命题主张。④ 张骐教授通过类比推理这一理论基础,阐述了类似案件的定义及其判断方法,在同案同判一词之上明确提出"类似案件类似审判"的法律原则,同案同判在理论研究中向类案类判转变;进一步阐释类案类判首先是一个法律原则,更是类似案件类似审判制度的灵魂和基础,是实现形式公正的基本要求,是司法公正的构成性因素,有助于规范法官的自由裁量权,限制司法专横,保证判决合理⑤。最高人民法院《司法责任制实施意

---

① 参见张志铭:《司法判例制度构建的法理基础》,载《清华法学》2013 年第 6 期。
② 参见林清毅:《论"同案同判"的价值与实现》,载《福建法学》2015 年第 1 期。
③ 参见周少华:《同案同判:一个虚构的法治神话》,载《法学》2015 年第 11 期。
④ 参见孙海波:《"同案同判":并非虚构的法治神话》,载《法学家》2019 年第 5 期。
⑤ 参见张骐:《论类似案件应当类似审判》,载《环球法律评论》2014 年第 3 期;张骐:《论类似案件的判断》,载《中外法学》2014 年第 2 期。

见(试行)》以及《关于统一法律适用加强类案检索的指导意见(试行)》中,均采用了类案类判的表述,这标志着学术研究中的"同案同判"与"类案类判"的概念之争已经落下帷幕,公众追求的"同案同判"的朴素表达已被制度化地表述为"类案类判"。

对于如何实现类案类判,我国学者多是从对"同案不同判"的分析入手,研究同案异判的产生原因、危害性、解决路径。闻长智提出了坚持秉承统一的审判理念、健全审判监督管理机制等五方面的保障机制;①山东省高级人民法院赵国滨、李宁则根据司法实践情况,进一步解释了类案的含义,指出了类案证明标准的研究价值及路径,并提出对类案辅助办案系统应用前景的展望。②随着近年来大数据介入司法领域,类案检索统一裁判尺度进入专家学者们的视野。左卫民提出类案类判机制的建立需要思考如何充分捏合算法与法律,建立真正的法律案例大数据库;同时,加强"类案"本身的建设与管理,确立国家层面类案类判的管理机制与标准流程,建立一套类案类判、类案推送、类案检索的国家标准。③ 随后又结合在域外尤其是美国的实践经验,发现尽管政府层面的支持力度及辐射规模似乎远不及中国,但地方实践却有亮点,提出类案类判机制在未来,中国的法律人工智能应当由冷转热,由热转实,持续强化法律人工智能的实践能力,通过引入统计学、计算机科学的人才从根本上改变法学院的基因,并通过开设法律大数据、法律人工智能等相关课程,实现真正的跨学科互动与交流。④ 王禄生从类案推荐、量刑辅助、偏离度预警这三个当前司法大数据与人工智能开发最为典型的应用模块入手,探讨了其技术路径。并分析了图谱构建、自然语义识别、类案识别、模型训练中存在过度依赖人工干预、识别准确率低、算法非可视化、颗粒度悖论等客观技术瓶颈。⑤ 陈琨指出如何依托智慧法院建设,完善法律统一适用机制,确保类案同判,成为关系

① 参见闻长智:《统一裁判尺度提升审判品质》,载《人民法院报》2016 年 10 月 26 日。
② 参见赵国滨、李宁:《类案证明标准的研究价值及路径》,载《人民法院报》2018 年 6 月 27 日。
③ 参见左卫民:《如何通过人工智能实现类案类判》,载《中国法律评论》2018 年第 2 期。
④ 参见左卫民:《热与冷:中国法律人工智能的再思考》,载《环球法律评论》2019 年第 2 期。
⑤ 参见王禄生:《司法大数据与人工智能开发的技术障碍》,载《中国法律评论》2018 年第 2 期。

改革成效评价的重要问题,而在人工智能切入司法领域的重要场景中,目前各种以"类案推送"为核心功能的衍生产品虽已见诸市场,形成规模效应和话题效应,但真正实现类案推送的人工智能化面对着使用率不高、关联性不强、认同度不够等现实障碍。因此,为实现"人工智能+类案推送",应抓住场景、数据、计算能力和人才等关键突破口。① 魏新璋、方帅指出,现有的类案检索机制在制度上未明确类案检索适用的范围和检索案例的效力层级,在技术上检索推送案例的不够精准,类案类判实践差异显著,因此司法实践中类案检索并未普遍适用。为此,有必要推进司法与技术的融合,从标签精细化、系统集成化、数据优质化入手,提升类案检索系统功能。同时,要完善类案检索操作规则,明确类案检索机制的性质、检索机制的适用范围、检索的案例范围、检索的方式、检索结果的运用方式等,为司法实践提供明晰实用的规则指引。②

总体上看,近些年随着我国司法改革的逐步深入,我国学者对类案类判机制的关注度上升。但对类案的研究多停留在学术讨论阶段,尚未从技术层面对何为类案、如何甄别类案,实践中类案如何适用等问题进一步深入讨论。尽管借助人工智能的类案类判在话语层面热议,令人遗憾的是,中国类案检索机制在实践中的运用情况如何,如何借助类案检索实现类案裁判尺度统一,尚缺乏充分的学术探讨和令人信服的实证考察。所有这些问题,将有待下一步继续研究和观察。③

五、司法体制综合配套改革研究

2017年8月召开了中央深改组第三十八次会议,会议审议通过了《关于上海市开展司法体制综合配套改革试点的框架意见》,于是以上海为试点的司法体制综合配套改革的开展吹响了新一轮司法体制改革注重系统性的号

---

① 参见陈琨:《类案推送嵌入"智慧法院"办案场景的原理和路径》,载《中国应用法学》2018年第4期。

② 参见魏新璋、方帅:《类案检索机制的检视与完善》,载《中国应用法学》2018年第7期。

③ 中国法学会案例法学研究会将"统一裁判标准,实现类案类判"确定为2020年年会主题,正组织推动全国理论与实务专家对这一问题深入探究。

角。司法体制综合配套改革是一项系统、复杂的工程,既包含前期司法体制改革的成果巩固,又有新时代背景下对司法体制综合配套改革的更高站位、更深层次、更宽领域、更大力度的新要求。2018 年 7 月 24 日,全面深化司法体制改革推进会在深圳召开,象征着我国从"司法改革"转向"全面深化司法体制改革"阶段,为纵深推进全面司法体制改革,会议中提出急需破解责任不实、合力不强、监督不力等五大难题①。因此实务界与学界都认识到,司法体制改革孤掌难鸣,司法体制的综合配套改革也应当一同推进,以形成全方位、深层次的政法改革新格局。

对司法体制综合配套改革,不少学者从司法改革的整体出发,为司法体制综合配套改革的推进提供宏观理论指导。崔永东、葛天博认为,司法体制综合改革要有明确的指导思想、设计制度、目标与反思等,要探索符合中国当下国情与中国特色社会主义的法治理论,目的是为了更好、更加顺利与成功地开展司法改革。司法改革不仅仅要关注理论研究,还要将具体司法及案件相结合起来共同研究,必须要制定出切合中国现当代的社会状况、摆对中国当今在国际中的立场关系,清晰认识到我国司法现存的问题所在,并预测我国未来的发展等,总之要全方面、综合与缜密地总结之后制定出属于我国的司法改革原则。② 熊秋红指出,司法改革要有正确的路径可施,在以后应采取"整体推进、协同推进"相结合的方式,而不是先前单项推进或渐近纵深的方式,要改变以往碎片化的倾向,将略显支离破碎的内容变成系统的、整体性的内容,并大力形成科学完善的法制体系。③ 杨力也指出,党的十八大以后,我国改变了以前"修补式"的改革模式,推动新一轮"结构性"的司法体制改革,主要包括基础司改和综配司改两个阶段。全国范围内的基础司改已经完成,但在司法主体体系化建设、优化司法职权配置、健全司法管理运行机制、综合法律服务供应体系、智慧司法和司法行政等领域存在的短板,需要综配司改"锚定"并加以体系化应对和解决。同时,为了防止综配司改在更高水平上出现的"内卷化"

---

① 参见陈叶军:《全面深化司法体制改革推进会在深圳召开,郭声琨谈破解司法改革"五大难题"》,载《南方都市报》2018 年 7 月 25 日,http://epaper.oeeee.com/epaper/A/html/2018-07/25/content_40411.htm.

② 参见崔永东、葛天博:《司法改革范式与司法学研究》,载《现代法学》2018 年第 5 期。

③ 参见刘传:《在新起点上深化司法体制综合配套改革——访中国社会科学院法学研究所研究员熊秋红》,载《人民检察》2017 年第 21 期。

效应,仍需不断深化推动"全局性"的政法改革,从更高层次上系统谋划、统筹推进政法机构改革和司法体制改革,形成全方位、深层次的政法改革新格局。① 陈建华在研究深化司法体制综合配套改革时,着重强调了加强党的领导的作用,其提出党的领导在我国司法改革中的地位非常重要,我国司法体制进行全面改革时,应将党的领导方针落实在司法体制全面改革中,在顺应时代发展及司法规律的基础上,必须高度重视党的领导。②

宏观性研究之外,还有诸多学者对综合配套改革进行了具体的、路径式研究。殷兴东指出,"深化司法体制综合配套改革"既是党中央对下一阶段司法体制改革方向的准确把握,也是党中央在本轮司法体制改革中搭建起"四梁八柱"后进入"精装修"的关键阶段。针对下一步司法体制综合配套改革何去何从,其简要总结了前两次司法改革经验,指出本轮司法体制改革中出现的片面强调司法独立、将司法民主化与司法职业化对立、将改革不彻底归咎于改革等"三大"误区,提出了完善配套法律制度和司法体制供给侧改革;处理好地方党委与省以下统管和审判权运行;完善落实错案追责、跨行政区划法院改革;加大司法公开和司法信息化配套改革等八个改革方向,为我国下一步平稳推进司法体制综合配套改革提供借鉴参考。③ 江国华、李芸书在司法体制综合配套改革探析中认为,司法改革要规范权力运行,将各部门及每个司法工作人员的权利、义务规范到位,即从司法职权配置、机构改革、绩效考核、司法监督等方面进行完善配置,必须将每一部门及每个人的责任落实到位。④ 胡铭、陈喆在新时代司法体制改革走向之展望中对实行司法改革方面提出了遵循司法规律的三个路径,认为应重点研究和遵循司法的公正性规律,遵守司法的民主性规律,大力倡导司法的文明性规律。⑤ 郭志远在总结党的十九大前司法改革的经验之上,提出应从构建司法人员选任制度、实现司法权力优化配置、

① 参见杨力:《从基础司改到综配司改:"内卷化"效应纾解》,载《中国法学》2020 年第4 期。

② 参见陈建华:《加强党的领导深化司法体制综合配套改革》,载《红旗文摘》2018 年第2 期。

③ 参见殷兴东:《司法体制改革"三大"误区及综合配套改革八个方向——司法体制综合配套改革研究之一》,载《甘肃政法学院学报》2018 年第4 期。

④ 参见江国华、李芸书:《司法体制综合配套改革探析》,载《时代法学》2018 年第2 期。

⑤ 参见胡铭、陈喆:《新时代司法体制改革走向之展望》,载《民主与法治》2018 年第6 期。

发展多元化纠纷解决机制以及建立科学的司法改革评价体系等方面完善司法体制配套措施。① 蒋惠岭则根据中央关于综合配套司法改革的要求，特别是参考借鉴上海的改革试点方案和长期以来人民法院体制机制改革的经验，提出改革法官养成机制，确保正义质量、发展多元解纷机制，形成整体合力等六项配套工程应为下一步改革的重点。②

　　总之，在党的十八大以来新的司法改革中，司法公正、司法公信是基本价值取向，实现权责统一是基本目标，"放权"与"问责"是实现该目标的重要方法，司法队伍的精英化是基础，落实司法责任制是关键，审判权规范运行是基本渠道，综合配套是基本保障。这构成了当下司法改革的内在逻辑体系。相应地，司法改革战略与对策研究也紧密围绕上述问题而展开，并与司法改革实践密切互动，不仅为司法改革推进提供理论支撑，还对改革实践及时进行总结与反思，为改革的进一步全面、深入开展提供智力支持。

---

　　① 参见郭志远：《司法体制综合配套改革：回顾、反思与完善》，载《法学杂志》2020 年第 2 期。
　　② 参见蒋惠岭：《司法改革进入新时代六大配套工程应当成为改革重点》，载《人民法治》2018 年第 1 期。

主要参考文献

一、著作及译著类

陈兴良:《刑法哲学》,中国政法大学出版社 1997 年版。

顾功耘:《经济改革时代的法治呼唤》,法律出版社 2016 年版。

朱力宇:《依法治国论》,中国人民大学出版社 2004 年版。

苏力:《法治及其本土资源》,中国政法大学出版社 1998 年版。

梁治平:《清代习惯法:社会与国家》,中国政法大学出版社 1996 年版。

杨一平:《司法正义论》,法律出版社 1999 年版。

黄竹生:《司法权新探》,广西师范大学出版社 2003 年版。

缪蒂生:《当代中国司法文明与司法改革》,中央编译出版社 2007 年版。

曹刚:《法律的道德批判》,江西人民出版社 2001 年版。

包雯:《慎刑论》,中国检察出版社 2009 年版。

曹全来:《历史、理论与实践:中国国情与司法改革》,人民法院出版社 2011 年版。

张晋藩:《中国法律的传统与近代转型》,法律出版社 2009 年版。

瞿同祖:《清代地方政法》,范忠信、何鹏、晏锋译,法律出版社 2012 年版。

张晋藩:《中国古代民事诉讼制度》,中国法制出版社 2018 年版。

张德美:《从公堂走向法庭——清末民初诉讼制度改革研究》,中国政法大学出版社 2009 年版。

张培田:《法的历程——中国司法审判制度的演进》,人民出版社 2007 年版。

姜小川:《司法的理论、改革及史鉴》,法律出版社 2018 年版。

肖金泉、黄启力:《中国司法体制改革备要》,中国人民公安大学出版社 2009 年版。

陈业宏、唐鸣:《中外司法制度比较》,商务印书馆 2015 年版。

崔永东:《中国法治战略研究年度报告 2018》,人民法院出版社 2019 年版。

崔永东:《中西法律文化比较》,北京大学出版社 1994 年版。

崔永东:《道德与中西法治》,人民出版社 2002 年版。

崔永东:《司法改革与司法公正》,上海人民出版社 2016 年版。

崔永东:《中国传统司法思想史论》,人民出版社 2012 年版。

崔永东:《中国传统法律文化与和谐社会研究》,人民出版社 2011 年版。

崔永东:《审判管理学研究》,人民出版社 2015 年版。

钱峰:《审判管理的理论与实践》,法律出版社 2012 年版。

高权:《审判管理学原理》,人民法院出版社 2014 年版。

公丕祥:《审判管理理论与实务》,法律出版社 2010 年版。

孙海龙:《深化审判管理》,人民法院出版社 2013 年版。

陈陟云、孙文波:《法官员额问题研究》,中国民主法制出版社 2016 年版。

王禄生、冯煜清:《员额制与司法改革实证研究:现状、困境和展望》,东南大学出版社 2017 年版。

李浩:《员额制、司法责任制改革与司法的现代化》,法律出版社 2017 年版。

[日]千叶正士:《法律多元——从日本法律文化迈向一般理论》,强世功等译,中国政法大学出版社 1997 年版。

《马克思恩格斯全集》第 1 卷,人民出版社 1995 年版。

[英]沃克:《牛津法律大辞典》,邓正来译,光明日报出版社 1988 年版。

[法]托克维尔:《论美国民主》,董果良译,商务印书馆 1997 年版。

二、编著类

上海炎黄文化研究会编:《法治与德治》,中国检察出版社 2001 年版。

吉林省人民检察院:《司法改革正当时》,吉林人民出版社 2015 年版。

黄永维主编:《司法热点读本》,人民法院出版社 2016 年版。

全国干部培训教材编委会:《社会主义民主政治建设》,人民出版社 2015 年版。

崔永东主编:《法治社会与社会司法》,法律出版社 2019 年版。

崔永东主编:《中国法治战略研究年度报告》,人民法院出版社 2019 年版。

王启富等主编:《中国人权的司法保障》,厦门大学出版社 2003 年版。

陈光中等主编:《中国司法制度的基础理论问题研究》,经济科学出版社 2010 年版。

胡旭晟主编:《狱与讼:中国传统诉讼文化研究》,中国人民大学出版社 2012 年版。

李龙等主编:《和谐社会中的重大法律问题研究》,中国社会科学出版社 2008 年版。

汪习根主编:《司法权论》,武汉大学出版社 2006 年版。

徐显明主编:《人权法原理》,中国政法大学出版社 2008 年版。

姜明安主编:《行政法学》,法律出版社 1998 年版。

中国共产党中央委员会编:《〈中共中央关于制定国民经济和社会发展第十三个五年规划的建议〉辅导读本》,人民出版社 2015 年版。

韩君玲主编:《中国法治文化辞典》,商务印书馆 2018 年版。

吕忠梅等编:《中国环境司法发展报告(2015—2017)》,人民法院出版社 2017年版。

三、论文类

江国华:《新中国 70 年人权司法的发展与成就》,载《现代法学》2019 年第 6 期。

江国华:《转型中国的司法价值观》,载《法学研究》2014 年第 1 期。

江国华:《司法规律层次论》,载《中国法学》2016 年第 1 期。

叶青:《监察机关调查犯罪程序的流转与衔接》,载《华东政法大学学报》2018 年第 3 期。

龙宗智:《新〈人民检察院刑事诉讼规则〉若干问题评析》,载《法学杂志》2020 年第 5 期。

龙宗智:《审判管理:功效、局限及界限把握》,载《法学研究》2011 年第 4 期。

龙宗智:《试论建立健全司法绩效考核制度》,载《政法论坛》2018 年第 4 期。

龙宗智、袁坚:《深化改革背景下对司法行政化的遏制》,载《法学研究》2014 年第 1 期。

龙宗智:《司法改革:回顾、检视与前瞻》,载《法学》2017 年第 7 期。

龙宗智:《法院内设机构改革的矛盾及其应对》,载《法学杂志》2019 年第 1 期。

崔永东:《司法权监督行政权的路径试探》,载《首都师范大学学报(社会科学版)》2019 年第 4 期。

崔永东:《本轮司法改革的经验总结、问题分析与未来展望》,载《上海政法学院学报》2019 年第 4 期。

崔永东:《社会司法的理论反思与制度重建》,载《学术月刊》2017 年第 6 期

崔永东:《审判管理的目标、方法与路径》,载《河北法学》2015 年第 3 期。

崔永东:《社会司法:理念阐释与制度进路》,载《新华文摘》2016 年第 9 期。

崔永东:《法官责任制的定位与规则》,载《现代法学》2016 年第 3 期。

魏晓娜:《以审判为中心的诉讼制度改革:实效、瓶颈与出路》,载《政法论坛》2020 年第 2 期。

孙远:《"分工负责、互相配合、互相制约"原则之教义学原理》,载《中外法学》2017

年第 1 期。

杨建军:《法治国家中司法与政治的关系定位》,载《法制与社会发展》2011 年第 5 期。

杨建军:《司法改革的理论论争及其启迪》,载《法商研究》2015 年第 2 期。

李学尧:《转型社会与道德真空:司法改革中的法律职业蓝图》,载《中国法学》2012 年第 3 期。

白建军:《司法潜见对定罪过程的影响》,载《中国社会科学》2013 年第 1 期。

李拥军:《司法改革中的体制性冲突及其解决路径》,载《法商研究》2017 年第 2 期。

黄文艺:《中国司法改革基本理路解析》,载《法制与社会发展》2017 年第 2 期。

陈光中、龙宗智:《关于深化司法改革若干问题的思考》,载《中国法学》2013 年第 4 期。

张文显:《现代性与后现代性之间的中国司法——诉讼社会的中国法院》,载《现代法学》2014 年第 1 期。

吴英姿:《司法的公共理性:超越政治理性与技艺理性》,载《中国法学》2013 年第 3 期。

吴英姿:《构建司法过程中的公共领域——以 D 区法院陪审制改革为样本》,载《法律适用》2014 年第 7 期。

吴英姿:《论司法认同:危机与重建》,载《中国法学》2016 年第 3 期。

吴英姿:《论保障型审判管理机制——以"四类案件"的审判管理为焦点》,载《法律适用》2019 年第 19 期。

马长山:《新一轮司法改革的可能与限度》,载《政法论坛》2015 年第 5 期。

马长山:《司法改革中可能的"异化"风险》,载《法制与社会发展》2014 年第 6 期。

马长山:《司法人工智能的重塑效应及其限度》,载《法学研究》2020 年第 4 期。

杨建军:《通过司法的社会治理》,载《法学论坛》2014 年第 2 期。

郑成良:《司法改革四问》,载《法制与社会发展》2014 年第 6 期。

葛洪义:《顶层设计与摸着石头过河:当前中国的司法改革》,载《法制与社会发展》2015 年第 2 期。

张军:《法官的自由裁量权与司法正义》,载《法律科学》2015 年第 4 期。

陈坤:《疑难案件、司法判决与实质权衡》,载《法律科学》2012 年第 1 期。

江必新:《司法对法律体系的完善》,载《法学研究》2012 年第 1 期。

江必新:《论审判管理科学化》,载《法律科学》2013 年第 6 期。

张志铭:《司法判例制度构建的法理基础》,载《清华法学》2013 年第 6 期。

苏新建:《程序正义对司法信任的影响——基于主观程序正义的实证研究》,载《环球法律评论》2014 年第 5 期。

刘风景:《司法解释权限的界定与行使》,载《中国法学》2016 年第 3 期。

胡岩:《司法解释的前生后世》,载《政法论坛》2015 年第 3 期。

周辉斌:《论法外空间的司法认定》,载《现代法学》2020 年第 4 期。

聂友伦:《司法解释性质文件的法源地位、规范效果与法治调控》,载《法制与社会发展》2020 年第 4 期。

彭中礼:《最高人民法院司法解释性质文件的法律地位探究》,载《法律科学》2018 年第 3 期。

何家弘:《当今我国刑事司法的十大误区》,载《清华法学》2014 年第 2 期。

朱孝清:《司法的亲历性》,载《中外法学》2015 年第 4 期。

唐力:《司法公正实现之程序机制——以当事人诉讼权保障为侧重》,载《现代法学》2015 年第 4 期。

孙谦:《司法改革背景下逮捕的若干问题研究》,载《中国法学》2017 年第 3 期。

侯猛:《司法中的社会科学判断》,载《中国法学》2015 年第 6 期。

彭中礼:《司法判决中的指导性案例》,载《中国法学》2017 年第 6 期。

蒋红珍:《比例原则位阶秩序的司法适用》,载《法学研究》2020 年第 4 期。

戴津伟:《司法裁判后果取向解释的方法论应用》,载《法学》2020 年第 7 期。

冯洁:《人工智能对司法裁判理论的挑战:回应及其限度》,载《华东政法大学学报》2018 年第 2 期。

钱大军:《司法人工智能的中国进程:功能替代与结构强化》,载《法学评论》2018 年第 5 期。

洪冬英:《司法如何面向"互联网+"与人工智能等技术革新》,载《法学》2018 年第 11 期。

季金华:《司法公信力的意义阐释》,载《法学论坛》2012 年第 5 期。

季金华:《司法说服力的文化机理》,载《政法论丛》2020 年第 4 期。

苏新建:《主观程序正义对司法的意义》,载《政法论坛》2014 年第 4 期。

高一飞:《互联网时代的媒体与司法关系》,载《中外法学》2016 年第 2 期。

蒋银华:《法官惩戒制度的司法评价——兼论我国法官惩戒制度的完善》,载《政治与法律》2015 年第 3 期。

傅郁林:《司法责任制的重心是职责界分》,载《中国法律评论》2015 年第 4 期。

陈卫东:《合法性、民主性与受制性:司法改革应当关注的三个"关键词"》,载《法学杂志》2014 年第 10 期。

陈卫东：《司法"去地方化"：司法体制改革的逻辑、挑战及其应对》，载《环球法律评论》2014 年第 1 期。

陈卫东：《公民参与司法：理论、实践及改革——以刑事司法为中心的考察》，载《法学研究》2015 年第 2 期。

陈卫东：《中国司法体制改革的经验——习近平司法体制改革思想研究》，载《法学研究》2017 年第 5 期。

陈卫东：《改革开放四十年中国司法改革的回顾与展望》，载《中外法学》2018 年第 6 期。

姜涛：《道德话语系统与压力型司法的路径选择》，载《法律科学》2014 年第 6 期。

周赟：《司法能动性与司法能动主义》，载《政法论坛》2011 年第 1 期。

姚莉：《当代中国语境下的"能动司法"界说》，载《法商研究》2011 年第 1 期。

孙笑侠：《司法的政治力学——民众、媒体、为政者、当事人与司法官的关系分析》，载《中国法学》2011 年第 2 期。

孙笑侠：《论司法多元功能的逻辑关系——兼论司法功能有限主义》，载《清华法学》2016 年第 6 期。

孙笑侠：《司法职业性与平民性的双重标准——兼论司法改革与司法评估的逻辑起点》，载《浙江社会科学》2019 年第 2 期。

江西省高级人民法院课题组、张忠厚、卓泽渊：《人民法院司法公信现状的实证研究》，载《中国法学》2014 年第 2 期。

朱孝清：《国家监察体制改革后检察制度的巩固与发展》，载《法学研究》2018 年第 4 期。

胡勇：《监察体制改革背景下检察机关的再定位与职能调整》，载《法治研究》2017 年第 3 期。

姚建龙：《监察委员会的设置与检察制度改革》，载《求索》2018 年第 4 期。

左卫民：《中国在线诉讼：实证研究与发展展望》，载《比较法研究》2020 年第 4 期。

左卫民：《省统管法院人财物：剖析与前瞻》，载《法学评论》2016 年第 3 期。

左卫民：《如何通过人工智能实现类案类判》，载《中国法律评论》2018 年第 2 期。

左卫民：《热与冷：中国法律人工智能的再思考》，载《环球法律评论》2019 年第 2 期。

熊秋红：《司法改革中的方法论问题》，载《法制与社会发展》2014 年第 6 期。

黄文艺：《新时代政法改革论纲》，载《中国法学》2019 年第 4 期。

公丕祥：《中国特色社会主义法治道路的时代进程》，载《中国法学》2015 年第 5 期。

蒋惠岭:《"法院独立"与"法官独立"之辩——一个中式命题的终结》,载《法律科学(西北政法大学学报)》2015 年第 1 期。

陈光中:《刑事诉讼立法的回顾与展望》,载《法学家》2009 年第 5 期。

刘作翔:《中国司法地方保护主义之批判——兼论"司法权国家化"的司法改革思路》,载《法学研究》2003 年第 1 期。

姚国建:《中央与地方双重视角下的司法权属性》,《法学评论》2016 年第 5 期。

杨清望:《司法权中央事权化:法理内涵与政法语境的混同》,载《法制与社会发展》2015 年第 1 期。

陈瑞华:《法院改革的中国经验》,载《政法论坛》2016 年第 4 期。

冯跃、刘峥:《加拿大司法编制问题简介与思考》,载《法律科学》2010 年第 5 期。

潘铭方、李清伟:《论法官员额制的制度构建》,载《法学杂志》2018 年第 1 期。

石晓波:《司法成本控制下法官精英化的改革出路》,载《法学评论》2017 年第 5 期。

宋远升:《精英化与专业化的迷失——法官员额制的困境与出路》,载《政法论坛》2017 年第 2 期。

陈瑞华:《法官员额制改革的理论反思》,载《法学家》2018 年第 3 期。

刘练军:《法院科层化的多米诺效应》,载《法律科学》2015 年第 3 期。

陈光中、王迎龙:《司法责任制若干问题之探讨》,载《中国政法大学学报》2016 年第 2 期。

陈瑞华:《法官责任制度的三种模式》,载《法学研究》2015 年第 4 期。

周永坤:《错案追究制与法治国家建设——一个法社会学的思考》,载《法学》1997 年第 9 期。

魏胜强:《错案追究何去何从?——关于我国法官责任追究制度的思考》,载《法学》2012 年第 9 期。

朱孝清:《错案责任追究与豁免》,载《中国法学》2016 年第 2 期。

严仁群:《美国法官惩戒制度论要——兼析中美惩戒理念之差异》,载《法学评论》2006 年第 4 期。

王葆莳:《德国法官惩戒制度研究》,载《时代法学》2017 年第 3 期。

侯学宾:《法官惩戒制度的中国特色》,载《法律适用》2017 年第 7 期。

陈海锋:《错案责任追究的主体研究》,载《法学》2016 年第 2 期。

樊传明:《追究法官审判责任的限度——现行责任制体系内的解释学研究》,载《法制与社会发展》2018 年第 1 期。

杨凯:《审判管理理论体系的法理构架与体制机制创新》,载《中国法学》2014 年第

3 期。

顾培东:《人民法院内部审判运行机制的构建》,载《法学研究》2011 年第 4 期。

顾培东:《再论人民法院审判权运行机制的构建》,载《中国法学》2014 年第 5 期。

刘澍:《中国法院审判管理改革的结构性调整》,载《北京社会科学》2016 年第 3 期。

张建:《法官绩效考核制度的法理基础与变革方向》,载《法学论坛》2018 年第 2 期。

周少华:《同案同判:一个虚构的法治神话》,载《法学》2015 年第 11 期。

孙海波:《"同案同判":并非虚构的法治神话》,载《法学家》2019 年第 5 期。

杨力:《从基础司改到综配司改:"内卷化"效应纾解》,载《中国法学》2020 年第 4 期。

后　记

　　本书汇众人之智、合众人之长，其中前四章由华东政法大学司法学研究院院长、博士生导师崔永东教授撰写，第五章由崔永东教授与司法学研究院王旭博士合作撰写，第六章由司法学研究院助理研究员胡萌博士撰写，第七章由司法学研究院兼职研究员、绍兴地方立法研究中心副主任葛天博撰写，第八章由山东政法学院教师赵京朝博士撰写，第九章由山东政法学院教师张乾博士撰写，第十章由崔永东教授负责的课题组撰写，第十一章由成都市中级人民法院法官助理郭志新撰写，第十二章由浙江省绍兴市人民检察院检察长翁跃强撰，第十三章由司法学研究院助理研究员李振勇博士撰写，第十四章由青岛大学法学院副教授牛传勇等撰写。感谢上述作者和一直关注司法学研究及发展的理论界、实务界同仁们的鼎力支持。

责任编辑:张　立
封面设计:胡欣欣
责任校对:陈艳华

图书在版编目(CIP)数据

司法改革战略与对策研究/崔永东等 著. —北京:人民出版社,2021.5
(司法学研究丛书/崔永东主编)
ISBN 978－7－01－022898－3

Ⅰ.①司…　Ⅱ.①崔…　Ⅲ.①司法制度-体制改革-研究-中国
　Ⅳ.①D926.04

中国版本图书馆 CIP 数据核字(2020)第 255570 号

司法改革战略与对策研究

SIFA GAIGE ZHANLÜE YU DUICE YANJIU

崔永东　等　著

人民出版社 出版发行
(100706　北京市东城区隆福寺街 99 号)

中煤(北京)印务有限公司印刷　新华书店经销

2021 年 5 月第 1 版　2021 年 5 月北京第 1 次印刷
开本:710 毫米×1000 毫米 1/16　印张:18.25
字数:300 千字

ISBN 978－7－01－022898－3　定价:79.00 元

邮购地址 100706　北京市东城区隆福寺街 99 号
人民东方图书销售中心　电话 (010)65250042　65289539